제2판

초보 창업자도 쉽게 작성하는

예비창업패키지 사업계획서

홍일성 · 박세훈

박영사

머리말

아이템 기획, 기술 기획, 연구개발, 시제품 제작, 비즈니스모델 수립, 정부지원사업 프로젝트 운영, 지식재산권 관리 등과 같은 일을 하면서 많은 예비창업자와 초기창업자를 만날 수 있었다. 창업자마다 보유 역량과 창업 아이템이 다르기 때문에 애로사항도, 니즈도 모두 다르다.

예를 들어 엔지니어링 기반의 창업자는 제품 개발은 잘 할 수 있지만 비즈니스모델 수립과 마케팅, 홍보가 어렵다고 말한다. 반대로 경영·비즈니스 기반의 창업자는 비즈니스모델과 판매 전략은 잘 수립하였으나 실제 제품·서비스를 구현하는 개발 과정이 막막하다고 호소한다.

창업자는 이러한 문제를 해결하기 위해 전문가에게 컨설팅을 받거나, 외주에 개발을 의뢰하기도 한다. 하지만 예상보다 많은 비용이 수반되며, 창업 자금이 부족한 예비창업자에게는 그야말로 그림의 떡이 되기 쉽다.

그래서 우리는 창업자들에게 창업 자금을 확보할 수 있는 현실적인 방법으로 '창업지원사업'을 추천해 왔다. 창업지원사업은 투자나 융자에 비해 상대적으로 부담이 적은 방식으로 창업 자금을 확보할 수 있는 수단이다. 다만 창업지원사업에 선정되기 위해서는 사업계획서 작성 역량뿐 아니라, 각 지원사업의 목적과 평가 구조에 대한 전반적인 이해가 함께 필요하다.

실제 현장에서, 좋은 아이템과 훌륭한 비즈니스모델을 가지고 있음에도,

사업계획서 작성이 미흡하거나, 창업지원사업의 평가 구조를 이해하지 못한 탓에 미선정되는 안타까운 경우를 너무 자주 보았다.

"이런 예비창업자들에게 지금 가장 필요한 것이 무엇일까?", "우리가 무엇을 도와줄 수 있을까?"라는 질문에서 이 책은 출발했다. 그리고 예비창업자들이 가장 많이 도전하는 '예비창업패키지'를 중심으로 사업계획서 작성과 지원사업 이해를 한 번에 도와주는 책을 써보기로 했다.

이 책이 다른 사업계획서 작성법 관련 책과 차별화된 부분은 다음과 같다.

첫째, 이론적인 부분이나 추상적인 방법론 중심으로 설명하는 대신, 실제로 창업지원사업 사업계획서를 처음 써보는 작성자의 관점에서 공고문과 사업계획서 양식을 분석하고, 그 안에서 무엇을 어떻게 써야 하는지에 대해 현실적인 작성법을 제시했다.

둘째, 최근 사업계획서 등 문서 작성에 널리 활용되고 있는 생성형 인공지능 도구를 실제 문서화 작업 시 어떻게 활용할 수 있는지, 프롬프트 예시와 함께 소개함으로써, 처음 사업계획서를 쓰는 사람도 보다 쉽게 초안을 만들고 다듬을 수 있도록 도왔다.

이번 개정은 초판 출간 이후 강의 현장과 멘토링, 컨설팅 자리에서 만난 수많은 예비창업자·초기창업자, 그리고 독자들의 질문과 피드백에서 시작되었다.

"최신 예비창업패키지 공고 기준에 맞춘 설명이 더 있었으면 좋겠다."
"생성형 AI를 활용한 프롬프트 예시를 조금 더 구체적으로 보고 싶다."
"실제 서면평가, 발표평가에서 어떤 점이 중요한지 알고 싶다."

이러한 요청에 응답하기 위해 2판에서는 다음과 같은 점을 특히 보완하고자 했다.

1. 최신 예비창업패키지 공고 반영

최근 공고문의 구성과 평가 관점을 반영하여 공고문 분석 파트를 보완하고, 평가위원이 실제로 중요하게 보는 포인트를 중심으로 작성 팁을 정리하였다.

2. 생성형 인공지능 활용 파트 업데이트

생성형 AI 도구 환경의 변화를 반영하여, 예비창업자가 실제로 많이 사용하는 도구를 중심으로 설명을 정리하고, “AI에게 어떤 정보를 어떻게 제공해야 하는지”, “어디까지 맡기고 무엇은 직접 써야 하는지”에 대한 실전형 가이드를 강화하였다.

3. PRIE(프라이) 프레임워크를 통한 평가위원 설득력 강화

PRIE(문제 – 원인 – 개선안 – 효과) 프레임워크를 통해 사업계획서의 논리적 일관성을 확보하고 스토리텔링의 토대를 마련함으로써 평가위원 설득력을 강화하는 방안을 제시하였다.

예비창업자에게 사업계획서 작성은 단지 “선정 · 미선정”을 가르는 문서 작업을 넘어선다. 사업계획서를 쓰다 보면 자연스럽게 다음과 같은 질문과 마주하게 된다.

“내가 풀고자 하는 문제는 정말 명확한가?”
“고객은 누구이며, 왜 이 해결책을 선택해야 하는가?”
“시장 진입과 성장의 로드맵은 구체적인가?”
“우리 팀이 이 일을 해낼 수 있는 근거는 무엇인가?”

만약 사업계획서에 쓸 내용이 부족하거나 비어 있는 부분이 많다면, 그만큼 창업 준비가 아직 미흡하다는 뜻이기도 하다. 따라서 사업계획서 작성은 창업 준비 상태를 객관적으로 점검하고, 세부 계획을 구체화하며, 부족한 부분을 보완하는 과정이기도 하다.

이 책에서 설명하는 예비창업패키지의 룰과 노하우를 이해해 두면, 이와 유사한 형태로 진행되는 여러 정부지원사업에서도 큰 도움이 될 것이다. 대부분의 정부지원사업은 공고 구조, 평가 항목, 요구되는 사업계획서의 기본 틀이 비슷하기 때문이다.

2판을 준비하며, 다시 한 번 예비창업자와 초기창업자가 마주하는 현실적인 어려움을 떠올렸다. 정보는 넘쳐나지만, “지금 내 상황에서 무엇부터, 어떻게 써야 하는지”는 여전히 막막하다는 말이 가장 많이 들려왔다.

이 책이 그런 분들께

공고문과 양식을 해석하는 “실전 가이드”이자,
창업 아이템을 스스로 점검하고 정리하는 “작업 노트”이며,
평가위원과 더 잘 소통할 수 있는 “공통 언어”가 되어주기를 바란다.

이 책을 읽는 모든 예비창업자와 초기창업자의 도전을 진심으로 응원하며, 이 책이 사업을 기획하고, 창업을 준비하고, 자금을 확보하는 여정에서 작지만 든든한 동반자가 되기를 바란다.

2026년 1월

홍일성, 박세훈

추천사

예비창업자는 아이디어를 사업으로 전환하는 과정에서 시장·재무·운영을 종합적으로 설계해야 하므로 체계적인 사업계획서 작성교육이 필수적으로 요구된다. 명확한 사업계획서는 투자자와 금융기관의 신뢰를 확보하고, 실제 창업 단계에서 불확실성을 줄이고 실행력을 높임으로써 향후 성장전략을 수립하는 기준점 역할도 하기에 매우 중요하다.

많은 예비창업자들이 초기 사업자금 마련의 어려움 등으로 정부지원을 받아 창업에 도전하는 경우가 많다. 하지만 정부지원사업의 사업계획서는 정해진 평가기준과 형식에 맞춰 작성해야 하므로 예비창업자에게 큰 부담이 될 수 있다. 특히 시장분석·수익모델·재무계획 등 전문적인 내용을 요구하기에 경험이 부족한 경우 설득력 있는 문서를 만들기 어려운 경우가 많다.

본서는 이러한 예비창업자들의 어려움을 덜어주고, 경쟁력 있는 사업계획서 작성을 위한 실무 가이드를 제시함으로써 보다 설득력 있는 사업계획서 작성교육 교재의 지침서가 될 것으로 기대된다.

iM금융그룹 회장 황병우

본서는 홍일성 박사와 박세훈 박사가 좋은 아이템과 훌륭한 비즈니스 모델을 가지고도 사업계획서 작성이 미흡하거나 창업지원사업에 대한 이해 부족으로 창업지원사업에 선정되지 못한 창업자들에게 도움이 되고자 집필한 예비창업패키지 작성 매뉴얼이다.

본서의 가장 큰 특징은 첫째, 작성자의 관점에서 공고문 및 사업계획서 양식을 분석한 현실적인 작성법이라는 점이며 둘째, 최근 사업계획서 작성에도 많이 활용되는 생성형 인공지능을 활용하여 실제 사업계획서 작성을 위한 프롬프트를 제시하고 있다는 점이다.

창업의 가장 큰 어려움 중의 하나인 창업자금을 확보할 수 있는 예비창업패키지에 선정되기 위해서는 읽어봐야 할 필독서이다.

에코프로파트너스 대표이사, 전 한국테크노파크진흥회 회장 이재훈

누구나 때로는 마음속에 꿈꾸지만 선뜻 시작하기 힘든 창업에 대한 실전 지침서이다. 기업가를 꿈꾸는 예비창업자들의 시작과 초기창업자들의 여정에 '창업지원사업'과 'AI 에이전트'라는 전략적 도구의 효과적인 활용법을 제공하며 그들의 성공을 앞당길 것이다.

부경대학교 기업가및창업정신교육센터장 천동필 교수

차례

Ⅲ 생성형 인공지능을 활용해 사업계획서 초안 만들기

Ⅳ Deep Research로 한 방에 끝내는 P-S-S-T 사업계획서

부록 1 예비창업패키지 사업계획서 예시(초안)

부록 2 예비창업패키지 지원사업 사업계획서(수정본)

I

창업지원사업의 이해

초보 창업자도 쉽게 작성하는 예비창업패키지 사업계획서

I

창업지원사업의 이해

1. 창업지원사업의 목적 및 준비사항

창업자에게 창업자금은 생명과 같다. 매년 정부에서는 창업자에게 다양한 지원을 한다. 그중에서 창업지원사업은 기술창업의 활성화를 통한 경제발전과 기술 경쟁력 강화를 위해 국가 차원에서 창업자 또는 창업기업에 사업화 자금 등을 지원하는 사업이다. 창업자의 관점에서 볼 때 사업화 자금을 지원받을 수 있는 것이 가장 큰 이점이지만

그림 1 ❙ 창업지원사업의 목적

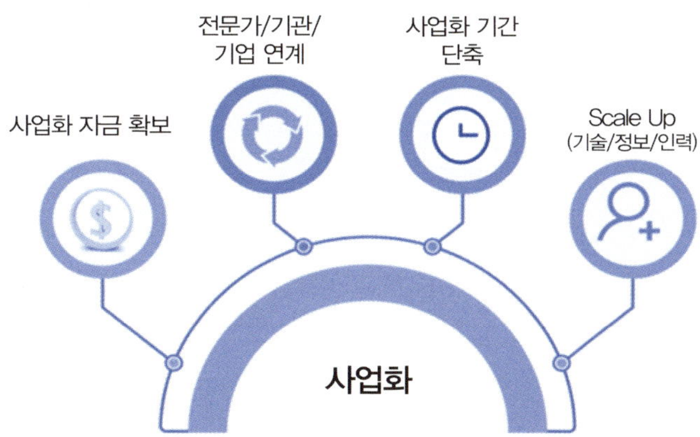

그 외에 창업아이템의 사업화를 위한 전문가, 전문 기관 또는 기업 연계를 통한 사업화 기간 단축, 기술과 정보 및 인력의 스케일-업(Scale-up) 등 다양한 지원을 받을 수 있다.

따라서 창업지원사업을 잘 활용하면 사업화 자금 확보를 넘어서 창업기업의 혁신과 성장, 투자금 유치 등에도 많은 도움이 된다.

그림 2 ❙ 아이디어 성공 확률

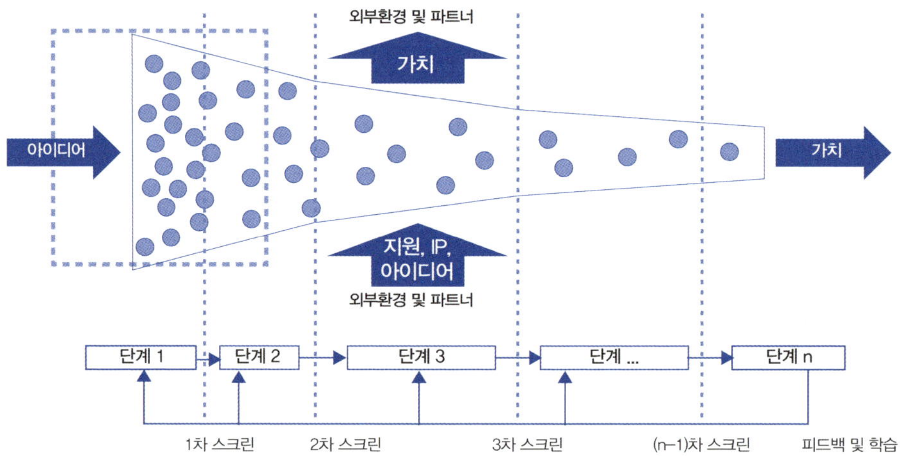

기술창업은 하나의 아이디어에서부터 시작한다. <그림 2>에서 보는 바와 같이 수많은 아이디어 중에서 성공적으로 개발되어 사업화까지 이어지는 아이디어는 극소수에 불과(통상적으로 약 3,000여개 중 1개하고 한다.)하며, 실제로 아이디어가 기술로 실현되고 사업화되어 소비자에게 전달되기까지 여러 단계의 절차를 거친다.

"나의 창업아이템은 지금 어느 단계에 있는가?"

기술을 사업화하는 과정은 매우 복잡하고 어려운 프로세스를 거친다. 기술 및 산업 분야마다 사업화 단계별 프로세스는 차이가 있으나 통상적으로 제조 기반 기술창업의 경우 아래 <그림 3>과 같은 사업화 프로세스를 거친다.

그림 3 ▌ 제조 기반 기술 창업 관점의 사업화 진행 프로세스(제조 기반 관점)

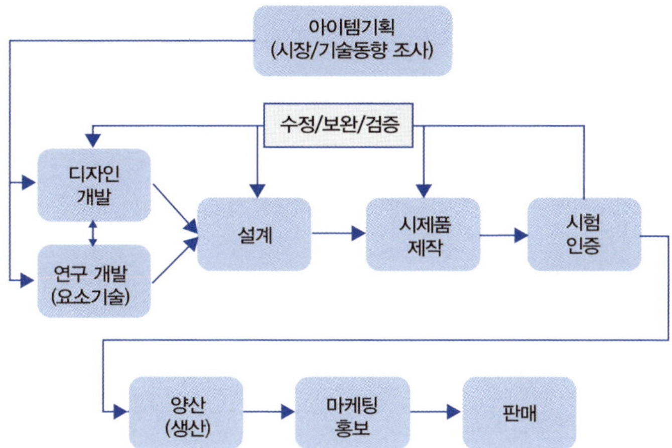

초기 아이디어 도출 단계에서 시장 및 기술 동향 조사를 통해 아이템을 기획하고 이를 구현하기 위해 디자인 및 연구개발을 수행하게 된다. 디자인 및 연구개발 결과물을 바탕으로 설계, 시제품 제작, 시험인증의 단계를 거치는데 각각의 단계를 지날 때마다 검증을 통한 수정 및 보완 작업이 반복될 수 있다. 최종적으로 시험 및 인증을 거쳐 개발을 완료하게 되면 양산하고 마케팅, 홍보를 통해 제품을 판매하게 된다.

창업지원사업을 신청하기 위해서 창업자는 본인의 아이템이 사업화 진행 프로세스에서 어느 단계에 도달해있으며 다음 단계가 무엇인지에 대하여 반드시 알아야 한다.

"예비창업패키지와 창업지원사업 절차에 대하여"

매년 정부에서 지원하는 다양한 지원사업 중에서 예비창업자들이 가장 많이 신청하는 사업 중 하나인 "예비창업패키지"지원사업에 대해 설명하고자 한다. 예비창업패키지란 혁신적인 기술창업 아이디어를 보유한 예비창업자들의 성공을 위하여 사업화를 지원하는 창업지원사업이다. 예비창업패키지는 매년 공고일 기준 사업자등록증이 없는 자를 대상으로 약 8개월 동안 사업화 자금(최대 1억 원, 평균 0.5억 원)을 지원한다. 자세한 내용은 다음 장부터 설명할 것이다. 예비창업패키지와 같은 사업화 지원사업에

대해 잘 알고 있으면 타 창업지원사업 신청 시 유사한 점이 많으니 도움이 될 것이다.

창업지원사업을 신청하기 위해서는 창업지원사업의 절차부터 알아야 한다. 창업자의 관점에서 보면 창업지원사업의 절차는 <그림 4>와 같다.

그림 4 ❙ 창업지원사업의 절차_2025년 예비창업패키지 기준 예시

사업공고	K-StartUp 홈페이지 공고
↓ 사업계획서 신청 · 접수	사업계획서 작성/ K-StartUp 홈페이지 접수
↓ 선정평가	요건검토 및 선정평가(서면평가 및 발표평가)
↓ 지원대상 선정	K-StartUp 홈페이지에 지원대상 선정 공지
↓ 협약 준비	수정사업계획서 및 협약 증빙 서류 제출
↓ 협약체결 및 사업비 지급	창업진흥원-주관기관-예비창업자 협약체결
↓ 1단계 사업수행 및 2단계 평가	수정사업계획서 근거하여 1단계 사업수행/ 2단계 평가 진행
↓ 2단계 사업 수행	수정사업계획서 근거하여 2단계 사업수행
↓ 최종보고 및 점검	최종 보고 및 점검_창업진흥원-주관기관-예비창업자

창업지원사업의 절차를 보면 가장 먼저 사업공고를 확인해야 하는데 이는 K-Startup 홈페이지에서 확인할 수 있다. 사업공고는 공고문, 사업계획서 양식, 작성 방법 등이 첨부되어 있으며 반드시 꼼꼼하게 확인해야 한다.

그림 5 ▌ K-startup.go.kr 창업지원사업[예비창업패키지] 공고

사업공고문 확인 후 첨부된 사업계획서 양식에 창업아이템과 비즈니스 모델에 대한 사업화 현황 및 계획을 기준으로 양식을 작성한 후 K-Startup 홈페이지를 통해 접수한다. 사업계획서 접수가 완료되면 요건검토 및 선정평가가 진행되며, 사업계획서를 평가하는 서면 평가와 발표 및 질의응답으로 평가하는 발표 평가로 진행된다.

평가 완료 후 지원 대상이 선정되면 K-Startup 홈페이지를 통해 공지된다. 선정된

기업은 수정사업계획서 제출 및 협약 준비를 해야 한다. 이때 수정사업계획서는 평가에 참여한 평가위원들의 의견을 반영하고, 사업 선정 시 조정된 사업비 등을 수정해야 한다.

협약체결이 완료되면 사업비가 지급되고 사업계획서에 근거하여 시제품 제작, 홍보 및 마케팅, 물품구매, 창업교육, 멘토링 등 창업지원사업을 수행할 수 있다. 이때 중요한 것은 반드시 협약서 및 창업지원사업 통합 관리지침 등을 숙지하고 따르는 것이다. 특히, 사업수행 중 협약서, 사업계획서에서 변경되는 사항이 있으면 규정에 따라 협약 변경 후 사업을 수행해야 한다.

규정에 따라 사업수행 기간 중 중간보고 및 점검이 진행되며 창업자는 성실하게 보고해야 할 의무가 있다. 사업 종료 후 사용한 사업비에 대하여 회계 정산 절차를 거치며 사업수행 결과물을 바탕으로 최종보고 및 점검을 진행해야 한다.

최종보고 및 점검이 끝나고 나면 사업이 종료된다. 하지만 완전히 끝난 것이 아니다. 사업 종료 후 5년간 수행되는 성과조사에 성실히 임해야 할 의무가 있다.

2. (아무나 잘 알려주지 않는) 창업지원사업 실전 팁 5가지

그림 6 ❙ 창업에서의 V-P-C 공식

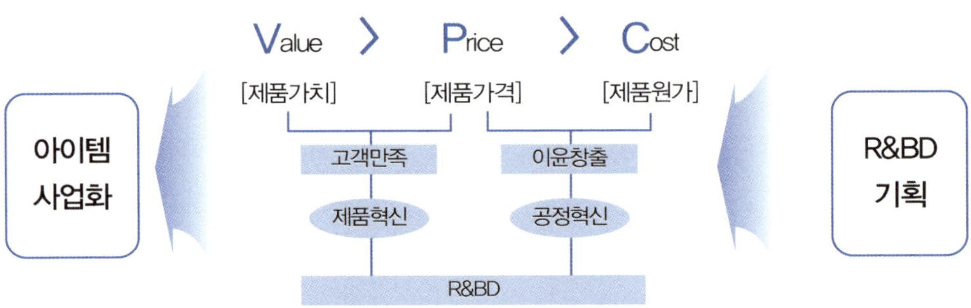

1) TIP 1: “V-P-C 공식은 늘 상기하라”

창업에서 V－P－C공식은 매우 중요하다. V는 Value(가치)－P는 Price(가격)－C는 Cost(원가)를 의미한다. 위 ＜그림 6＞을 보면 C(제품의 원가)보다 P(제품의 가격)가 커야 기업에서 이윤 창출이 가능하며, P(제품의 가격)보다 V(제품의 가치)가 커야 고객이 제품에 대해 만족하고 구매하게 된다. 따라서 제품 또는 서비스를 개발하고 사업화를 진행할 때 한순간도 잊어버리지 말아야 한다.

하지만 사람은 망각의 동물이다. 당연히 알고 있는 사실도 다른 무언가에 집중하거나 다른 곳에 신경이 팔려있는 사이 중요한 것을 잊어버린다. 창업에서도 마찬가지다. 창업자가 특정한 개발단계에 집중하거나 시제품 제작에 몰두하는 도중 V－P－C 공식을 잊어버리고 이와 반대되는 아이템을 개발하거나 시장에 출시하는 경우를 종종 본다.

P(가격)보다 C(원가)가 높은 경우 제품 및 서비스를 판매하는데도 예상했던 만큼 이익이 발생하지 않거나 때에 따라서는 팔수록 손해를 보기도 한다. 또한 V(가치)보다 P(가격)이 높을 경우 고객이 구매하지 않거나 시장에서 외면 당하기도 한다.

모든 기업의 비즈니스에서 V－P－C 공식은 매우 중요하며 동일하게 적용된다. 특히 창업자라면 아이템이 개발되고 시장에 출시되어 판매되기까지 한순간도 놓치지 않고 V－P－C 공식을 기억해야 한다.

2) TIP 2: “Technology Push와 Market Pull의 관점”

예비창업패키지 지원사업의 경우 기술창업을 지원해 준다. 따라서 창업자는 기술과 시장 출시 두 마리 토끼를 모두 잡아야 한다. 창업에서 기술과 시장을 이해하기 위해서는 Technology Push와 Market Pull의 개념에 대해 잘 알아야 한다.

Technology Push(기술 추종)는 ＜그림 7＞과 같이 기초 연구를 먼저 수행한 후 이를 바탕으로 개발(설계 및 엔지니어링)－제조－마케팅－판매로 이루어지는 방식이다. 따라서 Technology Push의 핵심은 기술에 대한 연구개발을 먼저 수행하고 난 뒤 시장에 출시하는 것이다. Technology Push는 신기술 개발과 연구가 신제품을 주도할 때, 급진적인 혁신으로 기술이 주도하는 산업에서 주로 나타난다.

그림 7 | Technology Push의 개요

Market Pull(시장 견인)은 <그림 8>과 같이 시장의 수요를 먼저 인지하고 이를 만족시키기 위해 연구하거나 기술을 개발하게 되고 이를 바탕으로 제조–마케팅–판매하는 방식이다. Market Pull은 시장의 수요예측이 신제품을 주도할 때 점진적인 혁신으로 시장이 아이템을 견인하는 산업에서 주로 나타난다.

그림 8 | Market Pull의 개요

Technology Push와 Market Pull 중에서 정답은 없다. 산업에 따라, 시장에 따라 달라진다. 내가 개발하는 아이템이 기술이 먼저라면 새로운 기술이나 제품(또는 서비스) 개발에 우선적으로 주력해야 하고, 시장이 먼저라면 소비자의 니즈를 살피는 데 우선적으로 주력해야 할 것이다.

하지만 **"사업계획서를 작성"**할 때는 반드시 **"Market Pull의 관점"**에서 작성해야 한다. 특히 정부창업지원사업에서 사업계획서는 평가위원을 설득하기 위한 목적으로 작성한다. 따라서 아이템의 기술성뿐만 아니라 시장성과 사업성을 동시에 제시해야 하며, 이를 바탕으로 사업의 성공 가능성을 설득하는 것이 중요하다. 따라서 예비창업패키지지원사업의 사업계획서 또한 Market Pull의 관점에서 작성해야 한다는 것을 잊으면 안 된다.

3) TIP 3: “정부지원사업의 R&D와 비R&D 이해와 구분”

정부에서 기업의 사업화를 지원하는 정책적 사업은 크게 R&D지원사업과 비R&D지원사업으로 구분할 수 있다. R&D지원사업과 비R&D지원사업은 아래 <그림 9>에서 보는 바와 같이 구분된다.

그림 9 | R&D지원사업과 비R&D지원사업의 범위와 구분

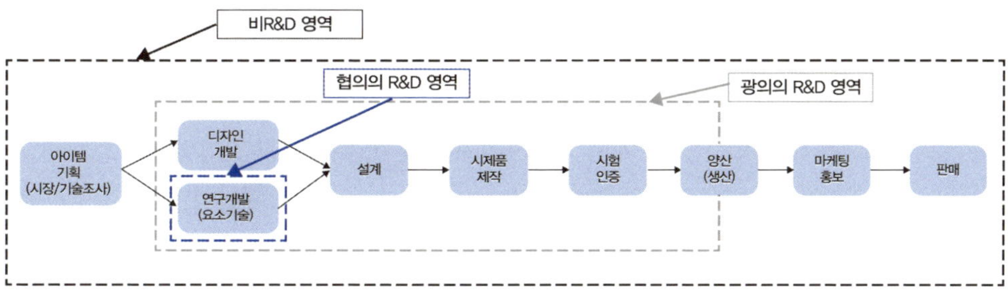

R&D지원사업은 요소기술의 연구와 개발을 수행하는 것(협의의 R&D)이며 사업화 각 단계 또는 영역의 다양한 활동과 결합(광의의 R&D)하여 수행되기도 한다. 예를 들어 디자인 개발과 결합하여 R&D를 수행하거나, 신뢰성 시험과 결합하여 R&D를 수행하기도 하며, 제조공정 개선 및 공정혁신과 결합하여 제조환경개선, 원가절감, 품질향상 등을 목적으로 R&D를 수행하기도 한다. 이처럼 연구개발 활동을 지원하는 것을 R&D 지원사업이라고 한다.

비R&D지원사업은 위 <그림 9>에서 굵은 테두리의 협의의 R&D부분을 제외한 다른 부분은 모두 비R&D지원사업이다. 즉, 협의의 R&D영역을 제외한 아이템 기획, 디자인, 설계, 시제품제작, 시험인증, 초도품 양산, 마케팅, 홍보, 판매를 지원하는 사업은 모두 비R&D지원사업에 포함된다.

정부지원사업을 구분하는 이유는 R&D와 비R&D지원사업 특성의 차이점 때문이며, 기획하는 과정과 사업계획서 양식, 지원 내용, 지원 금액 등 많은 부분에서 다르다. 따라서 창업자의 사업화 니즈에 따라서 R&D지원사업을 신청해야 할지, 비R&D지원사업을 신청해야 할지 결정해야 한다. 즉, 아이템 사업화 단계에서 연구개발에 대한 지원

이 필요한 경우 창업성장기술개발사업, 중소기업기술혁신개발사업 등과 같은 R&D지원사업에 신청해야 하며, R&D가 아닌 기획, 디자인, 설계, 시제품 제작, 시험인증, 지식재산권, 초도품 양산, 마케팅, 홍보, 판매, 기타 기업운영 등에 지원이 필요한 경우 해당 분야를 지원해주는 비R&D지원사업에 신청해야 한다. 따라서 지원사업 기획 시 연구개발에 대한 니즈가 있는지, 없는지를 판단하고 연구개발에 대한 니즈가 있다면 R&D, 다른 분야에 니즈가 있다면 비R&D로 구분하여 지원사업의 목적에 맞도록 신청해야 한다. 이 책에서 설명하는 예비창업패키지지원사업은 비R&D지원사업에 해당된다. 만약, R&D와 비R&D에 대한 지원이 동시에 필요하다면 R&D부분을 분리해서 R&D와 비R&D지원사업에 각각 신청해야 한다. R&D지원사업과 비R&D지원사업은 동시수행이 가능하다. 예를 들어 예비창업패키지지원사업이나 초기창업패키지지원사업에 선정되어 수행하고 있는 도중에 창업성장기술개발 디딤돌 사업에 신청할 수 있다.

R&D지원사업 신청 시 가장 먼저 해야 할 것은 기업에서 수행하고자 하는 R&D를 정의하는 것이다. R&D에 익숙하지 않은 창업자 또는 기업은 수행하고자 하는 R&D를 정의하는 것에 어려움을 느끼며, R&D가 아님에도 불구하고 R&D로 오해하는 경우가 종종 있다. R&D를 정의하기 위해서는 아래 <그림 10>의 질문에 대해 답을 해보아야 한다.

그림 10 | R&D 정의를 위한 질문

- 핵심 요소 기술을 정의할 수 있는가?
- 단순 제작이나 구매가 가능한가?
- 연구개발에 대한 결과물이 있는가?
- 실험 또는 시험이 가능한가?
- 실험 또는 시험 결과가 정량적인가?
- 기술의 난이도가 높은가?
- 사업화 가능한가?

기업에서 수행하고자 하는 R&D를 정의하기 위해서는 첫째, R&D의 핵심이 되는 요소기술을 정의해야한다. 예를 들면, 머신러닝 기술, 빅데이터 마이닝 기술, 전력변환 기술, 무선전력전송 기술, 소성가공 기술, 사출성형 기술 등으로 정의되어야 한다.

둘째, 개발하고자 하는 기술 또는 제품이 단순제작이나 구매가 가능한지 검토해보아야 한다. 간혹 단순한 시제품 제작을 R&D로 오해하는 경우가 있다. 예를 들어, 단순 기능을 하는 모바일 APP이나 WEB을 제작하거나, 데이터 수집을 위한 서버 등을 구축하는 것은 R&D가 아니라 시제품 제작 또는 외주 구매를 통해 쉽게 해결할 수 있다.

셋째, R&D를 하기 위해서는 요소기술의 R&D 결과물이 있어야 하며, 요소기술에 대한 실험 또는 시험이 반드시 수반되어야 하고, 실험 또는 시험의 결과가 정략적이어야 한다.

넷째, 기술의 난이도가 높아야 한다. 단순설계 변경이나 업계 종사자가 누구나 쉽게 개발할 수 있는 정도의 난이도의 R&D는 정부지원사업으로 지원받기 어렵다. R&D지원사업의 수혜를 받기 위해서는 해당되는 요소기술의 국내외 최고 수준이나 상위 레벨의 기술과 비교하여 대등하거나 조금 부족한 수준의 R&D과제가 선정 확률이 높다. 왜냐하면 해당 기술에 대한 수준이 타기업이나 타기관에서 이미 개발되었거나, 쉽게 구현 가능한 기술은 R&D를 지원해주는 정부부처의 관점에서 볼 때 이미 개발이 완료된 중복된 기술이기 때문이다. 물론 타 국가에서 개발 된 기술을 국산화 개발이나 수입 대체의 관점에서 개발하는 것은 매우 좋다.

다섯째, R&D로 개발된 기술은 반드시 사업화가 가능해야 한다. R&D지원사업 또한 "기술성", "시장성", "사업성" 세 가지 관점에서 평가한다. 기술성은 매우 좋지만 소재의 수급, 제조 공정 투자, 시장 환경, 높은 제조원가 등의 문제로 인해 기술의 사업화가 어렵거나 불가능 한 경우가 있다.

이런 경우 R&D지원사업에 선정되기 어렵다. 따라서 기업에 지원되는 R&D사업의 범위는 아래 <그림 11>과 같이 Pilot Scale에서, Mass Production으로 사업화가 가능할 때 지원된다. Lab Scale 단계는 선행연구를 통해 사전 검증하는 단계로 R&D지원사업 신청 전에 반드시 자체적으로 수행해야 한다. 기업은 선행연구를 통해 R&D성공 가능성을 확인하고, 핵심성과지표(KPI)를 설정해야 한다. R&D에서 핵심성과지표란 R&D의 전략적 목표 달성을 위해 R&D 결과 또는 성과에 대한 성공 여부를 측정하고, 평가하는 핵심적인 기준이나 척도를 의미한다.

그림 11 ❙ 기업 R&D 지원 사업의 범위

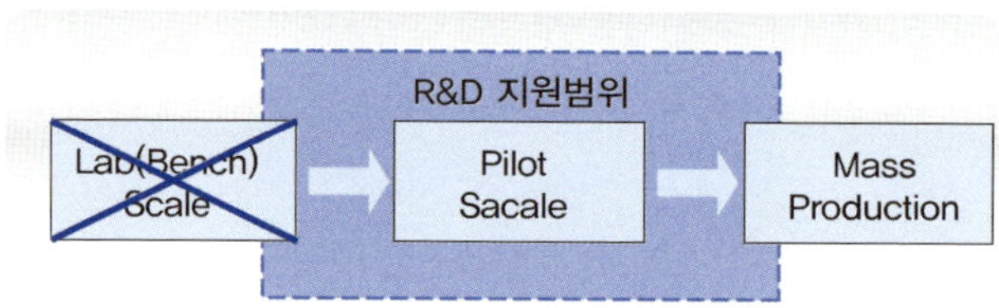

많은 중소기업이 선행연구 단계 없이 R&D를 기획하지만 이런 경우, R&D의 성공 가능성을 확인할 수 없고, 핵심성과지표 선정이 어렵다. 올바른 R&D기획과 수행을 위해 선행연구를 통한 R&D 성공 가능성과 핵심성과지표 설정은 매우 중요하다. 요약하자면, 기업이 정부 R&D지원사업을 수행하기 위해서는 Lab Scale 단계에서 선행연구를 수행한 후 Pilot Scale에서, Mass Production으로 사업화 실현이 가능할 때 지원된다.

일반적으로 R&D는 <그림 12>와 같이 조사/분석 → 연구 → 개발 → 시제품 제작 → 시험 → 검증/인증의 순으로 진행된다.

그림 12 ❙ R&D수행 절차

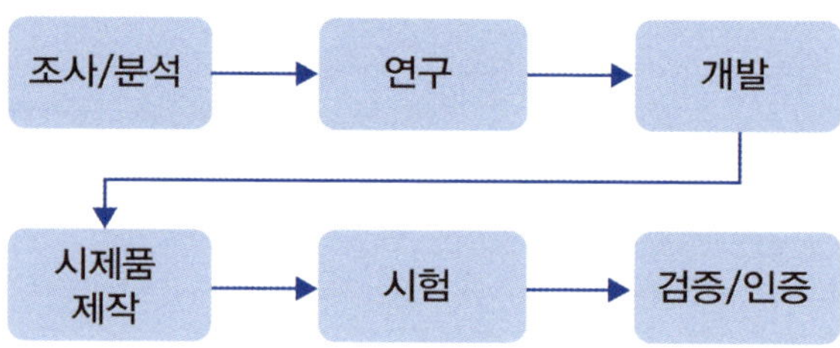

R&D과제 기획 시 중요한 것은 기업이 핵심요소기술에 대한 R&D를 수행할 역량을 보유하고 있는지 체크 하는 것이다. R&D역량이란 앞서 얘기한 선행연구 경험과 R&D

수행을 위한 연구인력, 시설, 장비, 지재권 등을 의미한다. R&D수행 범위와 내용, 목표를 달성하기 위해 보유하고 있는 R&D역량을 확인하고, 부족한 역량은 공동연구개발기관, 위탁연구개발기관 등과 같은 산학연 컨소시엄을 구성하여 R&D기획을 해야 한다. R&D지원사업에 대한 보다 자세한 설명은 다음 시리즈 책(R&D편)을 통해 설명할 예정이니 참고하기 바란다. 이 책에서 R&D와 비R&D지원사업에 대하여 설명하고 있는 이유는 예비창업패키지지원사업이 비R&D지원사업이기 때문에 R&D지원사업과 비R&D지원사업의 목적과 특성을 이해하고 예비창업패키지지원사업에 맞도록 준비해야 한다. 비R&D지원사업과 R&D지원사업은 사업의 구성, 지원 내용, 사업비 지원 금액과 비목 등 많은 부분에서 차이가 있다. 따라서 R&D에 대한 니즈가 있는 창업자나 기업은 예비창업패키지지원사업 신청 후 별도의 R&D기획을 진행하여 중소벤처기업부에서 지원하는 창업성장기술개발 디딤돌 사업에 신청할 것을 권장한다.

4) TIP 4: "평가에 대한 이해(부제: 평가하는 사람은 누구인가?)"

정부지원사업의 선정률을 높이기 위해서는 정부지원사업 평가에 대한 이해도가 높아야 한다. 평가는 사업계획서라는 도구를 통해 평가위원을 설득하는 과정이다. 누군가를 설득하고자 하면 설득할 대상이 누군지 명확히 알아야 한다. 창업지원사업의 평가위원은 매년 창업진흥원에서 평가위원 후보단 모집 공고 후 선발되며 창업지원사업의 평가위원 신청 기준은 아래 <그림 13>과 같다.

그림 13 ▎창업지원사업 평가위원 신청 자격 요건

○ **(신청자격)** 아래 자격요건 등에 1개 이상 해당하는 자

구분	자격요건	예시
산업계	☞ 박사학위 소지자, 석사학위 소지자 중 해당 분야 5년 이상 경력자, 학사학위 소지자로 해당 분야 7년 이상 경력자 등	일반 기업 재직자, 투자자(VC, AC) 등
학계	☞ 해당 분야에 전문지식이 있는 조교수 이상의 대학 교수	대학 교수 등
연구계	☞ 박사학위 소지자, 석사학위 소지자 중 해당 분야 5년 이상 경력자, 학사학위 소지자로 해당 분야 7년 이상 경력자 등	공공기관, 유관기관 직원, 연구원 등
공무원 경력자	☞ 5급 또는 이에 상당하는 공무원으로 해당 분야 5년 이상 경력자	-
기술·경영전문가	☞ 기술사, 변리사, 기술지도사, 회계사, 세무사 등 전문가	-
기타	☞ 그 밖에 해당 분야에 10년 이상 실무 경험이 있거나, 사업의 특성을 반영하여 위촉할 필요가 있다고 인정되는 자	-

평가위원 후보단 신청요건은 산업계의 경우 박사학위, 석사학위 소지자로 해당 분야 5년 이상 경력자, 학사학위 소지자로 해당 분야 7년 이상 경력자이며, 학계의 경우 해당 분야의 조교수 이상의 대학 교수이다. 연구계는 박사학위, 석사학위 소지자로 해당 분야 5년 이상 경력자, 학사학위 소지자로 해당 분야 7년 이상 경력자이며, 공무원의 경우 5급 이상 또는 이에 상당하는 공무원으로 해당 분야 5년 이상 경력자이다. 기술경영 전문가는 기술사, 변리사, 기술지도사, 회계사, 세무사 등의 전문가이며, 기타로 해당 분야의 10년 이상 실무경험 및 사업의 특성을 반영하여 위촉할 필요가 있다고 인정되는 자는 평가위원 후보단 신청이 가능하다. 위 조건을 만족한다고 무조건 창업지원사업 평가위원이 되는 것은 아니며, 창업진흥원의 심사를 통해 최종 선정된다.

창업지원사업 평가를 수행하다 보면 평가위원에게 주어진 시간은 많지 않다. 서면평가의 경우 지원자가 매우 많고, 평가 일정은 길지 않기 때문에, 짧은 시간에 많은 분량의 사업계획서를 평가해야 한다. 따라서 사업계획서 작성자에게 매우 중요한 것은 "가독성"을 높이는 것이다.

발표 평가의 경우 발표자에게 짧게 주어지는 발표와 질의응답 시간 내 평가위원을 설득하는 것이 중요하며, 이를 위해 "스토리라인"을 논리적으로 잘 구성해야 한다. 질의응답은 평가위원의 전문 분야와 특성, 평가지표 등을 고려하여 준비하는 것이 좋다. 평가위원에 대한 구체적인 정보를 얻을 수 없지만, 평가위원 자격 요건에서 대략적으로 유추해 볼 수 있다. 예상 질문의 범위는 창업의 동기, 문제의 제기와 해결방안에 대한 방법과 구체적인 내용, 어떻게 아이템의 사업화를 실현할 것인지, 현재까지 진행된 사항과 향후 실현 계획, 생산 계획, 비즈니스 모델 및 수익 실현 방안, 시장진입 전략과 마케팅 홍보 방안, A/S 방법, 창업 대표자와 팀 구성원의 능력 등 다양하게 생각해 볼 수 있다. 실제로 사업계획서를 작성하고 발표 평가를 준비해보면 평가위원이 어떠한 사람들로 구성되는지 알고 하는 것이 훨씬 유리하다.

5) TIP 5: "사업계획서의 가독성을 높여라~!!"

"사업계획서 양식이나 글자체와 크기를 마음대로 바꾸지 마라!!"

사업계획서의 서면 평가를 진행하다 보면 사업계획서 양식을 바꾸거나 글씨체 또는 글씨 크기 등을 작성자 마음대로 바꾸는 경우를 종종 본다. 작성자가 본인의 아이템을 표현하기 편하게 양식을 수정할 때도 있고, 특히 예비창업패키지의 사업계획서는 페이지 제한이 있기 때문에 제한된 페이지에 많은 양의 내용을 담기 위해서 글자 크기나 글씨체를 매우 작게 변경하여 작성하기도 한다. 이런 경우 평가위원의 관점에서는 사업계획서 가독성과 이해도가 낮아지기 때문에 평가에 나쁜 영향을 끼친다. 특히 창업지원사업의 경우 지원자가 매우 많고 평가시간은 짧기 때문에 양식이 변경되거나 글자 크기가 작으면 가독성과 이해도가 떨어져 평가에 방해가 된다. 물론 정해진 양식 내에서 특정 내용을 강조하여 차별화하거나 추가할 수 있다. 하지만 정해진 양식의 틀을 신청자 마음대로 변경해서는 안된다.

"이미지와 도표를 적극적으로 활용하라"

사업계획서는 특정한 목적을 가지고 누군가를 설득하기 위해 작성하는 문서이다. 특히 창업지원사업의 경우 창업아이템에 대한 기술성, 시장성, 사업성이 우수하다는 것을 평가위원에게 설득하여 정부지원을 받는 것이 목적이다.

사업계획서의 가독성을 높이는 가장 좋은 방법은 이미지와 도표를 적극적으로 활용하는 것이다. 아무리 글을 잘 적더라도 이미지나 도표만큼 가독성이 좋을 수 없다. 특히 창업아이템의 소개, 구성요소 및 구현방법, 문제점 및 해결방안, 시장현황, 비즈니스 모델, 사업화 방안 및 성장전략 등 글로 설명하기 복잡한 부분에 대하여 논리적으로 표현하고 적절하게 설명할 수 있는 그림이나 사진, 도표 등을 활용한다면 짧은 평가시간에 평가위원을 설득시키는 데 매우 유리하다. 사업계획서를 작성할 때 단순히 글로만 작성하는 것은 좋지 않다. 따라서 누군가가 처음 볼 수 있는 창업아이템이나 비즈니스 모델, 사업화 진행사항 등을 쉽게 이해시킬 수 있는 이미지나 도표를 만들어 적극적으로 활용해야 한다. 또한 외부이미지나 도표, 그래프 등을 사업계획서에 적용할 때에는 반드시 출처를 밝혀야하며 시장자료나 통계자료 등을 활용할 때는 신뢰성 있는 기관의 최신자료를 활용하는 것이 좋다.

"문장의 핵심과 비핵심을 구분하라!!"

사업계획서의 가독성을 높이기 위해서는 문장을 간결하게, 핵심만 요약하여 작성하는 것이 좋다. 이를 위해서는 첫 번째, 내용을 이해하기 쉽게 문단을 구분해야 한다. 간혹 제한된 페이지에 많은 내용을 담기 위해서 문단 구분 없이 모든 문장을 연결하여 작성하는 경우가 있다. 이 경우 사업계획서의 가독성은 매우 떨어진다. 주의해야 할 점은 사업계획서 내용이 많다고 선정되는 것이 아니다.

두 번째, 문장을 간결하게 핵심만 요약하여 작성해야 하며, 이를 위한 저자의 노하우를 알려주고자 한다. 이해하기 쉬운 문장을 위해서는 문장의 핵심과 비핵심을 구분해야 한다. 아래 <그림 14>는 무선 헤어아이론 기술개발 사업계획서에서 발췌한 문장의 핵심과 비핵심 구분을 통한 문장 수정 예시이다.

그림 14 ▌문장의 핵심과 비핵심 구분을 통한 문장 수정 예시

본 과제를 통해 현재 무선 헤어아이론에 주로 사용되고 있는 리튬이온배터리 방식의 전력공급을 수퍼커패시터 기술과 결합하여 리튬이온배터리의 용량 및 방전특성(낮은 전력 밀도)의 한계로 인해 야기되는 열 발생의 문제 및 짧은 사용시간과 예열에 긴 시간이 소요된다는 소비자들의 불만사항을 해결하고자 함.

본 과제를 통해 현재 **무선 헤어아이론**에 주로 **사용**되고 있는 **리튬이온배터리 방식**의 **전력공급**을 **수퍼커패시터 기술**과 **결합**하여 리튬이온**배터리**의 **용량** 및 방전특성(**낮은 전력 밀도**)의 **한계**로 인해 야기되는 **열 발생**의 문제 및 **짧은 사용시간**과 **예열**에 **긴 시간**이 **소요**된다는 **소비자**들의 **불만사항**을 **해결**하고자 함.

무선 헤어아이론에 사용되는 리튬이온배터리 방식 전력공급을 수퍼커패시터 기술과 결합하여 배터리 용량 및 낮은 전력 밀도로 인한 열 발생, 짧은 사용시간, 긴 예열 시간이 소요되는 소비자 불만사항을 해결하고자 함.

위와 같이 문장에서 핵심 단어와 비핵심 단어를 구분하고 비핵심 단어를 제외한 핵심 단어 간 재구성을 통해 문장을 간결하고 이해하기 쉽게 만들 수 있다.

세 번째, 중요한 단어 또는 문장을 강조하는 것이다. 문장을 간결하게 만들었음에도 평가위원에게 반드시 알리고 싶은 내용이 있다면 특정 단어 또는 문장을 진하게 처리하거나 밑줄을 적용하여 강조할 수 있다. 아래 <그림 15>는 특정 문장에 진하게 및 밑줄을 적용한 예시이다.

그림 15 ❙ 특정 문장에 진하게 및 밑줄을 적용한 예시

코로나19 재 확산으로 인해 오프라인 마케팅 및 제품판매(영업) 활동이 매우 제한적인 반면, 소비 트렌드 변화 및 코로나19 반사 이익과 맞물려 인터넷 및 모바일 등 온라인 매체를 활용한 마케팅의 시장성과 효율성이 크게 증가함.

↓

코로나19 재 확산으로 인해 오프라인 마케팅 및 제품판매(영업) 활동이 매우 제한적인 반면, 소비 트렌드 변화 및 코로나19 반사 이익과 맞물려 인터넷 및 모바일 등 **온라인 매체를 활용한 마케팅의 시장성과 효율성이 크게 증가**함.

지금까지 사업계획서 가독성을 높이는 세 가지 방법을 알아보았다. 누군가 나에게 사업계획서를 잘 작성할 수 있는 방법을 묻는다면 가장 먼저 가독성에 대해 얘기할 것이다. 물론 창업아이템의 기술성, 시장성, 사업성이 우선적으로 좋아야 하지만 이를 사업계획서로 표현하여 평가위원을 설득하기 위해 가독성을 높이는 것은 매우 중요하다. 따라서 사업계획서 작성자는 정해진 양식 내에서 수단과 방법을 가리지 말고 가독성을 높이는 방법을 찾아야 한다.

3. 창업지원사업 공고문 분석

"공고문에 정답이 있다. 공고문이 주는 TIP~!!"

창업자의 관점에서 지원사업의 시작은 지원기관 사이트에서 공고 확인 후 공고문을 보고 분석하는 것이다. 매년 정책의 방향에 의해 지침이나 규정이 변경될 수 있으며 이에 따라 공고문의 내용도 조금씩 바뀔 수 있다. 따라서 창업지원사업에 익숙하더라도 공고문은 반드시 세심하게 살펴보아야 한다.

공고문 분석이 필요한 이유는 첫째, 정부지원사업 경험도에 의해 공고문의 이해도가 사람마다 다르다. 특히, 정부지원사업을 처음 접하거나 경험도가 낮은 예비창업자 또는 창업자의 관점에서 공고문의 이해도를 높여야 정부지원사업의 선정률이 높아진다.

둘째, 정부지원사업의 신청을 위해 공고문을 꼼꼼하게 보고 분석하는 것이 당연한 일이다. 하지만 생각보다 많은 사람이 공고문을 대충 훑어보거나 부분적으로 중요한 부분만 읽기 때문에 중요한 사항들을 놓치거나 준비가 미흡한 경우가 많다.

본 장에서는 최근 공고된 예비창업패키지 공고문을 직접 보고 분석하여 중요한 사항을 체크함으로써 공고문 분석의 중요성을 강조하고 공고문에 숨겨져 있는 세부적인 내용에 대한 이해도를 높이고자 한다.

공고문 분석을 실습해보기 위해 '25년 예비창업패키지 지원사업 공고문을 분석해보고자 한다.

1) 예비창업패키지 예비창업자 모집 공고 및 사업개요

<그림 16>은 '25년 예비창업패키지 지원사업의 사업개요이다. 대부분 정부지원사업의 공고문에는 사업개요가 가장 먼저 명시되어 있다.

그림 16 ▎예비창업패키지 지원사업의 사업개요

중소벤처기업부 공고 제2025 - 105호

2025년도 예비창업패키지 예비창업자 모집공고

혁신적인 기술과 사업모델(BM)을 보유한 예비창업자를 발굴·지원하기 위한 『2025년도 예비창업패키지』 참여자를 다음과 같이 모집 공고합니다.

2025년 2월 17일
중소벤처기업부 장관

> ※ K-Startup 누리집 가입 시 실명인증이 되지 않는 경우 서울신용평가정보(SCI)를 통한 사전 실명등록이 필요합니다. 온라인 접수 전 필히 등록해 주시길 바랍니다.
> ① 실명 등록 대상 : 개명인, 외국인, 미성년자 등 인터넷 실명 확인 불가능자
> ② 실명 등록 경로 : www.siren24.com (☏1577-1006) ·실명 등록에 최대 3일 소요
> ☞ K-Startup 누리집 > 고객센터 > 일반매뉴얼 > K-Startup 창업기업 실명등록 매뉴얼 참고
> ※ 최종 선정 통보된 예비 선정자는 통보일 다음날부터 3일 이내에 「예비창업패키지」 협약체결 확약서를 제출해야 합니다.

1 사업 개요

☐ **사업목적** : 혁신적인 기술과 사업모델(BM)을 보유한 예비창업자의 성공 창업을 지원하여 양질의 일자리 창출

☐ **지원대상** : 예비창업자*

* 신청자격은 동 공고 '3. 신청자격 및 요건' 참조
** 예비창업패키지는 「중소기업창업 지원법 제2조제9호」에 따른 기술창업 지원사업으로 단순 카페 운영, 도·소매, 유통 등은 지원 불가

☐ **지원내용** : 사업화 자금 (평균 0.5억원), 창업프로그램 등

사업화 자금		창업프로그램*
시제품 제작, 마케팅, 지식재산권 출원·등록 등에 소요되는 사업화 비용 지원	⊕	BM 고도화, MVP 제작, 멘토링 등 주관기관별 창업프로그램 운영

* 주관기관별 창업프로그램은 '**[별첨 3]** '주관기관 소개자료' 참고

☐ **협약기간** : 협약 시작일로부터 **8개월 이내**

☐ **선정규모** : **총 780명 내외** (일반분야 660명, 특화분야 120명 내외)

* 주관기관별 선정 규모는 신청·접수 결과 등에 따라 변동될 수 있음

예비창업패키지의 신청 및 접수는 K-Startup 누리집 사이트에서 진행된다. 따라서 K-Startup 누리집 사이트의 회원가입이 필요하며, 서울신용평가정보(SCI)를 통한 실명인증이 필요하다. 서울신용평가정보에 등록되지 않은 개명인, 외국인, 미성년자 등 인터넷 실명 확인이 불가능한 경우 사전에 siren24를 통해 실명 등록 및 적용을 요청해야 한다. 실명 등록에 최대 3일까지 소요될 수 있으니 해당자는 신청 마감일까지 미루지 말고 미리 진행해야 한다.

사업개요에는 가장 먼저 사업목적이 기재되어 있다. 공고문에서 가장 중요한 부분이며 지원사업의 근간이 되는 부분으로 지원하는 창업자는 반드시 공고문에 기재된 사업의 목적에 부합하는지 확인해야 한다. 특히 사업계획서 평가에서 사업목적에 부합하지 않는 과제는 반드시 탈락하게 된다.

그리고 지원 대상에서 신청 자격 및 요건을 반드시 확인해야 한다. 훌륭한 창업 아이템과 비즈니스 모델로 예비창업패키지에 신청하더라도 신청 자격 및 요건에 해당되지 않으면 지원을 받을 수 없다.

예비창업패키지의 지원내용은 사업화 자금과 창업프로그램으로 시제품 제작, 마케팅, 지식재산권 획득 등에 소요되는 자금과 주관기관별 지원되는 BM 고도화, MVP 제작, 멘토링 등 창업프로그램으로 창업아이템 사업화에 맞추어 기획하고 준비해야 한다. 협약기간은 협약 시작일로 부터 8개월 이내이다(예를 들어 협약 시작일이 2025년 6월 1일인 경우 2026년 1월 31일까지가 협약 기간이다). 즉, 예비창업패키지의 사업 운영 기간은 8개월이며 사업계획서 작성 시 전반적인 사업의 개요, 사업 기간 내 목표와 내용, 사업비 사용 등에 대한 세부 내용 기획 및 작성 시 이를 고려해야 한다.

'25년 예비창업패키지 지원사업의 선정 규모는 총 780명 내외로 일반분야 660명, 특화분야 120명 내외로 선정 인원이 정해져 있기 때문에 향후 신청 인원 대비 경쟁률을 나타내기도 한다. 특히, 창업하고자 하는 분야가 일반분야인지, 특화분야인지에 따라 경쟁률이 달라질 수 있다. 그럼 신청 자격 및 요건부터 자세히 살펴보자.

2) 지원내용

<그림 17>은 '25년 예비창업패키지 지원사업의 지원내용으로 선정자가 받을 수 있는 혜택이며 공고문에서 가장 중요한 내용 중 하나이다.

그림 17 ▎예비창업패키지 지원사업의 지원내용

2 지원내용

□ **지원내용** : 사업화 자금 및 주관기관별 창업프로그램 등

구분	지원 세부 내용
사업화 자금	• 시제품 제작, 지재권 취득, 사업모델(BM) 개선, 마케팅 등에 소요되는 **사업화 자금 평균 0.5억원 지원** * 선정평가 결과에 따라 사업화 자금(정부지원사업비) 차등 지원 ** 사업화 자금(정부지원사업비)은 신청자의 신청 금액 범위 내에서 지급 • **사업화 자금(정부지원사업비)을 사업단계별(총 2단계)로 차등 지원** - **(1단계)** BM 구체화를 위한 시장조사 및 최소기능 제품(MVP) 제작을 위한 **사업화 준비 자금 지원(20백만원 내외)** - **(2단계)** 협약 중간 시점에 1단계 사업계획 진척도 및 향후 추진계획 등을 평가하여 **사업화 자금 추가 지원(40백만원 내외)** • **총사업비 = 정부지원사업비 100% (자기부담사업비 없음)**

< 사업화 자금 집행 비목 >

비 목	비목 정의
재료비	• 사업계획서 상의 사업화를 위해 소요되는 재료 또는 원료, 데이터 등을 구입하는 비용
외주용역비	• 예비창업자가 자체적으로 시제품 제작을 완성할 수 없는 경우 일부 공정에 대해 외부 업체에 의뢰하여 제작하고, 이에 대한 대가를 지급하는 비용
기계장치 (공구·기구, 비품, SW 등)	• 사업화를 위해 필요한 일정 횟수 또는 반영구적으로 사용 가능한 기계 또는 설비, 비품을 구매하는 비용
특허권 등 무형자산 취득비	• 사업계획서 상의 창업아이템과 직접 관련 있는 지식재산권 등의 출원·등록 관련 비용
인건비	• 채용 예정 직원이 사업에 직접 참여하는 경우, 근로계약에 따라 지급하는 급여 * 신청자(예비창업자)의 배우자 또는 직계존비속에게는 인건비 지급 불가
지급수수료	• 사업화를 위한 거래를 수행하는 대가로 요구하는 비용 (기술이전비, 학회 및 세미나 참가비, 전시회 및 박람회 참가비, 멘토링비, 시험·인증비, 기자재 임차비 등)
여비	• 신청자(예비창업자) 및 소속 임직원이 소재지를 벗어나 타 지역 또는 타 국가로 출장 등의 사유로 집행하는 비용
교육훈련비	• 신청자(예비창업자) 및 소속 임직원이 사업화를 위해 기술 및 경영교육 이수 시 집행하는 비용
광고선전비	• 신청자(예비창업자)의 제품과 기업을 홍보하기 위한 홈페이지 제작비, 홍보영상 및 홍보물 제작비, 포장 디자인비, 일간지 등의 광고 게재, 기타 마케팅에 소요되는 비용
창업활동비 (월 50만원 한도)	• 창업(준비) 활동에 필요한 문헌 구입, 소모품 구입 등에 소요되는 경비

<table>
<tr><td rowspan="6">창업 프로그램</td><td colspan="2">• 주관기관의 강점과 특성을 반영하여 예비창업자 지원 프로그램 제공</td></tr>
<tr><td>유형</td><td>프로그램 예시</td></tr>
<tr><td>① BM 수립</td><td>BM 발굴, 팀 빌딩, BM 고도화</td></tr>
<tr><td>② 아이템 구현</td><td>MVP 제작, 시장검증, 멘토링</td></tr>
<tr><td>③ 투자유치</td><td>투자 교육, 모의 및 실제 투자 IR</td></tr>
<tr><td>④ 자율 프로그램</td><td>주관기관이 예비창업자의 수요를 반영하고 자체 보유한 강점과 역량을 투입하여 지원하는 기관별 맞춤형 프로그램</td></tr>
</table>

’25년 예비창업패키지 지원사업은 ’24년도 대비 지원내용이 크게 변경되었다. 정부지원사업 신청자의 관점에서 현재가 중요하기 때문에 <그림 17>의 내용을 바탕으로 ’25년 지원내용을 하나씩 설명하고자 한다.

지원받을 수 있는 최대 사업화 자금은 1억 원, 평균은 0.5억 원이며, 선정 결과에 따라 차등으로 지원된다. ’25년부터 사업화 자금을 총 2단계로 지원하며, 1단계는 BM 구체화를 위한 시장조사 및 최소기능 제품(MVP)제작을 위한 사업화 준비 자금 평균 2천만 원 내외로 지원된다. 2단계는 협약 중간 시점에 1단계 사업계획 진척도 및 향후 추진계획 등을 평가하여 사업화 자금 추가 지원금 평균 4천만 원 내외로 지원된다. 즉, 예비창업패키지의 사업화 자금은 최대 1억 원, 평균 0.5억 원으로 1단계와 2단계 평가를 통해 차등지원된다.

2단계의 선정은 협약 중간 시점에 1단계 사업계획 진척도 및 향후 추진계획 등을 평가하여 사업화 자금을 추가로 지원하며, 1단계의 약 50% 내외를 2단계 지원 대상으로 선정한다. 바꾸어 말하면 1단계에 선정된 창업자 중에서 약 50%는 2단계 지원을 받을 수 없다(2025년 기준). 따라서 1단계 선정 후 사업의 진척도와 향후 추진계획의 구체성, 사업화 실현 가능성 등이 매우 중요하다.

사업화 자금 단계별 지원인 1단계와 2단계의 전체 협약 기간은 동일하게 협약 시작일로부터 8개월이나, 사업비의 집행 기간은 차이가 있다. 1단계는 협약 시작일로부터 4개월 이내까지 사업비를 집행할 수 있으며, 창업프로그램의 경우 협약종료일까지 지원된다. 2단계는 협약 중간 시점(약 3~4개월 후)에 사업계획 진척도 등을 평가하여 사업화 자금 평균 4천만 원 내외(평가 점수에 따라 차등지급)를 추가로 지급하며, 2단계 사업비 집행 기간은 2단계 선정 이후(협약 4개월 차) 4개월이다.

따라서 사업계획서 작성 시 사업계획을 근거로 1단계와 2단계에 지원되는 사업화 자금의 규모와 사용 시기 등을 고려하여 사업비 사용 계획을 수립하는 것이 매우 중요하다.

사업계획서 작성 시 최대 1억 원, 평균 0.5억 원임을 고려하여 1단계(2천만 원 내외)와 2단계(4천만 원~8천만 원 내외)를 구분하여 필요한 사업비만큼 사업비 집행계획을 수립하되, 창업자가 신청한 금액을 초과하여 지급할 수 없다는 점을 감안하여 필요한 사업화 자금을 꼼꼼하게 체크하여 작성하는 것이 좋다.

실제로 창업자에게 사업화 자금은 항상 부족하기 때문에 신청 시 최대 지원 금액으로 신청하는 것이 좋다. 하지만 예비창업자는 사업화에 필요한 자금을 기획하는 것에 익숙하지 않기 때문에 선정평가 시 사업화 자금의 적정성에서 좋은 점수를 얻지 못하기도 한다. 따라서 사업화 자금 기획 후 타당성을 검토해보아야 한다.

예비창업패키지의 경우 정부지원금 100%이기 때문에 기업부담금은 없다. 타 지원사업의 경우 기업부담금(또는 민간부담금)이 있을 수 있으므로 타 지원사업 신청 시 반드시 확인해야 한다.

사업화 자금은 **① 공고문에 명시된 비목 내에서, ② 협약 기간 내 사용이 가능한 범위에서, ③ 사업계획서에 작성된 목표를 달성에 초점을 맞추어** 사업비를 기획하는 것이 가장 좋다.

사업계획서의 범위를 벗어나거나 특정 항목에 과도하게 높은 비용이 책정된 사업비 예산은 오히려 감점의 요인이 되니 참고 바란다.

사업화 자금 이외에 BM 고도화, MVP 제작, 멘토링, 투자유치 등 주관기관에서 제공하는 다양한 창업프로그램의 지원이 있으니 이를 반영하여 수행계획을 수립하고 사업과의 연계성을 고려하여 사업계획서를 작성하는 것이 좋다.

3) 신청자격 및 요건

<그림 18>은 ’25년 예비창업패키지 지원사업의 신청자격 및 요건이다. 아래 공고문의 내용을 잘 읽어보고 본인이 신청자격에 해당되는지 반드시 확인해야 한다.

그림 18 ▌예비창업패키지 지원사업의 신청자격 및 요건

3 신청자격 및 요건

□ **신청자격**

○ 사업 공고일('25.2.17.) 기준 신청자 명의의 사업자 등록 및 법인 설립 등기를 하지 않은 자

- 단, 부동산임대업만을 영위하는 창업기업(개인사업자) 대표는 아래 세부조건을 충족하는 경우에 한하여 신청 가능

< 신청 세부 조건 >

▶ **부동산임대업 영위기업 대표**

- 공고일('25.2.17.) 기준 직원을 고용하지 않고 부동산임대업만을 영위*하는 개인사업자(법인 불가)로, 협약종료일 2개월 이전까지 이종업종 제품 및 서비스를 영위하는 법인사업자로 창업이 가능한 경우에 한하여 신청 가능
  * 사업자등록증 상에 부동산임대업 이외에 타 업종을 복수로 영위하고 있는 경우 신청 불가

○ 사업 공고일 기준 ’25년('25.1.1~2.17.)에 개인사업자 폐업 또는 법인사업자 폐업(해산 및 청산)을 하지 않은 자

예비창업패키지의 기본적인 신청자격은 공고일 기준 신청자 명의의 사업자등록증이 없는 자이다. 만약 사업자등록증이 있다면 기창업자 신청자격 세부 조건 등 공고문을 꼼꼼히 살펴보아야 한다. 부동산임대업을 영위하고 있는 대표의 경우 법인사업자는 불가능하며, 직원을 고용하지 않고 부동산임대업만 영위하는 개인사업자로, 사업자등록증 상에 부동산임대업 외 타 업종을 복수로 영위하지 않아야 신청 가능하다(2025년 기준).

사업 공고일 기준 당해연도(’25년의 경우 25.1.1~2.17)에 개인사업자 폐업 또는 법인사업자 폐업(해산 및 청산)을 하지 않은 자여야 신청이 가능하다. 즉, 이종업종의 경우

폐업 후 공고일 기준으로 사업자 등록증이 없는 자는 신청자격이 있다. 하지만 사업 공고일 기준 당해연도('25년의 경우 25.1.1~2.17)에 개인사업자 폐업 또는 법인사업자 폐업한 자는 신청자격이 없다.

최근 3년간 폐업한 경험이 있는 창업자는 반드시 이종·동종업종 판단 및 한국산업표준분류 등을 확인해야 한다. 이종·동종업종 판단은 한국표준산업분류 코드의 세세분류(5자리) 일치 여부를 기준으로 하고 있으며 '세세분류 → 일치 시 동종업종', '세세분류 → 불일치 시 이종업종'으로 판단하고 있다.

한국표준산업분류코드는 "통계청 통계분류 포털(kssc.kostat.go.kr)"에서 확인이 가능하며, 주업종코드는 "국세청 MY홈텍스(hometax.go.kr)"에서 확인이 가능하다. 아래 <그림 19>는 한국표준산업분류코드 및 주업종코드 확인 경로이다.

그림 19 ▎한국표준산업분류코드 및 주업종코드 확인 경로

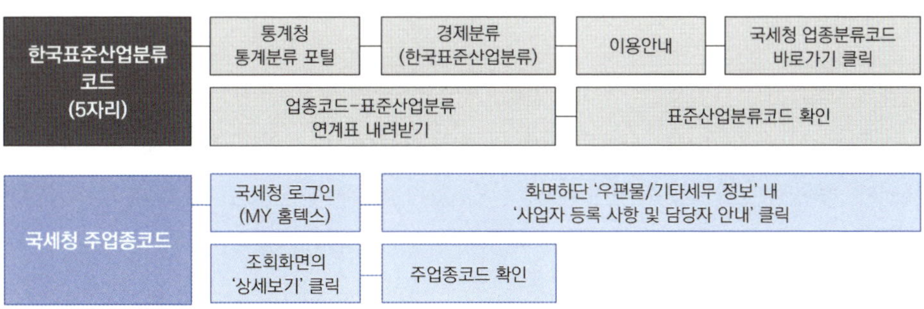

기창업자의 자격요건에 해당하는 자는 기업인증을 해야 하는데 이는 기업의 개인사업자 번호와 상호명의 일치 여부를 확인하는 절차이다. 신청기업은 공동/금융인증서 인증, SCI 기업 실명인증, 국세청 사업자 확인, 금융인증서 인증 중 1개의 방법을 택하여 사업 전 반드시 인증해야 한다. 앞서 설명했듯이 SCI 기업 실명인증의 경우 등록에 최대 3일까지 소요될 수 있으므로 접수 마감일 이전에 완료될 수 있도록 미리 진행해야 한다.

그림 20 ▌SCI 기업 실명인증 방법

< SCI 기업 실명인증 방법 >

① 사이렌24(www.siren24.com) 접속 후, 회원가입
 * **(기업 실명등록 안내)** 고객지원센터(상단 우측) - 실명등록센터(좌측) - '기업 실명등록 안내' 페이지 참조
② 구비서류(사업자등록증, 기업정보 업데이트 요청서*) 각 1부 준비
 * **(기업정보 업데이트 요청서)** 고객지원센터 – 실명등록센터 – 기업 실명등록 안내 페이지의 '기업정보업데이트 요청서' 배너를 선택하여 다운로드 가능
③ 02-3279-6600으로 FAX 발송
 * **(등록센터 운영시간)** 09:00~18:00(월~금), 토·일·공휴일 휴무
** **(등록센터 문의번호)** ☎ 1577 – 1006 (서울신용평가정보 고객센터)

기창업자 기업인증 시 개인 공인인증서가 아닌 기업 공동인증서로만 인증할 수 있기 때문에 신청접수 마감일 전 미리 기업용 공동인증서를 발급받아야 한다.

금융인증서 인증이 실패할 경우, 먼저 PMS에 등록된 기업의 사업자 정보를 확인해봐야 한다. 기업정보 일치 여부 확인 후에도 인증 실패 할 경우 중소기업통합콜센터 1357로 문의해야 한다.

기창업자의 사업자번호는 그대로인데 기업명만 변경된 경우, K－Startup 누리집 접속 후 우측 상단 My버튼 → 기관(기업) 정보관리에서 기업명 변경이 가능하다. 이때 국세청에 등록된 기업명, 사업자번호, 설립 일자, 대표자가 모두 일치해야 기업명 인증이 가능하며 인증 성공 후 국세청 사업자 인증 일시가 갱신된다.

그림 21 ▌기업명 변경 절차 및 경로

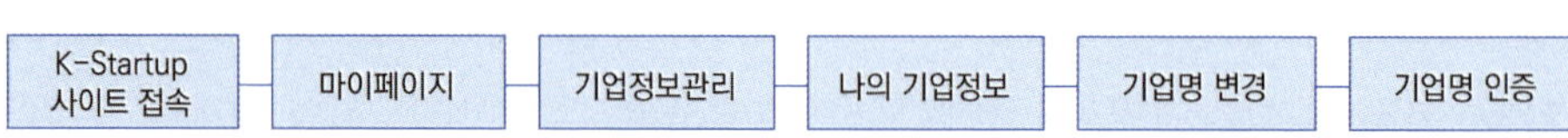

사업자번호, 법인번호 등을 잘못 등록하여 수정이 필요한 경우가 있다. 사업자번호, 법인번호는 비활성화 항목으로 시스템 등록 후 임의 변경이 불가능하며, 이때 중소기업통합콜센터 1357로 연결하여 수정할 정보를 알려주고 변경을 요청해야 한다.

외국인도 사업 신청이 가능하다. 법무부 출입국, 외국인 정책본부에서 발급받은 신분증(외국인 등록증, 재외국민거소증 등)에 기재된 외국인등록번호와 성명 입력 시 실명인증이 가능하다. 단 거주지가 외국일 경우 사업 완료를 위해 필요한 의무사항 이행 가능 여부를 반드시 확인 후 신청해야 한다.

그림 22 ▌예비창업패키지 지원사업의 신청분야

□ **신청분야** : 일반분야와 특화분야로 구분

신청분야		분야별 설명	선정 규모
일반 분야		정보·통신, 전기·전자, 기계·소재(재료), 바이오·의료(생명·식품), 에너지·자원(환경·에너지), 화학(화공·섬유), 공예·디자인 등 全 기술 분야를 지원	660명
특화분야	여성	혁신적인 기술창업 아이디어를 보유한 여성 예비창업자 지원 * 여성 분야는 '여성'만 신청 가능	60명
	소셜벤처	사회문제 해결을 목표로 혁신기술 또는 비즈니스 모델을 통해 수익을 추구하는 소셜벤처 기업을 창업하려는 예비창업자 지원 * 소셜벤처 분야는 창업 후 3개월이 속한 월말(협약기간 이내) 까지 '소셜벤처기업' 판별기준을 충족하지 못할 경우 '실패' 판정	60명
	사내벤처	대기업 등 민간의 혁신역량을 활용하여 발굴된 분사 창업기업의 사업화 및 성장을 지원 **· 사내벤처 분야는 별도 공고**	30팀

<그림 22>는 '25년 예비창업패키지 지원사업의 신청분야이다. 신청분야는 일반분야와 특화분야로 나뉘며 특화분야는 다시 여성분야와 소셜벤처분야, 사내벤처 분야로 나뉜다(사내벤처 분야는 별도 공고). 창업자는 본인의 아이템이 어떤 분야인지 잘 구분하고 선택해야 한다.

신청분야를 선택하는 것은 생각보다 훨씬 더 중요하다. 신청분야에 따라서 해당 전문가로 평가위원이 배정된다. 향후 사업 신청 시 작성할 사업계획서는 결국 평가위원을 설득하기 위해 작성하는 것으로 평가위원의 전문 분야와 성향 등을 예측해야 한다.

예를 들어 창업자가 디자인 분야로 선택했다면 평가위원 중 디자인 전문가가 포함되어 있으며 디자인 관점에서 선정평가가 진행될 것이기 때문에 사업계획서 작성 시 아이템 및 문제해결 방안을 UX/UI, CMF(Color · Materials · Finish), 사용자 중심 디자인 설계, 디자인 사고 등 디자인의 관점에서 풀어나가야 한다.

특히 사업 신청 시 창업아이템이 기술간 융복합으로 인해 단일 기술 분야를 선택하기 어려울 때는 전문기술 분야에서 창업아이템(사업)과 가장 근접한 기술 분야를 선택해야 한다.

즉, 두 가지 이상의 기술 또는 서비스 분야가 융복합되는 아이템의 경우에는 어떤 기술이나 서비스가 핵심이 되는지, 그리고 강점이 있는지, 평가위원을 설득하는 논리가 잘 정리되는지 등을 판단하여 분야를 선택해야 한다.

2025년 예비창업패키지 기준으로, 선정 규모는 일반분야의 경우 660명으로 각 지역별 주관기관마다 27~28명씩 선정된다. 여성분야와 소셜벤처분야는 벤처기업협회 및 한국여성벤처협회가 주관기관으로 각 60명씩 선정된다.

아래 <그림 23>의 공고문 7. 기타사항의 '2025년 예비창업패키지 주관기관별 선정 규모'이니 참고하기 바란다. 주관기관 선정 시 반드시 사업장 소재지 또는 거주지와 인접한 주관기관을 선택할 필요는 없다. 물론 접근성을 고려해야 하지만 지역의 특화산업 및 경쟁률 등을 감안하여 타지역 주관기관에 신청도 가능하다.

그림 23 | 예비창업패키지 지원사업의 공고문 붙임 1_주관기관별 선정규모

7 기타 사항

□ 문의처

○ (시스템 문의) 국번없이 1357

○ (사업 문의) 주관기관 담당자

구분	분야	주관기관명	선정규모	담당자 연락처
1	일반	건국대학교	27명	02-450-3138 02-450-4288
2		광운대학교	27명	02-940-5223 02-940-5224
3		동국대학교	28명	02-2088-3737 (내선 1116, 1119)
4		서울과학기술대학교	28명	02-970-9296 02-970-9719
5		연세대학교	28명	02-2123-4306 02-2123-4412
6		경기대학교	27명	031-249-8702 031-249-8666
7		서울대학교(시흥)	28명	031-5176-2236 031-5176-2240
8		수원대학교	27명	031-229-8574 031-229-8588
9		인천대학교	28명	032-835-9686 032-835-9687
10		인하대학교	28명	032-860-7257 032-860-9227
11		가톨릭관동대학교	27명	033-649-7346 033-649-7348

구분	분야	주관기관명	선정규모	담당자 연락처
12	일반	국립한밭대학교	28명	042-828-8662 042-828-8669
13		대전창조경제혁신센터	28명	042-385-0532 042-385-0593
14		고려대학교 세종산학협력단	28명	044-860-3813 044-860-3814
15		충북창조경제혁신센터	27명	043-710-5925 043-710-5926
16		광주창조경제혁신센터	28명	062-364-9166 062-364-9170
17		전남창조경제혁신센터	27명	061-661-1933 061-661-1934
18		전북창조경제혁신센터	27명	063-220-8943 063-220-8960
19		제주창조경제혁신센터	28명	064-710-1991 064-710-1992
20		계명대학교	27명	053-620-2036 053-620-2044
21		대구창조경제혁신센터	27명	053-756-7610 053-759-9658
22		경남창조경제혁신센터	27명	055-291-9395 055-291-9389
23		부산창조경제혁신센터	28명	051-749-8970 051-749-8953
24		울산창조경제혁신센터	27명	052-230-3413 052-230-3414
25	특화	벤처기업협회	60명	02-6331-7125 02-6331-7122
26		한국여성벤처협회	60명	02-3440-7465 02-3440-7472

다음은 신청 제외 대상으로 아래 <그림 24>에 해당하는 자는 신청할 수 없다.

그림 24 ▌예비창업패키지 지원사업의 신청 제외 대상

□ 신청 제외 대상

① 금융기관 등으로부터 채무불이행으로 규제 중인 자(기업)

< ① 조건 예외 대상 (사업 신청·접수 마감일 기준) >

1. 채무변제 완료 후 증빙이 가능한 자
2. 신용회복위원회 프리워크아웃 또는 개인워크아웃 제도, 새출발기금 제도를 통해 채무조정합의서를 체결한 자
3. 법원의 회생계획인가 또는 변제계획인가를 받은 자, 파산절차에서 면책결정이 확정된 자
4. 신용보증기금·기술보증기금의 '재도전·재창업 재기지원보증' 또는 중소벤처기업진흥공단·신용회복위원회의 '재창업 자금지원'을 받은 자

② 국세 또는 지방세 체납 중인 자(기업)

< ② 조건 예외 대상 (사업 신청·접수 마감일 기준) >

1. 국세징수법 제105조제1항에 따라 강제징수의 유예를 받은 자 또는 지방세징수법 제105조제1항에 따라 체납처분의 유예를 받은 자
2. 국세·지방세 등의 특수채무 변제 후 증빙이 가능한 자

③ 창업진흥원으로부터 발생한 환수금 등의 반환이 종결되지 않은 자(기업)

< ③ 조건 예외 대상 (사업 신청·접수 마감일 기준) >

1. 사업 신청·접수 마감일까지 환수금등을 전액 반환 완료한 자
2. 환수금 등에 대해 회생 또는 파산절차에서 법원의 면책결정을 받은 자
3. 환수금 등에 대해 분할납부를 승인받아 정상 납부 중인 자 (분할 상환금을 연속 또는 누적하여 2회 이상 미납한 경우는 환수금 등의 반환이 종결되지 않은 것으로 봄)

④ 「중소기업창업 지원법 시행령」 제4조(창업에서 제외되는 업종)의 업종을 영위하고 있거나 영위하고자 하는 자(기업) ([붙임 2] 지원 제외 대상 업종 참조)

⑤ 중소벤처기업부 창업 사업화 지원사업 중 [붙임 3]에 명시된 사업에 선정되어 협약을 체결했던 이력이 있는 자(기업) **※ 중단 (중단처분·중도포기자) 포함**

⑥ 2025년 중소벤처기업부 및 타 중앙정부·공공기관의 '창업 사업화 지원사업*'에 선정되어 사업을 수행 중인 자(기업) **※ 중단 (중단처분·중도포기자) 포함**

* 단, 공고사업과 동일년도 창업사업화 지원사업이 아닌 경우 또는 지자체 지원사업은 협약 시작·종료일 등 협약 잔여 기간에 관계없이 신청 가능

* 「2025년 창업지원사업 통합공고(중소벤처기업부 공고 제2024-626호)」 내 중앙부처가 운영하는 창업지원사업 중 아이템의 사업화를 위한 시제품 제작비, 마케팅비 등 사업화에 소요되는 자금을 창업자에게 지원하는 사업 (**[붙임 4]** 참조)

⑦ 중소벤처기업부 창업지원사업에 참여 제한으로 제재 중인 자(기업)

⑧ 창업진흥원이 지정한 은행 계좌 (사업비 계좌) 개설 및 거래가 불가한 자(기업)

* 「특정 금융거래정보의 보고 및 이용 등에 관한 법률」 제5조의2제1항 및 가상통화 관련 자금세탁방지 가이드라인에 따라 금융정보분석원의 신고·등록이 되지 않은 자 (블록체인 기반 암호화 자산 매매 및 중개업, 가상화폐 거래소업, 가상화폐 개발업, 가상화폐 거래소 투자 및 자문업 등)

⑨ 2025년 동 사업 주관기관의 전담조직의 장, 전담/겸직인력으로 참여 중 또는 참여 예정인 자

⑩ 「근로기준법」에 따라 고용노동부가 공개하는 체불사업주 명단에 포함된 자(기업)

⑪ 「보조금 관리에 관한 법률」 제31조의2(보조사업 수행 배제 등)에 따라 수행 대상에서 배제된 자(기업)

⑫ 친족과 합하여 의결권 있는 특정 기업의 발행주식을 전체의 50% 초과 보유한 과점주주 또는 최대 주주인 자

⑬ 기타 중소벤처기업부 장관이 참여를 제한할 정당한 사유가 있다고 인정하는 자(기업)

신청자가 금융기관으로부터 채무를 불이행하거나 국세 또는 지방세를 체납 중인 자(또는 기업), 창업진흥원으로부터 발생한 환수금 등의 반환이 종결되지 않은자는 지원 제외 대상에 해당된다. 다만 위 <그림 24>의 공고문에 기재된 조건 예외 대상을 확인하고 조건 예외 대상에 해당된다면 이를 증빙할 수 있는 서류를 챙겨서 소명해야 한다.

공동대표 또는 각자대표로 구성된 창업기업의 경우 대표자 전원이 신청자격에 충족해야 한다. 자격요건 검토 단계에서 공동(각자)대표 전원에 대한 신청자격을 검토하며, 선정 후 신청 제외 대상으로 확인되는 경우 참여제한 및 정부지원금 환수 등의 조치를 받을 수 있다.

중소기업창업지원법 시행령 제4조의 창업에서 제외되는 업종을 영위하고 있거나 영위하고자 하는 창업자는 아래 <그림 25>의 붙임 2 지원제외 대상 업종을 참고하여 해당 여부를 판단해야 한다.

그림 25 ❙ 예비창업패키지 지원사업 공고문 붙임 2

붙임 2 지원 제외 대상 업종

▶ **중소기업창업 지원법 시행령 제4조(창업에서 제외되는 업종)의 업종을 영위하고 있거나 또는 영위하고자 하는 자(기업)**

NO.	대상 업종	코드번호 세세분류
1	일반유흥주점업	56211
2	무도유흥주점업	56212
3	카지노 운영업	91242
4	기타 사행시설 관리 및 운영업	91249
5	그 밖에 경제질서 및 미풍양속에 현저히 어긋나는 업종으로서 중소벤처기업부령으로 정하는 업종	-

* 대상 업종의 세부사항은 제11차 한국표준산업분류코드(통계청, kssc.kostat.go.kr) 참고

일반적으로 창업지원사업은 일반유흥주점, 무도유흥주점, 카지노 운영업, 기타 사행시설 관리 및 운영업, 그리고 그 밖에 경제질서 및 미풍양속에 현저히 어긋나는 업종

으로서 중소벤처기업부령으로 정하는 업종은 지원 대상에서 제외된다. 대상 업종의 세부사항은 제11차 한국표준산업분류코드(통계청, kssc.kostat.go.kr)을 참고하기 바란다.

중소벤처기업부 창업사업화 지원사업 중 예비창업패키지 지원사업 공고문의 붙임 3에 명시된 지원사업에 선정되어 협약을 체결한 이력이 있는 자는 신청 제외 대상이다.

다음 ＜그림 26＞은 붙임 3 '중소벤처기업부 창업사업화 지원 제외 사업 목록'이다. 따라서 중소벤처기업부 창업사업화 지원 제외 사업에 한 번이라도 선정되어 협약한 이력이 있는 자는 예비창업패키지 지원사업의 신청 제외 대상에 해당되며, 중단 또는 중도 포기자 또한 마찬가지이다.

그림 26 ▌예비창업패키지 지원사업 공고문 붙임 3

붙임 3 **중소벤처기업부 창업사업화 지원 제외 사업 목록**

- ○ **예비창업패키지 (생애최초 포함)**
- ○ **초기창업패키지 (실험실특화 포함)**
- ○ **창업도약패키지** ** 성장촉진 프로그램 제외*
- ○ **창업성공패키지 청년창업사관학교**
- ○ **창업성공패키지 글로벌창업사관학교**
- ○ **창업중심대학**
- ○ **사내벤처 육성 프로그램(~2023년)**

2025년 기준 중소벤처기업부 및 타 중앙정부 · 공공기관의 '창업 사업화 지원사업'에 선정되어 사업에 수행 중인 자(기업)와 창업 사업화 지원사업에 선정되어 수행 중에 중단(중단처분 · 중도 포기자) 처분을 받은 자 또한 예비창업패키지 지원사업의 신청 제외 대상이다. 단, 공고 사업과 동일년도 창업사업화 지원사업이 아닌 경우 또는 지자체 지원사업은 협약 시작·종료일 등 협약 잔여 기간에 관계없이 신청 가능하다.

2025년 기준 창업지원사업 통합공고(중소벤처기업부 공고 제2024-626호) 내 중앙부처가 운영하는 창업지원사업 중 아이템의 사업화를 위한 시제품 제작비, 마케팅비 등 사업화에 소요되는 자금을 지원하는 사업을 수행 중인 자(또는 기업)는 신청제외 대상이며 세부 사항은 아래 <그림 27>의 예비창업패키지 공고문 붙임 4와 같다. 창업지원사업 통합공고는 매년 초에 창업진흥원 및 K-Start up 누리집 홈페이지에 공고되니 참고 바란다.

그림 27 ❙ 예비창업패키지 지원사업 공고문 붙임 4

붙임 4 **2025년 동시수행 불가한 창업지원사업 목록**

연번	창업지원사업명	소관 부처
1	· 예비창업패키지	중소벤처기업부
2	· 초기창업패키지	중소벤처기업부
3	· 창업도약패키지	중소벤처기업부
4	· 초격차 스타트업 1000+ 프로젝트	중소벤처기업부
5	· 민관공동 창업자발굴 육성사업(TIPS 사업화)	중소벤처기업부
6	· 통합창업패키지(특화창업패키지) 지원	중소벤처기업부
7	· 창업중심대학	중소벤처기업부
8	· 재도전성공패키지	중소벤처기업부
9	· 신사업창업사관학교	중소벤처기업부
10	· 민관협력 오픈이노베이션 지원	중소벤처기업부
11	· 창업성공패키지(청년창업사관학교)	중소벤처기업부
12	· 창업성공패키지(글로벌창업사관학교)	중소벤처기업부
13	· 글로벌 기업 협업 프로그램	중소벤처기업부

14	· 딥테크 밸류업 프로그램	중소벤처기업부
15	· 예술기업 성장지원	문화체육관광부
16	· 스포츠산업 예비초기창업창업도약 지원	문화체육관광부
17	· 스포츠산업 창업중기(액셀러레이팅) 지원	문화체육관광부
18	· 콘텐츠 아이디어 사업화 지원	문화체육관광부
19	· 콘텐츠 액셀러레이터 연계 사업화 지원	문화체육관광부
20	· 콘텐츠 투자 연계 사업화 지원	문화체육관광부
21	· 선도기업 연계 동반성장 지원	문화체육관광부
22	· 전통문화 청년창업 육성지원 사업	문화체육관광부
23	· 관광벤처사업 공모전	문화체육관광부
24	· 에코스타트업 지원사업	환경부
25	· 농식품 벤처육성지원	농림축산식품부
26	· 대전 방산혁신 클러스터 방산진입형 드론특화 창업지원	방위사업청
27	· 데이터 활용 사업화 지원(DATA-Stars)	과학기술정보통신부

예를 들어, 과거에 예비창업패키지에 신청하여 "탈락" 통보받은 신청자는 재신청이 가능하다. 하지만 과거에 예비창업패키지에 "선정"되어 지원받은 경우 재신청이 불가능하다.

예비창업패키지 지원사업을 수행하고 있는 자는(초기창업패키지, 창업성공패키지 등을 수행하고 있는 창업자도 포함)R&D지원사업의 경우 중복 신청이 가능하다. R&D 지원사업은 창업사업화지원 사업으로 분류하지 않기 때문에 동 사업과 중복 수행이 가능하다. 이런 경우 주관기관 담당자에게 확인해보는 것이 안전하다.

중소벤처기업부 창업지원사업에 참여 제한으로 제재 중인 자는 신청 제외 대상이니 참고 바란다.

창업진흥원이 지정한 은행 계좌(사업비 계좌) 개설과 거래가 불가한 자(또는 기업)의 경우 신청 제외 대상이다. 특정 금융거래정보의 보고 및 이용 등에 관한 법률 제5조의 2 제1항 및 가상통화 관련 자금세탁방지 가이드라인에 따라 금융정보분석원의 신고·

등록이 되지 않은 자(블록체인 기반 암호화 자산 매매 및 중개업, 가상화폐 거래소업, 가상화폐 개발업, 가상화폐 거래소 투자 및 자문업 등) 또한 신청제외 대상이다.

특히, 신규계좌 개설이나 은행거래가 불가능할 경우 창업진흥원이 지정한 은행계좌(사업비 계좌) 개설과 창업사업통합관리시스템을 통한 사업비 지출(회계처리)이 불가능하기 때문에 선정이 취소될 수 있다.

2025년 기준 동 사업의 주관기관의 전담조직의 장, 전담/겸직 인력으로 참여 중 또는 참여 예정인 자는 사업 신청이 제한된다.

고용노동부 임금체불 사업주 명단에 포함되어 있으면 사업 신청이 불가능하며, 모집 공고일 기준으로 해당 유무를 확인하므로 공고일 이후 전액 변제하여도 사업 신청은 불가하다. 임금체불 사업주 해당 여부는 "고용노동부 누리집(https://www.moel.go.kr)"에서 확인할 수 있다.

그림 28 ❙ 고용노동부 임금체불 사업주 해당 여부 확인 경로

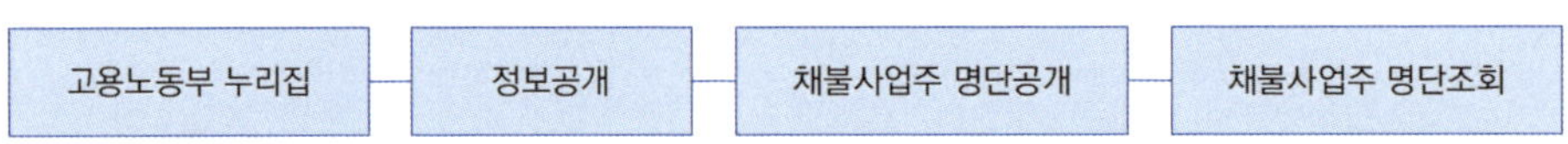

보조금 관리에 관한 법률 제31조의2(보조사업 수행 배제 등)에 따라 수행 대상에서 배제된 자(또는 기업)는 신청 제외 대상이며, 친족과 합하여 의결권이 있는 특정 기업의 발행 주식을 전체의 50%를 초과 보유한 과점 주주나 최대 주주인자 또한 신청 제외 대상이니 참고 바란다.

다음 <그림 29>는 예비창업패키지 지원사업 선정자의 의무와 역할이다. 예비창업패키지의 선정자라면 반드시 지켜야 할 내용이니 반드시 숙지하고, 의무와 역할을 잘 수행할 수 있는지 창업자의 사업계획과 창업 환경을 점검해야 한다.

그림 29 ▎예비창업패키지 지원사업 선정자의 의무와 역할

□ **의무 및 역할**

ㅇ 선정자는「중소기업창업 지원사업 운영요령」및「창업사업화 지원사업 통합관리지침」,「동 사업 세부관리기준」, 협약서 등의 사항을 준수하며, 사업 완수를 위해 최선의 노력을 다하여야 함

* 지침 및 기준 등은 선정자를 대상으로 별도 안내

ㅇ 선정자는 사업계획서에 명시된 목표 달성을 위하여 사업계획을 성실히 이행하여 완수하여야 함

ㅇ 선정자는 적법한 방법과 절차를 통해 수령한 정부지원사업비를 지급 목적에 맞게 사용하여야 함

ㅇ 선정자는 창업진흥원과 주관기관이 요청하는 자료 제출, 점검 및 평가 등에 성실히 응하여야 함

ㅇ 선정자는 협약종료일로부터 5년간 이력 관리 등에 필요한 제반 요청 사항에 성실히 응하여야 함

ㅇ 선정자는 선정된 창업아이템 관련 업종으로 협약종료일 2개월 이전까지 중소기업창업 지원법상의 창업(사업자 등록)을 이행하여야 함

- 소셜벤처 분야 선정자는 창업 후 3개월이 속한 월말(협약기간 이내)까지 기술보증기금을 통해 '소셜벤처 판별기준'을 충족하고, 최종 점검 시 소셜벤처스퀘어 누리집*을 통해 '소셜벤처기업 판별결과 통지서(판별결과 : 인정)'를 제출하여야 함

* 소셜벤처스퀘어 누리집 : https://sv.kibo.or.kr

ㅇ 선정자가 법인으로 창업할 경우, 사업 운영과 사업비 관리 책임은 법인에 있으며, 사업비의 유용·횡령·편취 등 부적정 사용에 대한 사업비 환수 시 모든 책임은 창업기업 대표(선정자)에게 있고, 지침 및 기준 등에 따라 제재 및 채권추심 등의 조치를 취할 수 있음

ㅇ 부동산임대업을 보유한 선정자의 경우, 협약종료일 2개월 이전까지 이종업종 제품 및 서비스를 영위하는 법인사업자로 창업(법인등기 및 사업자 등록)을 이행하여야 함

ㅇ 선정자는 대표자 사망, 법인전환 등 정당한 사유를 제외하고 협약종료일로부터 1년 이상 창업기업을 유지하여야 함

- 정당한 사유 없이 창업 유지 의무 미이행 시, 중소벤처기업부·전문기관 창업지원사업 1년 참여제한 등 제재 조치 부여

지원사업 선정자의 가장 중요한 의무는 중소기업창업 지원사업 운영요령, 창업사업화 지원사업 통합관리지침, 예비창업패키지 세부 관리기준, 협약서 등의 사항을 반드시 숙지하고 사업 운영에 문제가 없도록 지침, 규정 등을 잘 지켜야 한다.

정부지원사업은 정해진 규정과 지침이 있으며 반드시 규정과 지침을 따라서 운영해야 한다. 간혹 창업자가 규정과 지침을 모르거나, 지키지 않아서 사업 운영에 많은 어려움을 겪기도 하며 이로 인해 큰 문제가 발생하는 경우 사업비 환수 또는 사업 참여 제한을 당하기도 한다.

사업 운영에서 가장 중요한 부분 중 하나는 사업계획서에 명시된 목표 달성이다. 목표 달성은 사업 최종 평가에서 사업계획의 성실도를 평가하는 기준이기 때문이다. 따라서 사업계획서 작성 시 도전적이면서 실제로 달성이 가능한 사업 목표를 설정하는 것이 매우 중요하다.

또한 창업진흥원과 주관기관에서 요청하는 자료 제출, 점검, 및 평가, 성과 조사 등에 성실히 임해야 하며, 협약종료일 기준 5년간 이력 관리 등에 필요한 제반 요청사항에 성실히 응해야 한다.

예비창업패키지의 선정자(1단계와 2단계 모두 해당)는 협약종료일 2개월 이전까지 중소기업창업 지원법상의 창업(사업자 등록)을 반드시 이행해야 한다.

소셜벤처 분야 선정자는 창업 후 3개월이 속한 월말(협약기간 이내)까지 기술보증기금을 통해 '소셜벤처 판별기준'을 충족하고, 최종 점검 시 소셜벤처스퀘어 누리집(https://sv.kibo.or.kr)을 통해 '소셜벤처 기업 판별결과 통지서(판별결과: 인정)'를 제출해야 한다.

선정자가 법인으로 창업할 경우, 사업 운영과 사업비 관리 책임은 법인에 있으며, 사업비의 유용·횡령·편취 등 부적정 사용에 대한 사업비 환수 시 모든 책임은 창업기업 대표(선정자)에게 있고, 지침 및 기준 등에 따라 제재 및 채권추심 등의조치를 취할 수 있다.

부동산임대업을 보유한 선정자(1단계와 2단계 모두 해당)의 경우 협약종료일 2개월 전까지 이종업종 제품 및 서비스를 영위하는 법인사업자로 창업(법인등기 및 사업자 등록)을 이행해야 한다(2025년 기준).

선정자는 정당한 사유를 제외하고 협약종료일로부터 1년 이상 창업기업을 유지하여야 한다. 정당한 사유란 대표자 사망, 법인전환 등으로 정당한 사유 없이 창업 유지 의무 미이행 시, 중소벤처기업부 전문기관 창업지원사업 1년 참여제한 등 제재 조치가 부여된다.

4) 접수방법

그림 30 ❙ 예비창업패키지 지원사업 접수 방법

4 접수방법

☐ **접수 기간 :** '25년 2월 24일(월) ~ 3월 12일(수), 16:00까지

< 유의 사항 >

① 신청 마감일에는 문의 및 접속이 원활하지 않을 수 있으므로, **마감일 2~3일 이전**에 **'K-Startup 누리집' 가입 및 사업 신청**을 미리 진행하는 것을 권장

* 신청·접수는 **16:00 정각에 종료** (신규 신청 불가). 다만, 16:00 전에 1단계(약관동의) 후 신청서 작성 단계에 진입하여 과제번호를 부여받은 경우, 18:00까지 작성 항목 수정, 사업계획서 및 증빙서류 추가 업로드 등 가능

② 온라인 신청서 작성 이후 **'제출완료' 버튼을 클릭**해야 **최종 접수가 완료**됨

③ **온라인으로만 신청이 가능**하고, 접수된(18:00 이후) 사업계획서 등 일체 내용은 **수정 및 삭제 불가**

☐ **접수 방법**

○ **K-Startup 누리집 온라인 신청·접수** (www.k-startup.go.kr)

- 신청·접수 시, K-Startup 누리집을 통해 **실명인증**을 **실시**하여야 하며, 사전에 **회원가입** 및 **실명인증 필요**

* **실명인증** : 서울신용평가정보(SCI)를 통한 개인 실명인증 진행 (외국인, 개명인, 미성년자 등 실명 정보가 등록되어 있지 않은 경우, 사전 실명 등록 및 적용 절차 진행 필수)

** **기업인증** : 공동인증서(기업용), 금융인증서, SCI기업실명인증, 국세청사업자 확인 중 택1

*** 온라인 사업 신청 관련 자세한 사항은 '**[별첨 5]** 사업 신청 매뉴얼' 참고

< 유의 사항 >

① **반드시 신청자(예비창업자) 본인이 신청**해야 하며, **타인이 신청하는 경우 탈락 처리**

② 신청자는 사업 신청 시, **희망하는 1개의 주관기관 선택**

* 해당 주관기관에서 평가 및 사업비 관리, 창업프로그램 등 제공(접수 마감 후 변경 불가)

** 신청 시 사업계획서상 '주관기관'과 시스템 접수 '주관기관' 동일 여부 필수 확인

※ **상이한 경우, K-Startup 시스템의 접수 기준으로 평가**

③ K-Startup 누리집 **신규 가입 시**, 아이핀 또는 휴대폰 개인인증을 통한 **본인 인증 필수**. **서울신용평가정보(SCI)**에 실명(개명)정보가 등록되어 있지 않아 실명 확인이 불가한 경우 K-Startup 누리집 가입 및 사업 신청이 제한되므로 유의

"역사는 반복된다." 매년 비슷한 시기에 비슷한 사업이 공고된다. 따라서 내년에 예비창업패키지를 준비하고 있는 창업자라면 올해 기공고된 예비창업패키지 공고의 신청 및 접수시기를 참고하여 미리 사업을 기획할 수 있다.

<그림 30>은 예비창업패키지 지원사업의 신청 및 접수 방법이다. 2025년 기준 신청·접수 기간은 '25년 2월 24일(월)부터 '25년 3월 12일 16:00까지로 주말, 공휴일 포함 약 17일 정도이다. 사업계획서 작성에 익숙한 창업자라면 충분한 시간이 될 수 있지만 그렇지 않은 창업자에게는 부족한 시간이다.

신청은 K-Startup 누리집(www.k-startup.go.kr)에서 온라인으로 신청·접수해야 하며 방문 또는 우편 접수는 불가하다. 이때 중요한 사항은 K-Startup 누리집 사이트에 미리 회원가입을 하고 접수 마감일 1~2일 전에 미리 사업계획서 내용 작성 및 자료 업로드 후 신청하는 것이 좋다. 제출 완료 버튼을 누르기 전에 수정 가능하니 참고 바란다.

사업 신청과 관련한 시스템 메뉴얼은 K-Startup 누리집 접속 후 고객센터에 있는 온라인 매뉴얼 탭에서 "창업사업통합정보관리시스템(PMS) 사용자 메뉴얼"을 검색하여 다운로드하면 된다. 사업 신청 전 "창업사업통합정보관리시스템(PMS) 사용자 매뉴얼" 숙지하는 것을 권장한다.

그림 31 | 창업사업통합정보관리시스템(PMS) 사용자 매뉴얼 다운로드 경로

사업의 신청·접수는 접수 마감일 16시 정각에 종료되며 반드시 제출 완료 버튼을 클릭해야 신청·접수가 완료된다. 따라서 신청자는 신청·접수 완료 후 사업 신청 완료 여부를 다시 한번 확인해보는 것이 좋다. 사업 신청 완료 여부는 K-Startup 누리집 로그인 → 사업 신청관리에서 확인할 수 있다. 아래 <그림 32>는 예비창업패키지 지원사업 신청 경로이다.

그림 32 | 예비창업패키지 지원사업 신청 경로

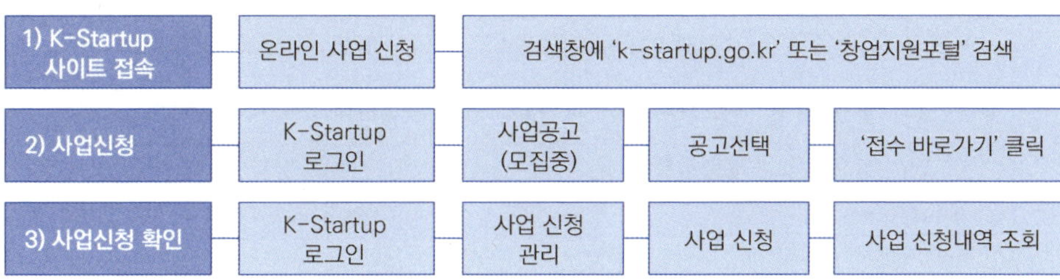

최근 많이 개선되었지만, 과거에는 마감일 당일 접수 시 서버 과부하 등으로 인한 사이트 오류가 발생하기도 했다. 신청·접수 마감일 당일, 특히 마감 시간을 얼마 남겨두지 않고 촉박하게 회원가입을 하거나 신청·접수를 하게 되면 마감 시간 내에 접수하지 못할 수 있으니 유의해야 한다. 사이트에 입력하는 내용이 생각보다 많거나 업로드 자료의 용량 초과로 인해 수정 또는 편집이 필요한 경우 신청자가 예상하는 것보다 사업 신청 시간이 오래 걸린다. 돌발 상황은 언제든지 일어날 수 있으며 대비하는 것이 좋다.

신청 시 유의사항은 반드시 점검해야 한다. 신청은 창업자 본인이 신청해야 하며 희망하는 주관기관 1개만 선택할 수 있고 접수 마감 후에는 변경 불가능하다. 주관기관을 선택할 때는 원활한 창업프로그램 및 멘토링 등 수행을 위해 접근성을 고려해야 한다. 물론 신청자의 사업장 소재지, 거주지역 이외의 주관기관을 선택할 수도 있다. 신청 시 사업계획서상 '주관기관'과 시스템 접수 '주관기관' 동일 여부를 필수 확인해야 하며 사업계획서와 시스템상의 주관기관이 상이한 경우 K-Startup 시스템의 접수 기준으로 평가한다.

K-Startup 누리집 신규 가입 시, 아이핀 또는 휴대폰 개인인증을 통한 본인 인증 필수이며, 서울신용평가정보(SCI)에 실명(개명) 정보가 등록되어 있지 않아 실명 확인이 불가한 경우 K-Startup 누리집 가입 및 사업 신청이 제한되므로 유의해야 한다.

그림 33 ▎ 예비창업패키지 지원사업 제출서류

□ **제출 서류**

○ **사업계획서 1부** (**[별첨 1]** 양식)

* 모집공고에 첨부된 사업계획서 양식 활용 (그 외 양식 제출 시 평가대상에서 제외)

○ **기타 제출서류 각 1부** (해당 시, **[별첨 2]**의 '증빙서류 제출 목록 안내' 참고)

제출서류	제출 방법	비고
① 사업신청서	온라인 입력	-
② 사업계획서	파일 첨부	용량제한 30MB
③ 증빙서류 (필수 증빙 및 가점 관련 증빙서류 등 포함) * 관련 증빙서류 누락 시 평가에 불이익이 있을 수 있음		

* 가점 증빙서류는 **사업 신청 시 제출**하며, 미제출 시 가점으로 불인정

위 <그림 33>은 '25년 예비창업패키지 지원사업의 제출서류이며, ① 사업신청서, ② 사업계획서, ③ 증빙서류를 제출해야 한다. 증빙서류는 필수 증빙이나 가점 관련 증빙서류로 누락시 평가에 불이익이 있을 수 있으니 반드시 체크하에 제출해야 한다.

① 사업신청서는 K-Startup 누리집(www.k-startup.go.kr)에 온라인으로 입력하는 신청서이며, ② 사업계획서는 예비창업패키지 선정의 당락을 결정짓는 가장 중요한 제출서류로 공고문에 첨부된 별첨 1의 양식으로 반드시 정해진 양식을 사용하여 작성 후 제출해야 한다. 사업계획서 작성 방법은 2장 '예비창업패키지 사업계획서 실전 작성 팁'에서 상세히 설명할 것이다.

③ 증빙서류는 대표자(신청자)의 신분증 사본, 가점 증빙서류, 서류평가 면제 증빙서류, 부동산임대업 보유자 증빙서류, 기타 제출한 자료 외 사업계획서 평가에 참고할 수 있는 증빙서류(지식재산권, 아이템 도면, 투자 및 수출 계약 등)이 있으며 상세한 사항과 제출 방법은 2장 '예비창업패키지 사업계획서 실전 작성 팁'에서 상세히 설명할 것이다.

5) 평가 및 선정

그림 34 ❙ 예비창업패키지 지원사업 평가 절차

5 평가 및 선정 절차

☐ **평가 절차 :** 총 3단계 평가(서류 → 인큐베이팅 → 발표)를 통해 1단계 대상자 선정

* 선정평가 운영 및 평가 일정, 평가 결과 등은 **선택한 주관기관**에서 안내 예정

< 예비창업자 선정평가 절차(안) >

① 요건검토	② 서류평가	③ 인큐베이팅	④ 발표평가	⑤ 선정(1단계)
자격기준 검토 및 서류평가 대상자 확정	사업계획서 서면 평가 (2배수 내외 선정)	BM 구체화 및 멘토링 등 (서류평가 통과자 대상)	서류평가 통과자 대상 발표 및 질의응답 (30분 이내)	정부지원사업비 등 선정 확정
'25.3월 중	'25.3월 말	'25.4월 초	'25.4월 말	'25.4월 말 또는 5월 초

신청자에 대한 요건검토, 사업계획서 유사·중복성 검토는 창업진흥원 및 주관기관에서 상시 진행하며, 선정·협약 이후에도 신청자격 미충족 등이 확인되는 경우 선정·협약 취소 처리 예정

※ 상기 일정은 신청자의 수 등 대내·외 사정에 따라 변경될 수 있음

<그림 34>는 '25년 예비창업패키지 지원사업의 평가 절차이다. 예비창업패키지의 세부적인 평가 절차는 ① 요건검토 → ② 서류평가 → ③ 인큐베이팅 → ④ 발표평가 → ⑤ 선정(1단계) 순으로 진행된다. 신청자는 선정평가 절차를 이해하고 평가 절차별 선정의 기준이 되는 사항들을 인지하고 서류 제출 및 평가를 준비해야 한다.

2025년 예비창업패키지 기준으로 평가 절차를 살펴보면 '25년 3월 12일 사업신청서 접수 완료 후 3월 중 요건검토를 주관기관 담당자가 진행한다. 요건검토는 공고문에 명시된 신청요건에 충족하였는지를 확인하는 절차이다. 즉, 신청요건에 충족된다면 요건검토에서 탈락하지 않는다.

요건검토 완료 후 주관기관에서 서류평가를 위한 평가위원 선정 후 3월 말에 서류평가를 진행한다. 서류평가는 요건검토와 달리 평가위원이 평가한다. 예비창업패키지 평가위원에 대한 설명은 다음 장에서 자세히 설명하고자 한다.

서류평가는 최종 선정 인원의 2배수 내외로 선정된다. 즉 예비창업자가 신청한 주관기관의 선정 인원이 28명일 때 서류심사 통과자는 약 54~58명 정도가 선정된다. 서류평가에서 선정 인원이 정해졌기 때문에 신청자가 많으면 그만큼 경쟁률이 높으며 대내외 사정에 따라 선정 인원은 변경될 수 있다.

아래 <그림 35>는 '25년 예비창업패키지 지원사업의 평가 방법에서 요건검토와 서류평가 방법이다.

그림 35 | 예비창업패키지 지원사업 평가 방법 ①~②

□ **평가 방법**

① **요건검토** : 사업계획서, 증빙서류 등을 확인하여 신청자격 등 검토

② **서류평가** : 사업계획서를 토대로 평가지표(가점 포함)에 따라 평가를 시행, 발표평가 대상자 확정(1단계 선정 규모의 2배수 내외)

- 서류 또는 발표평가 면제 대상일지라도, 사업 신청·접수를 완료하여야 하며, 공고문상의 신청 자격 등을 충족하여야 함
- 서류평가 통과자를 대상으로 '예비창업자'임을 확인할 수 있는 증빙서류*를 제출받아 검토할 예정이며, 신청 자격 위배 사항이 발견되는 경우 발표평가 또는 협약 대상에서 제외

* 사실증명(총사업자등록내역), 사업자등록증명, 폐업사실증명, 등기사항전부증명서 등 **서류평가 통과자를 대상으로 별도 안내 예정**

서류 또는 발표평가 면제 대상자 일지라도, 반드시 사업 신청 · 접수를 완료 해야하며 공고문상의 신청 자격 등을 충족해야 한다. 따라서 서류평가 가점 및 면제 대상자는 반드시 체크하고 증빙서류를 제출하여 혜택을 받아야 하니 세부 사항을 잘 숙지하여 준비해야 한다. 아래 <그림 36>은 서류평가 가점 및 면제 대상이다.

그림 36 ▍예비창업패키지 지원사업 서류평가 가점 및 면제 대상

< 서류평가 가점 및 면제 대상 >

구분	대상자	점수	비고(제출서류 등)
가점 (최대 3점)	• 인공지능(융합혁신) 대학원 졸업생 - 인공지능대학원(10개) : 고려대, 광주과학기술원, 서울대, 성균관대, 연세대, 울산과학기술원, 중앙대, 포항공대, 한양대, KAIST - 인공지능융합혁신대학원(9개) : 경희대, 동국대, 부산대, 아주대, 이화여대, 인하대, 전남대, 충남대, 한양대 ERICA	2점	[별첨 2] '증빙서류 제출 목록' 안내 참고
	• 공고일 기준 최근 2년 이내('23.2.17.~'25.2.16.) 정부 주관 전국 규모 창업경진대회 장관급 이상 훈격 수상자 - 다수의 수상 증빙을 제출하더라도 가점은 최대 1점	1점	
	• 기후테크 분야 창업 예정인 자 - (클린테크) 재생에너지, 에너지신산업, 탈탄소에너지 (카본테크) 탄소포집, 공정혁신, 모빌리티 (에코테크) 자원순환, 폐기물절감, 업사이클링 (푸드테크) 대체식품, 스마트식품, 애그테크 (지오테크) 우주기상, 기후적응, AI·데이터금융 * 기후테크 세부유형(탄소중립녹색성장위원회, '23년)	1점	사업계획서 내용으로 확인
	• 1인 창조기업 지원센터의 추천을 받은 입주기업 - 예비창업패키지 신청 자격에 부합하며, 별도 추천을 받은 자	1점	제출 불필요 (창업진흥원 확인)
서류평가 면제	• '24년 도전! K-스타트업 왕중왕전 진출자 - 도전! K-스타트업 왕중왕전에 진출(수상)한 아이템과 핵심 요소가 동일하여야 하며, 서류평가 면제는 팀당 1회에 한함 (반드시 팀원 간 협의를 통해 1명에 한하여 신청하여야 함)		제출 불필요 (창업진흥원 확인)
	• '성실경영 심층평가' 통과자 중 청년' - 대상자 : 성실경영 평가(중소기업창업 지원법 제43조)를 통과한 자 중 성실경영 심층평가를 통과한 자 * 청년 : 대표자의 연령이 만 39세 이하인 자		[별첨 2] '증빙서류 제출 목록' 안내 참고

가점 대상자는 ① 인공지능(융합혁신) 대학원 졸업생(2점), ② 공고일 기준 최근 2년 이내 정부 주관 전국규모 창업경진대회 장관급 이상 훈격 수상자(1점), ③ 기후테크 분야 창업 예정인 자(1점), ④ 1인 창조기업지원센터의 추천을 받은 입주기업(1점)으로 ①번과 ②번의 경우 반드시 증빙서류를 제출해야 한다.

서류평가 면제 대상자는 '24년 도전 K－스타트업 왕중왕전 진출자와 성실경영 심층평가(중소기업창업 지원법 제43조) 통과자 중 청년(대표자의 연령이 만 39세 이하인 자)이다.

특히 도전 K－스타트업 왕중왕전 진출자의 경우, 해당 대회에서 수상한 아이템과 예비창업패키지 아이템의 핵심 요소가 동일한 경우에만 가점을 부여한다. 또한 팀원이 여러 명인 경우 동일 창업아이템으로 복수의 주관기관에 신청할 수 없으므로 반드시 팀원 간 협의를 통해 1명이 신청하도록 한다.

3월 말에 서류평가 완료 후 서류평가 합격자가 선정되면 주관기관 담당자는 서류평가 합격자를 대상으로 4월 초에 사전 인큐베이팅을 실시한다. 사전 인큐베이팅에서는 서류평가 합격자를 대상으로 BM 구체화 교육 및 멘토링을 통한 사업계획 보완과 신청자의 역량을 검증한다. 사전 인큐베이팅은 대표자(신청자) 참석이 원칙이며 현장참석을 원칙으로 한다. 서류 면제 및 우선선정 대상자도 참석해야 한다.

아래 <그림 37>은 '25년 예비창업패키지 지원사업의 평가 방법의 사전 인큐베이팅에 관한 내용이다.

그림 37 ❙ 예비창업패키지 지원사업 평가 방법 ③

③ 사전 인큐베이팅 : **서류평가 통과자를 대상으로 BM 구체화 교육 및 멘토링을 통한 사업계획 보완 및 신청자 역량 검증**

- **사전 인큐베이팅은 교육·멘토링 등 신청자의 참석을 원칙으로 하며, 역량 검증 결과는 발표평가 시 참고 자료로 활용**

* 집체교육 (1주 이내) 및 멘토링 (30분 내외+질의응답) 예정, 현장 참석을 원칙으로 함
** 서류평가 면제자도 사전 인큐베이팅에 참여하여야 하며, 신청자 참여 원칙

사전 인큐베이팅은 평가에서 당락을 결정하지는 않는다. 하지만 사전 인큐베이팅에서 집체교육과 멘토링을 진행하며, 이를 통해 창업 동기 및 준비 정도와 이행 가능성 등이 발표평가 시 참고자료로 활용될 수 있다.

따라서 신청자는 창업 동기, 목적, 향후 창업 이행가능성과 아이템 기획 단계부터 사업화까지의 세부 계획 등을 미리 준비하고 잘 정리하여 성실한 태도로 사전 인큐베이팅의 멘토링에 임하는 것이 좋다.

주관기관 담당자는 4월 중 발표평가위원을 선정하여 서류평가 합격자를 대상으로 발표평가를 진행한다. 실제로 발표평가가 최종 선정 절차이기 때문에 신청자는 발표평가에 많은 준비를 해야 한다. 아래 <그림 38>은 '25년 예비창업패키지 지원사업의 평가 방법의 발표평가에 관한 내용이다.

그림 38 ▎예비창업패키지 지원사업 평가 방법 ④

④ **발표평가** : 제품·서비스 개발 필요성, 개발 계획, 시장진입 및 성과 창출 전략, 신청자 및 팀원의 역량 등을 종합적으로 평가

- 발표평가는 신청자 참석을 원칙으로 하며, 발표 및 질의응답을 통해 제품·서비스에 대해 심층 평가

* 평가시간 : 30분 이내 (발표 15~20분 이내 + 질의응답)
** 평가방법 : 대면평가를 원칙으로 하되, 상황에 따라 온라인 평가로 변경 가능

- 우선 선정 대상자도 정부지원사업비 배정을 위해 발표평가에 참여하여야 함

< 우선 선정 대상 >

구분	대상 기업	비고 (제출서류 등)
우선 선정	• '24년 도전! K-스타트업 왕중왕전 수상자(대상, 최우수상) - 수상 아이템과 핵심요소가 동일한 경우에 한함	제출 불필요 (창업진흥원 확인)
	• '24년 'D-DAY'(디캠프), '정주영 창업경진대회'(아산나눔재단) 입상자 중 해당 기관의 추천을 받은 자	
	• '24년 사전 인큐베이팅 프로그램 수료자 - 사전 인큐베이팅 운영 주관기관(4개)에서 우수 수료자로 선정된 자 * **(운영 주관기관)** 고려대학교 세종산학협력단, 대전창조경제혁신센터, 서울과학기술대학교, 인천대학교	

발표는 반드시 사업신청자(예비창업자)가 하는 것이 원칙이며 발표 시간은 1팀당 최대 30분 이내로 발표 15~20분, 질의응답 10~15분이며, 발표평가 전 주관기관에서 정확한 발표 및 질의응답 시간을 공지해 줄 것이다. 발표 및 질의응답 시간이 정해

지면 발표 대상자는 발표평가 시간에 맞게 발표 자료를 준비해야 한다.

발표평가에서는 제품·서비스 개발의 필요성, 개발 계획, 시장진입 및 성과 창출 전략, 대표자 및 팀원 역량 등을 심층 평가한다. 발표평가가 최종 평가이기 때문에 발표평가의 결과에 따라 선정 여부가 결정되며, 발표평가 점수에 따라 사업비가 차등 지급되기 때문에 발표평가는 매우 중요하다.

발표 자료는 아래 <그림 39>의 예비창업패키지 공고문의 평가지표의 세부 내용을 바탕으로 목차를 정하고 작성하는 것을 권장한다. 평가지표는 발표평가뿐만 아니라 앞서 진행한 서류평가에도 적용되니 참고 바란다.

그림 39 | 예비창업패키지 지원사업 평가지표

□ **평가지표**

ㅇ **창업 아이템의 개발 배경 및 필요성, 사업기간 내 개발 계획, 사업화를 위한 차별성, 수익모델 등 성장전략, 대표자(신청자) 및 팀원의 보유 역량 등을 종합적으로 평가**

* 주관기관 선정 규모와 관계없이 평가 단계별 점수가 60점 미만일 경우 선정 대상에서 제외

< 서류·발표 평가지표 주요 내용 >

평가항목	세부 내용
문제인식	• 창업 아이템의 개발 배경 및 필요성 등
실현가능성	• 창업 아이템의 사업기간 내 개발 또는 구체화 계획 등
성장전략	• 창업 아이템의 사업화를 위한 차별성, 수익모델, 자금조달 방안 등
팀(기업) 구성	• 대표자 및 고용 (예정)인력이 보유한 기술 역량과 노하우 등

예비창업패키지의 평가지표는 문제인식, 실현가능성, 성장전략, 팀 구성으로 되어 있으며, 이는 사업계획서 목차와 동일하다. 즉, 사업계획서 작성 및 내용을 요약하고, 이를 스토리텔링하여 발표 자료를 작성해야 한다. 발표 자료를 만드는 것에 정답은 없다. 하지만 예비창업패키지의 평가지표와 사업의 특성을 고려하여야 하며, 작성된 사

업계획서를 바탕으로 창업아이템과 비즈니스모델의 사업화 현황과 전략을 요약하여, 글보다는 이미지를 최대한 활용해 평가위원을 설득하기 위한 발표 자료를 만들어야 한다.

발표 자료는 PPT나 PDF 형식으로 작성하며 발표 시간(15~20분)을 준수할 수 있도록 작성한다. 물론 워드나 한글파일도 가능하지만 내용의 전달력이나 시인성은 PPT나 PDF가 더 좋다.

발표 시간이 부족하면 성의가 없어 보일 수 있고 발표 시간을 넘기면 정해진 시간 내에 평가위원에게 전달하고자 하는 내용을 다 전달할 수 없으므로 오히려 평가에 나쁜 영향을 미친다. 따라서 발표 자료 작성 후 발표 시간을 준수할 수 있도록 여러 번 발표 연습하는 것을 권장한다.

창업자가 아이템이나 사업성에 대해 하고 싶은 말이 많더라도 발표 시간은 반드시 지켜야 한다(예를 들어 발표 시간이 15분인 경우 14분 55초에 맞추어 발표할 수 있도록 발표 내용과 말의 속도 등을 고려하여 준비하는 것이 좋음). 따라서 평가위원에게 전달하고 싶은 내용을 잘 추려서 스토리텔링하여 정해진 시간에 전달해야 한다.

선정률이 높은 예비창업자는 발표를 충분히 연습하고 평가에 들어가는 사람이다. 그리고 한 가지 Tip을 더 말하자면 반드시 예상 질문 리스트를 만들고 이에 대한 답변을 미리 준비해서 평가장에 들어가는 것을 권장한다.

예상 질문은 평가위원이 누구인가와 아이템의 특성, 사업계획서의 내용에 따라 달라질 수 있으며 질문의 범위는 창업의 동기, 문제의 제기와 해결방안에 대한 방법과 구체적인 내용, 어떻게 아이템의 사업화를 실현할 것인지, 현재까지 진행된 사항과 향후 실현 계획, 생산 계획, 비즈니스 모델 및 수익 실현 방안, 시장진입 전략과 마케팅 홍보 방안, A/S 방법, 창업 대표자와 팀 구성원의 능력 등 다양하게 생각해볼 수 있다.

주변에 전문가가 있다면 아이템과 사업계획서에 대해 조언을 받아보는 것도 괜찮고 만약 조언받을 사람이 없다면 본인이 평가위원 또는 투자자의 관점에서 아이템 기획부터 사업화 성공까지 실행하는데 의문점이나 중요한 사항을 질의응답 형식으로 작성해볼 수도 있다.

<그림 40>은 ’25년 예비창업패키지 지원사업의 평가 방법에서 1단계 선정에 대한 내용이다.

그림 40 ▌예비창업패키지 지원사업 평가 방법 ⑤

⑤ 1단계 선정 : 발표평가 고득점자 순으로 지원대상자 선정

- **선정 통보일 다음날로부터 3일 이내**(3일차 17시까지, 휴일 불산입) **「예비창업패키지」 협약체결 확약서를 제출하여야 함**

* 기간 내 협약체결 확약서를 제출하지 않은 경우, 선정이 취소되며 차순위자(후보자)에게 사업 참여 기회 부여

- **주관기관별 선정 규모 내에서 1단계 지원자를 선정하고, 정부지원 사업비*를 배정하여 최종 확정 공고**

* 예비창업자 선정평가 결과 및 사업비 사용계획 적정성 등을 종합 고려하여 차등 배정

- **평가위원회에서 현장 확인이 필요하다고 판단되는 예비창업자는 주관기관 또는 창업진흥원이 별도 현장실사를 진행할 수 있음**

* 선정평가 결과, 예비창업자 역량이 본 사업 운영 목적 및 요건에 적합하지 않을 경우 지원 예정규모 보다 적게 선발할 수 있음

발표평가 결과 고득점자 기준으로 1단계 선정되며 예비창업자별 지원금이 차등 배정된다. 앞서 언급했듯이 ’25년 예비창업패키지 기준으로 총 협약기간은 8개월이며, 사업비 자금 단계별 지원이 1단계(초반부 4개월)와 2단계(후반부 4개월)로 구분된다. 2단계 선정은 협약 중간 시점(약 4개월 진행)에 1단계 사업계획 진척도 및 향후 추진계획 등을 평가하여 사업화 자금을 추가로 지원하며, 1단계 선정자의 약 50% 내외를 2단계 추가지원 대상자로 선정한다.

1단계 선정 통보일 다음 날로부터 3일 이내(3일차 17시까지, 휴일 불산입) 예비창업패키지 ‘협약체결 확약서’를 제출해야 한다. 협약체결 확약서란 창업사업화 지원사업의

중복수혜 방지를 위해 신설된 제도이다. 협약체결 확약서를 제출할 경우 확약서 제출 이전에 창업진흥원이 수행하는 타 창업사업화 지원사업 및 창업성공패키지(청년창업사관학교, 글로벌창업사관학교)의 선정 절차(확약서 제출 전까지의 모든 단계)에서 제외 처리된다. 단, 창업진흥원이 수행하는 타 사업화 지원사업 및 창업성공패키지(청년창업사관학교, 글로벌창업사관학교)에 이미 협약체결 확약서를 제출하여 협약체결 예정인 사업이 있는 경우, 최초 협약체결 확약서를 제출한 1개의 사업만 협약체결(수행)이 가능하다. 제출한 협약체결 확약서의 내용을 준수하지 않는 경우, 향후 사업 선정 시 불이익이 있을 수 있으니 주의해야 한다.

다음 ＜그림 41＞은 '25년 예비창업패키지 지원사업의 사업 운영 일정이다.

그림 41 ▌예비창업패키지 지원사업의 사업 운영 일정

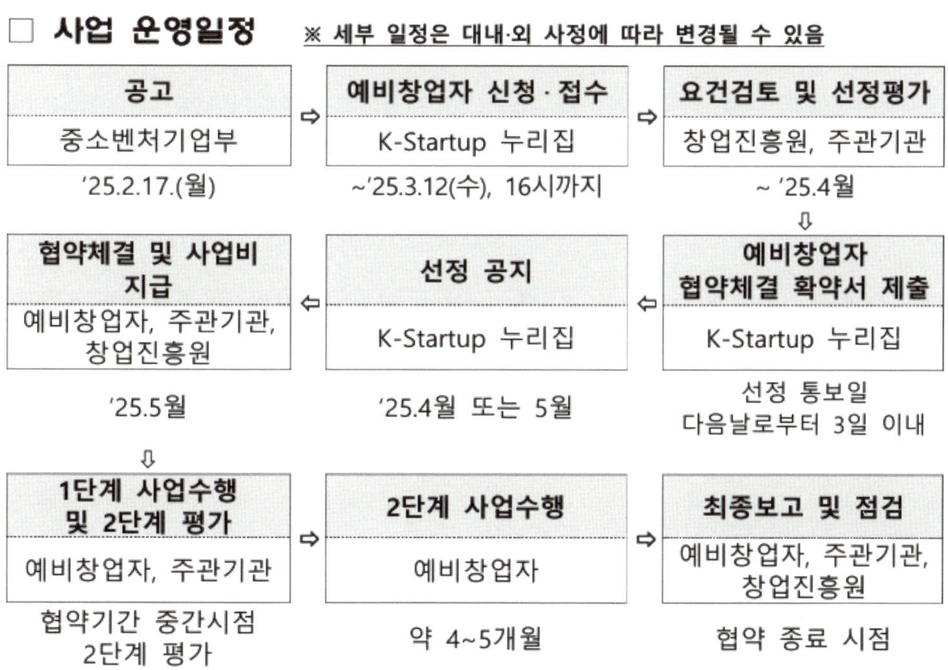

사업 운영 일정은 예비창업패키지의 공고부터 최종보고 및 점검까지의 일련의 사업 운영 과정과 일정, 수행 주체를 알려준다.

2025년 예비창업패키지 기준으로 설명하자면, '25년 2월 17일 공고 후 3월 12일까지 사업 신청·접수를 받고 4월 중 요건검토 및 선정평가 후 4월 또는 5월에 선정 공지한다. 선정자는 5월에 협약을 체결해야 하며, 이때 수정사업계획서를 작성 후 제출해야 한다(매년 일정이 변경될 수 있으니, 매년 공고되는 사업공고문 참조).

수정사업계획서는 선정평가 때 평가위원이 작성한 평가 의견과 최종 확정된 사업비를 기존에 신청한 사업계획서에 수정 및 반영하여 작성한 사업계획서를 말하며 협약 시 기준이 된다.

향후 사업수행 또한 수정사업계획서를 기준으로 수행하게 되므로 매우 중요하다. 만약 평가위원의 요구사항이 사업수행 기간 내 적용할 수 없거나 사업계획서 반영에 현실적인 어려움이 있다면 주관기관 담당자와 협의하여 수행이 가능한 범위 내에서 수정사업계획서 작성하는 것을 권장한다.

5월 중 협약이 완료되면 사업비가 지급되고 선정자는 5월부터 12월까지 약 8개월간 사업을 수행하게 된다. '25년도 기준으로는 협약 완료 후 1단계 사업을 수행하고 중간 시점에 2단계 평가 후 2단계 선정자는 2단계 사업을 수행한다.

필요시 주관기관에서 수시 점검을 할 수 있다. 모니터링 시 사업수행에 문제가 있다고 판단되거나 사업수행 기간이 상당히 지났음에도 사업비 지출이 거의 되지 않을 때 수시 점검하기도 한다.

8개월 간 사업수행 후 협약 기간 종료 시점에 최종보고 및 점검한다. 최종보고는 선정자가 사업수행을 (수정)사업계획서 내용대로 성실히 이행하였는지, 사업목표를 달성하였는지, 사업수행에 따른 결과물을 잘 도출하였는지, 사업비를 계획대로 잘 사용하였는지, 사업자등록 등 필수사항을 잘 이행하였는지 등의 예비창업패키지 수행내용과 향후 사업의 방향 및 사업계획 등을 보고한다.

최종보고는 선정자가 최종보고서 작성 후 주관기관으로 제출하며, 주관기관은 평가위원회를 구성하여 서면보고와 최종보고회 발표를 통해 점검 및 평가를 수행한다. 평가를 통해 최우수, 우수, 보통으로 평가 결과가 나누어진다. 만약 최종보고에서 미흡으로 평가 결과를 받으면 정부지원금 환수 및 사업참여 제재 등을 받을 수 있으니 선정 후 성실하게 사업을 수행해야 한다.

또한 최종보고 단계에서 사업비 정산 절차도 이루어지는데 예비창업패키지의 경우 시스템에 업로드된 사업비 사용 증빙서류를 주관기관에서 검토 및 취합하여 지정된 회계 법인에 사업비 정산을 의뢰 및 진행한다.

6) 유의사항

'25년 예비창업패키지 지원사업의 유의사항은 관련 법령에 따른 유의사항, 신청 시 유의사항, 평가 중 유의사항, 선정 후 유의사항으로 구분된다. <그림 42>는 '25년 예비창업패키지 지원사업의 관련 법령에 따른 유의사항이다.

그림 42 ▌예비창업패키지 지원사업 신청 시 법령에 따른 유의사항

6 유의 사항

◈ 창업지원사업에 신청하는 예비창업자는 관련 법령에 따라 다음 사항에 유의하여야 합니다.

① 동 사업은 창업 활동에 필요한 사항을 정부가 지원하는 사업으로, 다른 용도의 사업비 사용 또는 거짓 신청, 부정한 방법으로 정부지원사업비를 지원받은 경우 「형법」, 「공공재정 부정청구 금지 및 부정이익 환수 등에 관한 법률」, 「보조금 관리에 관한 법률」, 「창업사업화 지원사업 통합관리지침」 등에 따라 **형사처벌 또는 정부지원 사업비 전액 환수 및 창업사업화 지원사업 참여제한** 등의 대상이 될 수 있습니다.

② 동 사업비의 부정수급을 행할 경우 **부정 사용금액을 포함하여 반환금액의 최대 5배 수준의 제재부가금이 부과**될 수 있습니다.

③ 사업계획서 등을 타인이 대신 작성하여 제출하는 경우, 작성자(대필자)와 신청자(대표자, 창업기업) 등 관련자 전원이 **사기 또는 업무방해죄 등으로 처벌**될 수 있습니다.

※ 사업 신청 과정에서 **제3자(컨설턴트 등)가 선정을 담보로 특정 사례를 요구하거나 접근해 온 경우, 아래 방법에 따라 신고**해 주시길 바랍니다.
*** 창업진흥원 누리집(www.kised.or.kr) > 고객광장 > 기업민원 피해신고**

④ 중소벤처기업부는 「국고보조금 통합관리지침」 제32조 및 「공공재정 부정청구 금지 및 부정이익 환수 등에 관한 법률」에 따라 고의, 거짓 등의 방법으로 부정수급을 행한 사실이 있다고 사료되는 경우 **해당자를 고발 조치**할 수 있습니다.

관련 법령에 따른 유의사항은 사업비의 부정수급 및 사용과 사업계획서 대리 작성 등에 대한 사항으로 신청자는 반드시 위 내용을 숙지하고 법령을 준수하여 처분 받는 일이 없도록 한다.

특히 사업비의 부정수급 및 사용의 경우 형사처벌, 정부지원금 환수 및 최대 5배 수준의 제재부가금 부과, 지원사업 참여 제한 등의 처분을 받을 수 있으므로 반드시 사업계획서에 기재된 사업비 지출항목과 예산을 사용하도록 하며 사업 수행 중 사업비 예산 변경이 필요한 경우 주관기관 담당자와 협의 후 협약 변경 절차를 거쳐 사용하도록 한다.

특히 사업계획서 등을 타인이 대신 작성하여 제출하는 경우, 작성자(대필자)와 신청자(대표자, 창업기업) 등 관련자 전원이 사기 또는 업무방해죄 등으로 처벌될 수 있으니 유의하여야 한다.

아래 <그림 43>은 '25년 예비창업패키지 지원사업의 신청 시 유의사항이다. 예비창업패키지 지원사업 신청은 반드시 창업자 본인(창업기업 대표자) ID로 해야 하며, 창업팀을 구성하여 신청하는 경우에도 대표자가 신청해야 한다. 업무 담당자의 ID나 팀원의 ID로 신청하면 사업신청자와 사업계획서 등 제출 서류상의 신청자가 일치하지 않기 때문에 평가대상에서 제외, 탈락 처리되거나 추후 발견 시 선정 및 협약이 취소될 수 있다. 과제 선정 후 대표자 변경이 매우 어려우므로 신중해야 한다.

그림 43 ▌예비창업패키지 지원사업 신청 시 유의사항

□ **신청 시 유의사항**

○ 동 사업 신청은 창업(사업자등록) 예정인 당사자가 신청하여야 하며, 동 사업 신청자가 사업계획서 등 제출서류 상의 신청자와 일치하지 않을 경우 평가대상 제외 및 탈락 처리 되거나 추후 발견 시 선정 및 협약 취소될 수 있음

○ 동 사업 신청자가 공고문 및 관련 규정 등에 위배되거나, 참여 신청서 및 사업계획서 내용을 허위 기재, 도용, 누락한 경우 평가 대상에서 제외될 수 있음

○ 고의 또는 과실로 타인의 사업계획서를 모방·표절하거나 도용하여 신청하는 경우, 중소벤처기업부(창업진흥원 등) 창업사업화 지원사업 참여제한(3년) 및 정부지원사업비 전액 환수 등의 제재조치가 취해짐

* 합의 하에 공동 작성한 동일·유사 사업계획서로 선정된 경우일지라도, 공동작성자 모두 타인의 사업계획서를 모방·표절하거나 도용하여 신청함으로 판단하여 동일하게 평가대상 제외, 선정취소, 참여제한 등 제재를 받을 수 있음

** 동일·유사 여부의 판단은 본 공고에 따른 신청에만 국한되지 않고 창업진흥원이 수행하는 모든 창업지원사업에 제출된 사업계획서를 대상으로 함

○ '25년도 중소벤처기업부 및 타 중앙정부·공공기관의 창업사업화 지원사업과 동시수행(협약체결) 불가.
단, '25년도 이전의 창업사업화 지원사업은 협약 시작·종료일 등 협약 잔여기간에 관계없이 신청 가능

* **(주의) 2개 이상 사업의 공고 기간이 겹쳐 중복으로 선정되는 경우, 반드시 1개의 사업을 선택하여야 하며, 최초 협약을 체결한 1개의 사업만 수행 가능**

○ 동 사업 신청자는 공고문에 명시된 신청·접수 마감일을 기준으로 '신청 제외 대상'에 해당하지 아니하여야 함

○ 동 사업 신청자는 '25년 동 사업 창업기업 선정을 위한 평가위원으로 참여 불가

신청자가 타인의 사업계획서를 모방, 표절, 도용하는 경우 중소벤처기업부(창업진흥원 등) 창업사업화 지원사업에 3년간 참여 불가 및 사업비 전액 환수 등의 제재조치가 취해질 수 있으며 허위기재, 도용, 누락한 경우 평가대상에서 제외될 수 있으니 유의해야 한다. 또한 사업화 지원사업에 공고문 및 관련 규정 등을 위배하는 경우 또한 평가 제외될 수 있으니 유의해야 한다.

동일·유사의 판단 여부는 창업진흥원이 수행하는 모든 창업지원사업에 제출된 사업계획서를 대상으로 하며, 합의하에 공동으로 작성한 동일·유사 사업계획서로 선정된 경우일지라도, 공동작성자 모두 타인의 사업계획서를 모방·표절하거나 도용하여 신청함으로 판단하여 동일하게 평가대상에서 제외, 선정취소, 참여제한 등 제재를 받을 수 있으니 유의해야 한다.

'25년도 기준 중소벤처기업부 및 타 중앙정부·공공기관의 창업사업화 지원사업은 동시에 수행이 불가능하다. 단, '25년도 이전의 창업사업화 지원사업은 협약 시작 · 종료일 등 협약 잔여기간에 관계없이 가능하다. 2개 이상 사업의 공고 기간이 겹쳐 중복으로 선정되는 경우, 반드시 1개의 사업을 선택해야 하며, 최초 협약을 체결한 1개의 사업만 수행 가능하다. 앞서, 5) 평가 및 선정에서 언급한 '협약체결 확약서'에 관한 내용을 명심하기 바란다.

예비창업패키지 지원사업을 수행한다고 해서 모든 사업을 중복해서 할 수 없는 것은 아니다. 지자체의 일부 사업 또는 R&D 사업의 경우 중복해서 할 수 있다. 따라서 과제 신청 전에 미리 주관기관 담당자 또는 해당 과제 담당자에게 확인 후 신청하는 것이 안전하다.

창업지원사업은 신청 제한 시간까지 사업 신청 완료자에 한하여 평가 참여가 가능하다. 따라서 신청 마감일 보다 2~3일 전에 사이트 회원가입 완료 및 기본사항 입력 후 1~2일 먼저 신청·접수하는 것을 권장한다.

아래 <그림 44>는 '25년 예비창업패키지 지원사업의 평가 중 유의사항이다.

그림 44 | 예비창업패키지 지원사업 평가 중 유의사항

□ **평가 중 유의사항**

ㅇ 신청 자격 관련 증빙서류 미제출 등의 사유로 인한 신청 자격 확인 불가 시 평가대상에서 제외하며, 가점 관련 증빙서류 미제출 시 가점 부여 대상에서 제외

ㅇ 전 평가 과정에 예비창업자(신청자)가 직접 참여하여야 하고, 불참 시 선정 대상에서 제외

ㅇ 평가 단계별 결과에 대한 이의신청은 결과통보일 다음 날로부터 6일 이내(휴일 포함) 1회에 한하여 평가를 운영한 주관기관에 신청

ㅇ 주관기관은 평가 과정의 공정성 등을 확인하기 위하여 신청기업 대표 동의하에 발표평가 전 과정을 녹음 또는 녹화할 수 있음

온라인 서류 제출 시 신청자(대표자)가 신청 자격 증빙 사항 및 가점 관련 증빙서류를 제출해야 하며 사전 인큐베이팅과 발표평가 시에도 신청자가 직접 참여하여야 한다. 또한 평가 결과에 이의가 있을 경우 결과통보일로부터 6일 이내(휴일 포함) 1회에 한하여 평가를 운영한 주관기관에 이의 신청이 가능하다. 하지만 이의 신청은 확실한 사유가 있지 않은 이상 쉽게 받아들여지지 않으니 참고 바란다.

아래 <그림 45>는 '25년 예비창업패키지 지원사업의 선정 후 유의사항이다.

그림 45 | 예비창업패키지 지원사업 선정 후 유의사항

□ **선정 후 유의사항**

ㅇ **협약체결 확약서를 제출할 경우, 확약서 제출 이전에 창업진흥원이 수행하는 타 창업사업화 지원사업 및 창업성공패키지(청년창업사관학교, 글로벌창업사관학교)의 선정 절차(확약서 제출 전까지의 모든 단계)에서 '제외' 처리됨**

- 단, 창업진흥원이 수행하는 타 창업사업화 지원사업 및 창업성공 패키지 (청년창업사관학교, 글로벌창업사관학교)에 이미 '협약체결 확약서'를 제출하여 협약체결 예정인 사업이 있는 경우, 최초 '협약체결 확약서'를 제출한 1개의 사업만 협약체결(수행) 가능

○ 제출한 협약체결 확약서의 내용을 준수하지 않는 경우, 향후 사업 선정 시 불이익이 있을 수 있음

○ 동 사업에 선정된 자가 공고문 및 관련 규정에 위배되거나, 사업 계획서의 내용을 허위 기재 또는 누락이 확인된 경우, 선정 또는 협약 취소, 중소벤처기업부 창업지원사업 참여제한 및 정부지원 사업비 환수 등의 제재 조치를 받을 수 있음

○ 선정자는 동 공고문 및「중소기업창업 지원사업 운영요령」,「창업 사업화 지원사업 통합관리지침」,「동 사업 세부관리기준」, 창업진흥원과 주관기관의 안내자료를 준수하여야 하며, 미숙지하여 발생하는 불이익 및 그에 따른 책임은 선정자에게 있음

○ 선정 이후라도 선정자에 대한 신청자격 및 사업계획의 유사성 등을 재확인하여 요건 불충족 사항이 확인되는 경우 선정 또는 협약 취소, 정부지원사업비 환수 및 참여제한 등의 제재가 있을 수 있음

○ 정부지원사업비는 협약 후 분할하여 지급될 수 있으며, '창업사업 통합정보관리시스템'을 통해 총 사업비가 관리·운영됨

○ 동 사업의 수시·최종 점검 결과에 따라 창업기업 사업지원 중단 또는 동 사업의 정부지원사업비 환수 조치가 취해질 수 있음

○ 협약기간 내 대표자 변경 시, 협약취소 등 제재 조치가 있을 수 있음

○ 협약기간 중 대표자가 구속 등으로 그 기간이 2주 이상 유지되어 부재가 발생하는 경우, 관련 지침에 따라 사업 선정 취소 또는 협약 해약, 참여제한 및 정부지원사업비 환수 조치가 될 수 있음

○ 창업진흥원과 주관기관은 선정된 창업기업의 사업비 횡령, 편취 등 용도 외 사업비 집행으로 인한 환수조치에 응하지 않을 경우 채권추심 등의 행정 행위를 취할 수 있음

○ 선정자는 창업진흥원이 지정한 은행 계좌(사업비 계좌) 개설 및 '창업사업통합정보관리시스템'을 통한 사업비 지출(회계처리)이 가능하여야 함

* 지정 은행의 계좌개설 및 거래가 불가한 자의 경우 선정이 취소될 수 있음

○ 「특정 금융거래정보의 보고 및 이용 등에 관한 법률」 제5조의2 제1항 및 가상통화 관련 자금세탁방지 가이드라인에 따라, 금융회사로부터 계좌개설 불가 등의 금융거래 제한사항이 있는 경우 협약체결 및 사업화 지원이 불가함

선정 후 유의사항에서 가장 먼저 언급된 내용이 '협약체결 확약서'이며 매우 중요하다. 협약체결 확약서는 앞서 내용을 설명했기 때문에 위 <그림 45>의 공고문 내용을 참고 바란다.

사업 선정 후 가장 중요한 것은 관련 규정 및 지침을 숙지하는 것과 사업계획서 및 협약서를 바탕으로 사업을 수행하는 것이다. 통상적으로 사업 선정 후 주관기관 담당자가 관련 지침 및 매뉴얼에 대한 자료를 배포하고 알려준다. 또한 "창업사업화 지원사업 통합관리지침"과 "동 사업 세부관리 지침" 등은 K－Startup 누리집(www.k－startup.go.kr) 사이트의 자료실에서 다운로드 받을 수 있으니 반드시 자료를 숙지해야 한다.

아래 <그림 46>은 K－Startup 누리집의 자료실에 공지된 내용이다. 최신 개정된 창업사업화 지원사업 통합관리지침뿐만 아니라 사업별 세부 관리지침과 교육자료 등도 공지된다. K－Startup 누리집 사이트 상위 메뉴의 고객센터 → 자료실에서 검색하면 찾을 수 있다. 또한 K－Startup 누리집 사이트 상위 메뉴의 알림마당 → 공지사항 → "통합관리지침 검색"으로 다운로드 가능하다.

그림 46 | K-Startup 누리집의 자료실 공지 내용

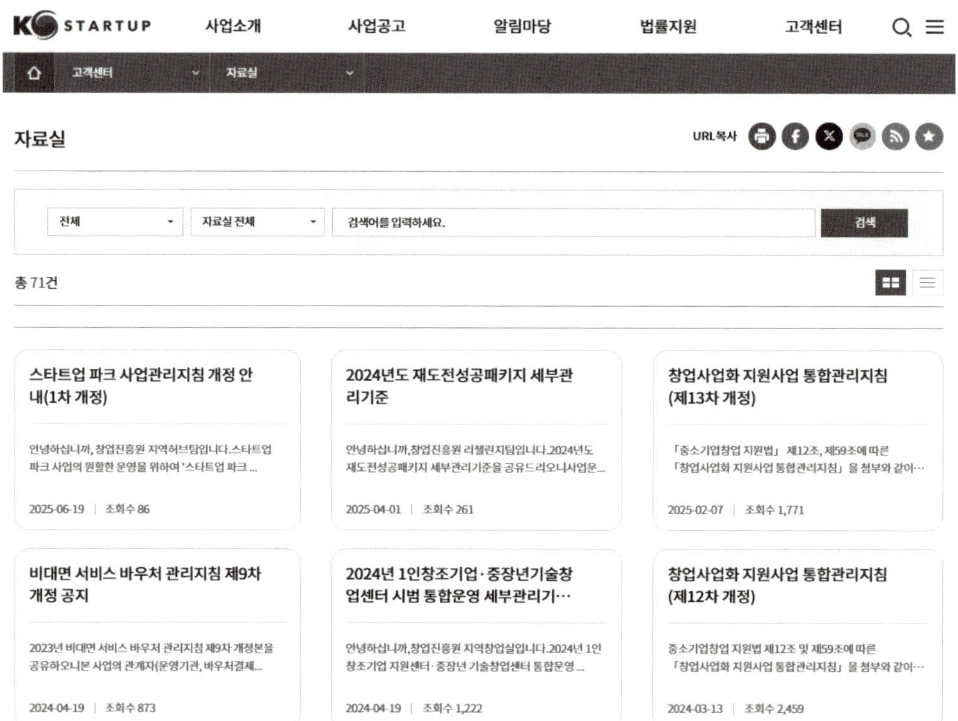

공고문, 지침, 사업세부 기준, 협약서 내용 등을 미숙지하여 발생하는 불이익과 그에 따른 책임은 사업 선정자에게 있다. 조금 번거롭고 어렵더라도 반드시 숙지하고 준수해야 한다.

사업이 선정되고 나면 협약 후 정부지원금이 지급되며, "창업사업통합정보관리시스템"을 통해 사업비가 관리 및 운영된다.

사업 선정자는 협약 체결 및 정부지원금을 지급받은 후 (수정)사업계획서를 기준으로 사업을 수행해야 한다. 즉, 사업계획서에 기재된 수행내용과 목표, 일정에 맞춰 사업을 운영하고 사업비를 지출하면 된다.

만약 사업 선정자가 불성실하게 사업을 수행하거나, 사업계획서에 기재된 내용과 전혀 다른 내용으로 사업 수행 및 사업비를 사용하게 되면 수시·최종 점검 결과에 따라

창업지원 사업의 지원 중단 또는 동 사업의 정부지원금 환수 조치가 취해줄 수 있으니 유의해야 한다.

합당한 사유 없는 대표자의 변경은 협약취소 등 제재 조치가 있을 수 있으며 협약기간 중 대표자가 2주 이상 연락이 두절 되어 부재가 발생하는 경우 관련 지침에 따라 사업 선정 취소 및 협약 해약, 제재 및 환수 조치가 될 수 있으니, 해외 출장 등 부득이한 사정으로 장기간 연락이 어렵거나 자리를 비우는 경우 미리 주관기관의 담당자에게 알리는 것을 권장한다.

선정자는 원활한 사업비의 관리 및 지출을 위해 창업진흥원이 지정한 은행계좌를 개설해야 하며 창업사업통합관리시스템을 통한 사업비 지출(회계처리)이 가능해야 한다. 즉, 사업비 지출 시 지정은행 시스템이 아닌 창업사업통합관리시스템을 통해 지출해야 한다.

7) 기타사항

공고문의 기타사항은 시스템 문의와 전국의 주관기관별 담당자 연락처가 기재되어 있으니 공고문을 참고하기 바란다. 각 주관기관과 담당자 연락처는 매년 변경될 수 있다.

시스템과 관련된 문의는 국번없이 1337 중소기업통합콜센터로 문의하며, 사업별 신청 자격 및 요건 등에 관한 문의는 공고문에 기재된 유선 또는 K－Startup 상담하기 등을 통해 문의하면 된다.

그림 47 ▎시스템 관련 문의 방법

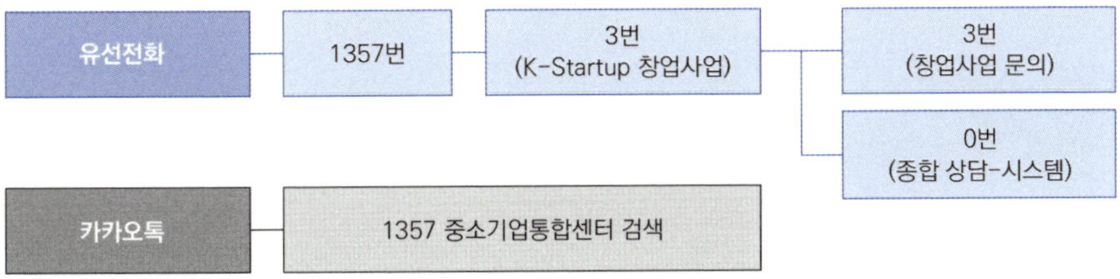

K-Startup 상담하기는 K-Startup 접속 후 상담하기 게시판을 통해 신청자가 직접 글을 작성하면 해당 질의 사항을 사업담당자가 직접 확인 후 답변해 준다.

그림 48 ❙ K-Startup 상담하기 경로

공고문 및 신청양식을 해석할 때 혼자만이 생각으로 짐작하여 준비하거나 서류를 작성하는 경우 동 사업 신청의 요청사항과 맞지 않아 불이익을 받거나 탈락하는 경우도 종종 발생한다. 사업 신청을 준비하면서 애매한 점이 있으면 일단 물어보는 것이 제일 좋다. 따라서 신청자는 예비창업패키지 사업 신청 준비 및 기획하면서 궁금한 점이나 문의 사항을 1357 중소기업통합콜센터, 해당 지역 또는 분야의 주관기관 담당자에게 반드시 문의 후 신청할 것을 권장한다.

또한 사업지원 내용 등 더 자세한 내용이 궁금하다면 예비창업패키지 공고문 붙임의 주관기관별 사업설명회 일정과 장소가 공지되어 있다. 매년 주관기관별 2회 이상 온·오프라인으로 진행되므로 사업설명회 참석하여 사전 기획에 필요한 정보를 얻는 것을 권장한다.

Ⅱ

예비창업패키지 사업계획서 실전 작성 팁

초보 창업자도 쉽게 작성하는 예비창업패키지 사업계획서

Ⅱ

예비창업패키지 사업계획서 실전 작성 팁

1. 사업계획서 작성과 P-S-S-T에 대한 이해

"사업계획서로 평가위원을 설득하라"

창업자가 창업지원 사업을 신청하는 가장 큰 목적 중 하나는 사업화 자금을 획득하기 위한 것이다. 즉, 정부로부터 투자를 받는 것과 같다. 투자자를 설득하는 논리가 있듯이 창업지원 사업 또한 평가위원을 설득하는 논리가 있다. 이러한 논리를 이해하고 창업지원 사업 평가위원을 설득하는 마음으로 사업계획서를 작성해야 사업 선정 확률이 높다.

평가위원을 설득하기 위해서는 평가위원과 평가에 대한 이해가 필요하다. 사업계획서로 평가위원을 설득하기 위해서는 1) 기술성, 2) 시장성, 3) 사업성의 세 가지를 기준으로 사업계획서를 작성해야 한다.

그림 49 | 사업계획서 작성 기준 ["기술성", "시장성", "사업성"]

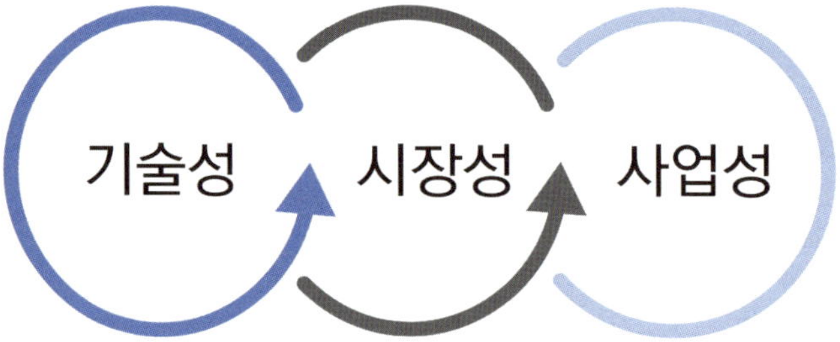

1) 기술성은 창업아이템에 적용되는 기술이 혁신적이며, 실현이 가능한가를 평가하는 것이다. 즉, 기존의 선행기술과 비교했을 때 혁신적으로 문제를 해결할 수 있으며, 현재 창업자가 보유하고 있는 기술 수준과 리소스를 활용하여 개발될 수 있는 가능성을 의미한다. 기술성 평가를 위해서 고려해야 할 사항은 다음과 같다.

① **기술 혁신성:** 아이디어 또는 창업아이템에 적용되는 기술이 기존 기술과 차별화되거나 혁신적인 요소를 가지고 있는지, 새로운 기술 또는 기술의 창의적인 활용을 통해 고객의 문제를 해결하거나 새로운 가치를 제공할 수 있는지를 판단해야 한다.

② **기술 역량:** 아이디어 또는 창업아이템의 구현을 위해 창업자(창업 팀)가 필요한 기술적 전문 지식과 경험을 보유하고 있는지 확인해야 하며, 필요한 기술이 이미 확보되어있는 경우 해당 기술의 가용성, 안정성, 확장 가능성 등을 평가하고 개발 비용, 시간 및 기술적 위험 등을 고려해야 한다. 또한 기술개발 및 구현을 위한 기자재, 장비, 시설 등을 확보하거나 활용할 수 있는지 확인해야 한다.

③ **기술적 제약 사항:** 아이디어 또는 창업아이템 구현에 필요한 기술의 지식재산권, 라이선스, 법적 규제 요건 등과 특히 제조업의 경우 소재·부품 등 수급의 용이성, 양산성, 품질확보, 생산공정, 개발 투자비 등을 고려하여 실행 가능 여부를 판단해야 한다.

2) 시장성은 창업 아이템이 수요가 있는 시장에서 충분한 가치를 제공하는지를 판

단하는 것으로 아이디어의 수용 가능성과 시장에서의 경쟁 환경, 타깃 고객의 요구사항을 이해하고, 아이디어의 성장이 가능한 사장에서 충분한 기회가 있는지 확인한다. 시장성 평가를 위해 고려해야 할 사항은 다음과 같다.

① **타깃 고객:** 창업아이템을 통해 해결하려는 문제를 가진 타깃 고객이 있는지 확인해야 하며, 고객 요구사항, 선호도, 행동 패턴, 구매력 등을 파악하여 아이디어 수용 가능성과 시장 세그먼트를 정의해야 한다.

② **시장 규모와 성장성:** 아이템의 시장 규모와 성장 가능성을 평가해야 한다. 현재의 시장 크기, 성장률, 예상되는 향후 변화 등을 조사하여 아이템의 성장이 가능한 시장에서 충분한 기회가 있는지 확인해야 한다.

③ **경쟁 분석:** 경쟁자 또는 경쟁자의 제품이나 서비스를 비교하여 아이템의 경쟁력을 평가해야 한다. 경쟁 제품의 장단점(차별점), 가격, 마케팅 전략 등을 분석하고, 아이템의 차별화 전략을 수립해야 한다. 이때 경쟁 분석의 범위를 동일 아이템, 동종 업체만 분석하는 것이 아니라 신규 진입자와 대체재까지 포함하여 분석해야 한다.

④ **시장 동향:** 관련된 산업의 시장 동향과 전망을 파악해야 한다. 산업의 변화, 기술 발전, 소비자 형태의 변화 등을 고려하여 아이템의 시장 적응력을 평가해야 한다.

3) 사업성은 창업아이템이 경제적으로 성공할 수 있는지를 평가하는 것으로 사업의 재무적인 측면을 분석하여 수익성과 지속 가능성을 판단하는 것이 중요하다. 사업성 평가를 위해 고려해야 할 사항은 다음과 같다.

① **비즈니스 모델**(BM): 비즈니스 모델이란 제품이나 서비스를 소비자에게 어떠한 경로를 통해 홍보 및 유통, 판매하여 얼마만큼의 수익을 올릴 것인가의 내용을 담은 사업 계획 또는 사업 시스템을 의미한다. 특히, 사업을 통한 수익 창출 방법과 수익 모델을 명확히 정의해야 하며 제품 판매, 서비스 제공, 구독 모델 등 다양한 수익 실현 방법을 검토하고 적합한 모델을 선정하는 것이 중요하다.

② **사업화 전략:** 창업아이템의 사업화를 위한 구체적인 개발–생산–출시 방안과 출시 후 시장진입을 위한 차별화 전략, 마케팅, 홍보, 영업 전략 등을 의미한다. 이를 위해 제품 개발 전략, 생산 전략, 인증 전략, 목표 시장 고객 확보 전략, 세부적인 수익 창출 전략, 시장 점유율 확보와 향후 시장 확대 전략 등을 수립하여야 한다.

③ **자금 소요 및 조달 방안:** 회사 설립 및 운영, 창업아이템의 사업화를 위한 초기 자본, 운영 비용, 연구개발 비용, 생산 비용, 마케팅 비용 등을 평가해야 한다. 또한 소요되는 자금과 자금 확보 방법이 무엇인지 고려해야 한다. 자금 확보 방법은 자기자본 투입, 정책자금 활용, 투자유치, 융자 등이 있다.

기술성, 시장성, 사업성은 사업계획서 평가의 핵심 요소이며 창업 아이템의 유효성과 성공 가능성을 확인하고 사업의 잠재적인 기회와 위험을 식별할 수 있는 기준이 되기 때문에 창업자는 반드시 아이템의 기술성, 시장성, 사업성을 분석하여 사업계획서를 작성해야 한다.

예비창업패키지 사업계획서는 상대적으로 경험이 부족한 예비창업자의 특성을 고려하여, 혁신적인 아이디어를 실현하고, 비즈니스 모델을 구체화하여, 사업화할 수 있는지 확인하는 것이 중요하다. 사업계획서는 창업자가 창업을 준비하거나 진행할 때, 목표 설정, 전략 수립, 고려해야 할 주안점 등을 인식할 수 있는 도구로 활용할 수 있다. 예비창업패키지 사업계획서는 이러한 사항들을 고려하여 전문가가 만든 것임을 인식하고 작성 및 활용하는 것이 좋다. 따라서, 창업자는 사업계획서의 목차와 구성에 대한 이해가 필요하다. 단순히 정부지원금을 받기 위한 평가도구의 기능뿐만 아니라 창업아이템의 기술 및 서비스에 대한 구체화 실현(기술개발, 자금 확보, 팀 구성)과 시장경쟁력, 사업화 전략 등을 점검하고 계획을 수립할 수 있다. 따라서 사업계획서 작성은 창업자에게 있어 어렵고 힘든 작업이지만 성공적인 창업으로 도약하기 위한 매우 의미 있는 작업이다.

“사업계획서 구조 P-S-S-T를 이해하라”

예비창업패키지 사업계획서는 P－S－S－T의 구조로 되어있다. P는 Problem(문제인식), S는 Solution(실현 가능성), S는 Scale－up(성장전략), T는 Team(팀 구성)으로, 실현하고자 하는 제품 또는 서비스의 필요성, 혁신성, 이를 구체화 할 수 있는 역량을 보유하고 있는지 판단하는 요소 등으로 구성되어 있다.

그림 50 ❙ P-S-S-T 사업계획서 구조

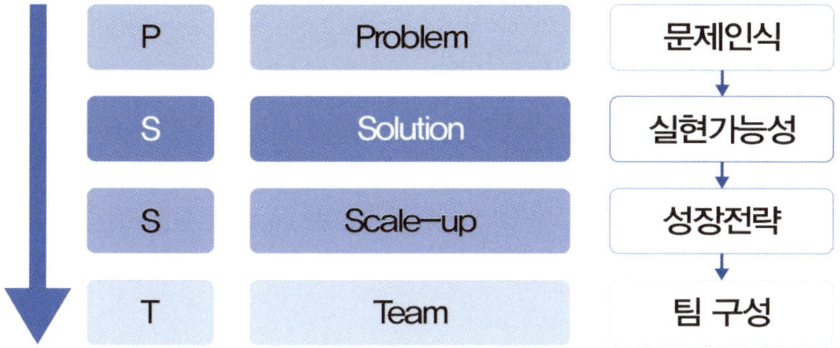

Problem(문제인식)은 제품 또는 서비스의 필요성과 근거, 제품 또는 서비스에 따라 정의된 시장 및 고객의 설정과 이에 대한 적정성, 기대효과 등을 고려해야 한다. 즉, “시장에서 발생 되는 또는 해결되지 않는 문제는 무엇인가? → 어떤 시장 또는 고객에게 문제를 해결할 수 있는 제품 또는 서비스를 제공할 필요가 있는가? → 시장 또는 고객에게 제공할 가치 또는 혜택은 무엇인가?”를 고려해야 한다.

Solution(실현 가능성)은 앞서 정의된 시장 또는 고객의 문제를 해결하기 위한 구체적인 해결방안이 무엇인지 고려해야 한다. 특히 기술창업의 해결방안은 기술을 적용 또는 활용한 방법으로 문제를 해결해야 하며 대상 기술은 명확하게 정의되어야 한다. 특히 실현가능성에서 중요한 것은 창업아이템에 대한 준비정도와 개발 및 사업화 계획이며 이를 로드맵의 형식으로 표현하는 것이 좋다. 또한 해결방안은 차별화 경쟁력을 가져야 한다.

Scale-up(성장전략)은 앞서 제시한 기술적 해결방안을 통해 최종 산출되는 제품 또는 서비스의 성장 가능성이 충분한지, 전략은 적정한지 등을 고려해야 한다. 즉, 사업화 추진 전략을 수립해야 하며 이는 구체적이고 타당해야 한다. 이를 위해 비즈니스 모델을 수립하고 사업화 추진전략과 매출, 고용, 투자 등에 대한 기업의 생존율 제고를 위한 노력을 계획해야 한다. 그리고 무엇보다 중요한 것은 사업화를 위해 반드시 필요한 사업화 자금 소요에 대한 계획과 자금 조달 방안을 마련하는 것이다. 또한 최근 이슈되고 있는 환경(E), 사회(S), 지배구조(G)에 대한 중장기적 사회적 가치도입 계획과 기업의 노력이 점차 중요해지고 있다.

Team(팀 구성)은 앞서 제기한 문제를 해결할 수 있는 Solution(실현 가능성)과 Scale-up(성장전략)의 단계별 해결 방법을 실현할 수 있는 대표자, 팀원의 보유 역량이다. 대표자와 팀의 역량은 창업아이템을 개발하고 이를 사업화하는데 초점이 맞추어져야 한다. 또한 대표자 또는 팀원의 부족한 역량은 외부 협력을 통해 보완할 수 있으며, 창업아이템 개발 및 사업화를 위한 외부 협력의 역량을 충분히 보유하고 있는지 등을 고려해야 한다.

P-S-S-T 구조의 사업계획서는 예비창업패키지뿐만 아니라 다양한 창업지원사업에 활용되고 있다. 따라서 P-S-S-T 구조의 사업계획서를 잘 이해하면 유사한 창업지원사업에 활용할 수 있으니 참고 바란다.

예비창업패키지 사업계획서 P-S-S-T의 자세한 작성 방법에 대해서는 다음 절부터 순서대로 설명하고자 한다. 앞으로 설명할 사업계획서 양식은 기존 예비창업패키지 사업계획서에서 일부 변경된 최신 예비창업패키지 사업계획서 내용을 바탕으로 설명한다. 특히 2025년 예비창업패키지지원사업의 사업계획서는 기존 예비창업패키지 사업계획서 대비 변경된 사항이 많다.

변경된 예비창업패키지 사업계획서는 기존 사업계획서 기본구조 P-S-S-T를 유지하면서 작성자의 부담을 경감, 완화하기 위해 세부 목차를 결합하여 단순화하였다. 또한 중복되는 항목 등을 통합하고, 서술내용의 자율성을 강화하기 위해 작성 항목은 큰 틀에서만 제시하였다. 또한 정부지원사업비 집행계획이 기존의 3. 성장전략에서 2.

실현가능성으로 변경되었으며, 중장기적 사회적 가치도입이 기존의 4, 팀 구성에서 3. 성장전략으로 변경되었다. 그리고 가장 중요한 변화는 사업계획서의 정부지원사업비 집행계획을 1단계와, 2단계로 구분하여 작성할 수 있도록 하였다. 따라서 사업계획서 작성 시 정부지원사업비 집행계획을 1단계와 2단계로 구분하여 세우는 것이 매우 중요하다.

그림 51 | 예비창업패키지지원사업 사업계획서 작성 목차

※ 사업 신청 시, 사업계획서 작성 목차 페이지는 삭제하고 제출

예비창업패키지 예비창업자 사업계획서 작성 목차(안)

항목	세부 항목
□ 일반현황	- 창업아이템명, 산출물, 팀 구성 현황 등
□ 개요(요약)	- 창업아이템 소개, 문제인식, 실현가능성, 성장전략, 팀 구성 등
1. 문제 인식 (Problem)	**1. 창업 아이템의 필요성** - 창업 아이템의 국내·외 시장 현황 및 문제점 - 문제 해결을 위한 창업 아이템의 개발 필요성 등
2. 실현 가능성 (Solution)	**2. 창업 아이템의 개발 계획** - 아이디어를 제품 · 서비스로 개발 또는 구체화 계획 - 창업 아이템의 차별성 및 경쟁력 확보 전략 - 정부지원사업비 집행 계획
3. 성장전략 (Scale-up)	**3. 사업화 추진 전략** - 경쟁사 분석, 목표 시장 진입 전략 - 창업 아이템의 비즈니스 모델(수익화 모델) - 사업 확장을 위한 투자유치(자금확보) 전략 - 사업 전체 로드맵(일정 등) 및 중장기 사회적 가치 도입계획
4. 팀 구성 (Team)	**4. 대표자 및 팀원 구성 계획** - 대표자의 보유 역량(개발/구체화/성과 창출 등) - 팀원 보유 역량, 업무파트너 현황 및 활용 방안 등

다음은 예비창업패키지 사업계획서 양식 구성이 실제로 어떻게 되어있는지 살펴보고 사업계획서 전체 맥락을 이해하고자 한다. 위 <그림 51>은 사업계획서에서의 작성 목차이다.

사업계획서는 P－S－S－T(문제인식－실현가능성－성장전략－팀 구성)의 연계성이 핵심이기 때문에 사업계획서 전체 맥락을 이해하는 것은 매우 중요하다. 예비창업패키지 사업계획서는 문제인식－실현가능성－성장전략－팀 구성에 대한 세부 목차와 각 세부 목차에 작성해야 할 내용이 기재되어 있다. 이를 통해 사업계획서의 전반적인 흐름을 파악할 수 있다. 사업계획서 제출 시 간혹 사업계획서 양식에 첨부된 <그림 51>의 작성 목차를 그대로 제출하는 경우가 있으나 원활한 사업계획서 평가를 위해 반드시 삭제 후 제출해야 한다.

아래 <그림 52>는 사업계획서의 맨 앞에 기재된 유의사항이다. 사업계획서에 파란색 글씨로 유의사항과 작성 가이드 라인이 기재되어 있다. 작성 완료 후 사업계획서 제출 시 파란색으로 작성된 가이드라인은 모두 삭제 후 제출해야 한다.

그림 52 ❙ 예비창업패키지지원사업 사업계획서 작성 전 유의사항

예비창업패키지 예비창업자 사업계획서

※ 사업계획서는 목차(1페이지)를 제외하고 15페이지 이내로 작성(증빙서류는 제한 없음)
※ 사업계획서 양식은 변경·삭제할 수 없으며, 추가설명을 위한 이미지(사진), 표 등은 삽입 가능
(표 안의 행은 추가 가능하며, 해당 없을 시 공란을 유지)
※ 본문 내 '파란색 글씨로 작성된 안내 문구'는 삭제하고 검정 글씨로 작성하여 제출
※ 대표자·직원 성명, 성별, 생년월일, 대학교(원)명 및 소재지, 직장명 등의 개인정보(또는 유추 가능한 정보)는 반드시 제외하거나 '○', '*' 등으로 마스킹하여 작성
[학력] (전문)학·석·박사, 학과·전공 등, [직장] 직업, 주요 수행업무 등만 작성 가능

사업계획서에 맨 앞에 있는 작성 전 유의사항은 사업계획서 작성에 있어 전반적인 가이드라인이며 내용은 다음과 같다.

첫 번째, 사업계획서는 목차를 제외하고 15페이지 이내로 작성해야 하며 증빙서류

는 페이지 제한이 없다. 사업계획서 작성 분량이 적으면 평가위원이 사업 내용을 이해하는 데 어렵거나 성의가 없다고 느낄 수 있다. 반면에 사업계획서 분량이 많으면 제한된 평가 시간 내에 사업 내용을 이해하고 평가하기 어렵다. 가장 적합한 사업계획서 분량은 15페이지이다. 물론 1~2페이지 정도의 분량이 모자라거나 넘어가는 것은 괜찮다. 창업자가 작성한 사업계획서 내용의 분량이 부족한 경우 목차와 본문의 가이드라인을 기준으로 어느 부분의 내용이 빈약한지 파악하여 보완하는 것이 좋다. 특히 앞서 분석한 공고문의 평가지표를 보면 문제 인식(P) – 실현 가능성(S) – 성장전략(S) – 팀 구성(T)으로 평가 후 배점하며 평가지표 중 어느 하나라도 내용이 부족하거나 부실하면 해당 부분에서 좋은 점수를 받기 어렵다.

창업자가 작성한 사업계획서 내용의 분량이 많아서 페이지 수가 넘어가는 경우, 목차와 가이드라인을 기준으로 평가위원을 설득하기 위해 필수적으로 작성해야 할 내용을 제외한 나머지 부분을 삭제하여 분량을 맞추는 것이 좋다. 간혹 사업계획서를 평가하다 보면 많은 분량으로 인해 사업계획서의 핵심을 파악하기 어렵기 때문에 평가에 방해 요소가 되는 경우가 있다. 따라서 사업계획서는 15페이지 이내로 작성하고 추가로 어필한 내용이 있으면 증빙자료를 통해 어필하는 것이 좋다. 참고로 증빙자료는 페이지 제한이 없다.

두 번째, 사업계획서 양식은 변경하거나 삭제할 수 없으며, 추가 설명을 위한 이미지(사진), 표 등 삽입이 가능하다. 사업계획서에 제시된 목차는 비워두지 말고 정해진 분량 내에서 성실하게 작성해야 한다. 표 안의 행은 추가할 수 있으며, 해당 없을 시 공란을 유지하거나 "해당 없음"으로 표시하는 것이 좋다. 글씨체나 크기 등도 수정하지 말고 그대로 사용할 것을 권장한다. 간혹 15페이지 분량을 맞추기 위해서 글자 크기를 매우 작게 변경하거나 자간이나 장평 등을 매우 좁게 변경하여 제출하는 신청자도 있다. 이런 경우 평가 시 가독성이 떨어져 오히려 악영향을 미칠 수도 있으니 유의하기 바란다.

세 번째, 본문 내 파란색 글씨로 작성된 안내 문구는 삭제하고 검정 글씨로 작성하여 제출해야 한다. 간혹 파란색 글씨를 삭제하지 않고 제출하거나 파란색 글씨 위에 그대로 사업계획서 내용을 덮어써서 사업계획서 본문을 파란색 글씨 그대로 제출하는 신청자도 있다. 이런 경우 신청자가 사업계획서 편집을 제대로 하지 않았다는 나쁜 인상을 심어줄 수 있다. 사업계획서에 있어서 편집은 매우 중요하다. 평가하는 사람에게 가독성을 높이고 신뢰감을 주기 때문이다. 오타 또한 마찬가지이다. 편집이 잘된 사업계획서와 편집이 엉망이고 오타가 많은 사업계획서 둘 중 어느 쪽이 더 읽기 쉽고 신뢰가 가겠는가?

네 번째, 예비창업패키지지원사업은 블라인드 평가로 진행된다. 따라서 대표자·직원의 성명, 성별, 생년월일, 대학교(원)명 및 소재지, 직장명 등의 개인정보(또는 유추 가능한 정보)는 반드시 제외하거나 'ㅇ', '*' 등으로 마스킹하여 작성해야 한다. 다만 학력(전문학사, 학사, 석박사 등)과 학과·전공과 직업, 주요 수행업무 등 창업 아이템의 사업화 역량을 나타낼 수 있는 정보만 입력해야 한다. 간혹 실수로 개인정보나 유추 가능한 정보를 입력해서 평가 시 불이익을 당하는 경우가 있으니 제출하기 전 반드시 확인해야 한다.

아래 <그림 53>은 사업계획서의 일반현황이다. 창업아이템명, 산출물, 현재 창업자 직업, 기업(예정)명, 창업팀 구성 현황 등 창업팀 또는 창업기업의 일반현황을 작성해야 한다.

그림 53 ▎예비창업패키지지원사업 사업계획서 일반현황

□ 일반현황

<table>
<tr><td colspan="2">창업아이템명</td><td colspan="3">OO기술이 적용된 OO기능의(혜택을 제공하는) OO제품·서비스 등</td></tr>
<tr><td colspan="2">산출물
(협약기간 내 목표)</td><td colspan="3">모바일 어플리케이션(0개), 웹사이트(0개)
※ 협약기간 내 제작·개발 완료할 최종 생산품의 형태, 수량 등 기재</td></tr>
<tr><td colspan="2">직업
(직장명 기재 불가)</td><td>교수 / 연구원 / 사무직 / 일반인 / 대학생 등</td><td>기업(예정)명</td><td>OOOOO</td></tr>
<tr><td colspan="5">팀 구성 현황 (대표자 본인 제외)</td></tr>
<tr><td>순번</td><td>직위</td><td>담당 업무</td><td>보유 역량 (경력 및 학력 등)</td><td>구성 상태</td></tr>
<tr><td>1</td><td>공동대표</td><td>S/W 개발 총괄</td><td>OO학 박사, OO학과 교수 재직(00년)</td><td>완료</td></tr>
<tr><td>2</td><td>대리</td><td>홍보 및 마케팅</td><td>OO학 학사, OO 관련 경력(00년 이상)</td><td>예정('00.0)</td></tr>
<tr><td></td><td></td><td></td><td></td><td></td></tr>
<tr><td>...</td><td></td><td></td><td></td><td></td></tr>
</table>

사업계획서의 첫인상에서 가장 중요한 것은 창업아이템명이다. 위 <그림 53>에서 보는 바와 같이 사업계획서 양식에는 파란색으로 "00기술이 적용된 00기능의(혜택을 제공하는) 00제품·서비스 등"으로 창업아이템명에 대한 예시를 제시해준다. 창업아이템명에 기술, 기능, 성능, 적용 대상, 목적 등을 표현함으로써 아이템명을 처음 보는 사람들이 쉽게 이해할 수 있도록 작명하는 것이 좋다. 예를 들어 "장수명 LED"보다 "3,000시간 이상 사용이 가능한 가정용 장수명 LED"가 더 이해하기 쉽다. 간혹 창업자 본인만 알 수 있는 독특한 이름으로 작명하는 경우가 있는데 이는 사업계획서의 좋은 첫인상을 남기는데 방해 요소가 될 수 있다.

산출물은 협약 기간(약 8개월) 동안 본 과제를 통해 수행하여 최종 제작·개발 완료할 결과물의 형태, 수량 등을 정량적으로 작성해야 한다. 즉, 창업아이템의 개발 및 사업화와 관련하여 8개월 이내 산출될 수 있는 결과물이어야 한다.

예비창업패키지의 경우 블라인드 평가이기 때문에 창업자가 누구인지 추측이나 유추 가능한 정보는 기재할 수 없다. 따라서 직업란에 직장명은 기재 불가이다. 창업팀 구성 현황은 담당업무와 보유 역량을 바탕으로 작성하고 신청일 기준 채용 또는 합류 전이라도 예정으로 작성하면 된다.

아래 <그림 54>는 사업계획서의 창업아이템 개요(요약)이며, 제품 및 서비스에 대한 개요, 사업화 추진 배경 및 목적, 실현 방안, 성장전략 등을 종합적으로 작성해야 한다.

그림 54 ❙ 예비창업패키지지원사업 사업계획서 창업아이템 개요

□ 창업 아이템 개요(요약)

<table>
<tr><td>명 칭</td><td>※ 예시 1 : 게토레이
예시 2 : Windows
예시 3 : 알파고</td><td>범 주</td><td>※ 예시 1 : 스포츠음료
예시 2 : OS(운영체계)
예시 3 : 인공지능프로그램</td></tr>
<tr><td>창업 아이템 개요</td><td colspan="3">※ 본 지원사업을 통해 개발 또는 구체화하고자 하는 제품·서비스 개요
(사용 용도, 사양, 가격 등), 핵심 기능·성능, 고객 제공 혜택 등
※ 예시 : 가벼움(고객 제공 혜택)을 위해서 용량을 줄이는 재료(핵심 기능)를 사용</td></tr>
<tr><td>문제 인식 (Problem)</td><td colspan="3">※ 개발하고자 하는 창업 아이템의 국내·외 시장 현황 및 문제점 등
문제 해결을 위한 창업 아이템의 개발 필요성 등</td></tr>
<tr><td>실현 가능성 (Solution)</td><td colspan="3">※ 개발하고자 하는 창업 아이템을 사업기간 내 제품·서비스로 개발 또는 구체화하고자 하는 계획(최종 산출물_형태, 수량 등)
- 개발하고자 하는 창업 아이템의 차별성 및 경쟁력 확보 전략</td></tr>
<tr><td>성장전략 (Scale-up)</td><td colspan="3">※ 경쟁사 분석, 목표 시장 진입 전략, 창업 아이템의 비즈니스 모델(수익화 모델), 사업 전체 로드맵, 투자유치(자금확보) 전략 등</td></tr>
<tr><td>팀 구성 (Team)</td><td colspan="3">※ 대표자, 팀원, 업무파트너(협력기업) 등 역량 활용 계획 등</td></tr>
<tr><td rowspan="2">이미지</td><td colspan="2">※ 제품·서비스 특징을 나타낼 수 있는 참고 사진(이미지)·설계도 등 삽입 (해당 시)</td><td>※ 제품·서비스 특징을 나타낼 수 있는 참고 사진(이미지)·설계도 등 삽입 (해당 시)</td></tr>
<tr><td colspan="2">< 사진(이미지) 또는 설계도 제목 ></td><td>< 사진(이미지) 또는 설계도 제목 ></td></tr>
</table>

창업아이템 개요는 사업계획서를 요약하여 작성하는 것으로 1페이지로 작성하는 것이 좋다. 즉, 1페이지에 창업아이템과 사업화 내용을 평가위원에게 이해시켜야 한다. 창업아이템 개요(요약)는 명칭과 범주, 창업아이템 개요 → 문제 인식(P) → 실현 가능성(S) → 성장전략(S) → 팀 구성(T) → 이미지로 구성되어 있다.

명칭과 범주에서 명칭은 창업자가 고려한 컨셉을 포함하고, 범주는 소비자의 사용 목적이 동일한 제품의 집합을 의미한다. 예를 들면 "Windows"는 제품 명칭이고, 제품 범주는 "OS(운영체계)", "알파고"는 서비스명이고, 제품 범주는 "인공지능 프로그램"이다. 창업아이템 개요의 각 항목에 파란색으로 표시된 자세한 작성 가이드가 있다. 창업아이템 개요를 잘 작성하는 방법은 파란색 작성 가이드를 충분히 인지하고 가이드에서 제시하는 항목마다 1~2문장으로 압축하여 작성해야 한다. 자세한 설명은 사업계획서 본문에 작성할 수 있으니 군더더기는 빼는 것이 좋다.

양식 내의 "창업아이템 개요"란에는 제품 또는 서비스의 개요와 핵심 기능을 간략히 작성하며, 문제 인식(P)란에는 창업아이템의 국내외 시장현황과 문제점, 창업아이템 개발의 필요성 등을 작성하고, 실현 가능성(S)란은 사업기간 내 아이템 개발 및 구체화 계획, 차별성, 최종 산출물 등을 작성한다. 성장전략(S)란은 비즈니스 모델과 수익화 전략, 시장진입 전략, 자금확보 방안 등을 작성하며, 팀 구성(T)란은 대표자 및 팀원의 역량, 외부 협력 파트너 활용 계획 등을 작성한다. 맨 마지막에 이미지를 삽입하는 칸은 창업아이템을 한번에 알아볼 수 있도록 창업아이템의 이해에 필요한 이미지를 삽입하면 된다.

창업아이템 개요(요약)는 작성자의 성향에 따라 사업계획서 본문 작성 전에 작성할 수도 있고 사업계획서 본문 작성 후 마지막에 작성할 수도 있다. 언제 작성해야 하는지에 대한 정답은 없다. 다만 필자의 경험에 의하면 창업아이템 개요는 사업계획서 본문 작성 후 이를 요약하여 마지막에 작성하면 전체적인 내용 정리에 더 유리한 측면이 있다.

2. Problem(문제인식) 작성 팁

문제인식을 작성하는 목적은 창업자가 인식하고 있는 시장 또는 고객의 문제와 애로사항이 무엇인지를 정의하고 이를 해결하기 위한 기술적 해결방안을 제시함으로써 시장 또는 고객에게 제공할 가치를 정의하기 위해서이다.

사업계획서 본문의 첫 번째는 P－S－S－T중에서 1. 문제인식(Problem)_창업아이템의 필요성이며, 아래 <그림 55>는 1. 문제인식(Problem)_창업아이템의 필요성의 사업계획서 양식이다.

그림 55 ❙ 1. 문제인식(Problem)_창업아이템의 필요성

1. 문제 인식 (Problem)_창업 아이템의 필요성

※ 개발하고자 하는 창업 아이템의 국내·외 시장 현황 및 문제점 등의 제시 문제 해결을 위한 창업 아이템의 개발 필요성 등 기재_개발 아이템 소개

○

-

-

1. 문제인식(Problem)_창업아이템의 필요성에는 창업아이템 개발이 필요한 배경과 동기, 근거 등을 작성한다. 문제 인식에서는 외부적인 배경 및 동기가 있을 수 있으며, 내부적인 배경과 동기가 있을 수 있다. 외부적 배경 및 동기에는 사회, 경제, 시장, 기술적 관점에서 발생하는 문제의 해결 혹은 기회 요인 발견을 통해 사업화하고자 하는 배경과 동기가 될 수 있으며, 내부적 배경 및 동기는 창업자(대표자)의 경험, 가치관, 비전 등의 관점이 될 수 있다.

외부적 배경 및 동기의 작성에서 중요한 점은 사회, 경제, 시장, 기술적 관점에서 발생하는 문제 또는 기회에 대한 객관적인 근거를 바탕으로 평가위원을 설득해야 한다. 내부적 배경 및 동기의 작성에서 중요한 점은 창업자의 경험, 가치관, 비전 등을 실제 사례 등을 통해 글을 읽는 사람, 즉, 평가위원의 공감을 이끌어 최대한 설득하는 데 초점을 맞추어야 한다.

즉, 문제점을 제시할 때는 반드시 사회, 경제, 시장, 기술적 관점에서 객관적인 데이

터 및 근거(문제에 대한 통계 및 분석자료 등) 실제 사례 등을 제시해야 한다. 이를 제시하지 못하면 창업자가 인지한 문제점에 대해 평가위원을 설득하기 어렵다. 문제점을 제시할 때는 정확한 숫자, 정량적 데이터, 실제 사례 등을 제시하는 것이 매우 중요하다.

문제의 해결방법을 제시할 때에는 반드시 기술을 활용한 제품 또는 서비스를 통한 해결방법을 제시해야 한다. 간혹 창업자들 중에서 해결방법을 제시할 때 단순히 아이디어만 제시하는 경우가 있다. 이런 경우 해결방법에 대한 구체성 결여로 인해 평가위원을 설득하는데 한계가 있다. 따라서 구체적으로 특정 기술이 적용되는 제품 또는 서비스를 통해 문제가 해결될 수 있음을 논리적으로 제시하여야 한다. 즉, 기술적 혁신성과 차별성을 명확하게 나타내야 한다.

기술이 적용되는 제품 또는 서비스에 대한 설명은 글로만 표현하는 것보다 그림이나 사진, 이미지로 표현하면 이해도가 더 높다. 또한 사업 신청하기 전부터 창업자가 준비 또는 개발하고 있는 제품이나 서비스 개발에 대한 추진 이력과 경과, 추진 목적 등을 작성하여 기술을 적용한 제품이나 서비스의 실현 가능성을 보여주어야 한다.

1. 문제인식(Problem)_창업아이템의 필요성에는 창업아이템의 국내외 시장 현황에 대해서도 작성해야한다. 목표 시장 현황 분석에는 해당 시장의 규모와 특성, 경쟁 강도, 시장 성장성, 고객 특성 등을 분석하여 작성해야 한다.

시장의 규모와 성장률은 해당 아이템에 대한 국내외 시장의 거래 금액에 대한 자료를 수집, 분석하여 작성해야 한다. 이때 자료의 출처를 반드시 밝혀야 한다. 시장 분석은 상당히 많은 양의 정보를 조사하고 분석해야 하며, 사업계획서의 작성 분량은 15페이지 이내로 한계가 있기 때문에 조사 및 분석 후 필요한 부분을 요약하는 작업이 필요하다. 사업계획서에서 시장성에 대한 내용작성은 많은 창업자들이 작성하기 어려워하는 부분이기도 하다.

시장의 규모를 나타내는 방법 중 하나인 탐(TAM) – 샘(SAM) – 솜(SOM)을 소개하고자 한다. 시장의 규모는 클수록 매력적이며, 전체시장(Tatal Addressable Market_TAM), 유효시장(Serviceable Available Market_SAM), 수익시장(Serviceable Obtainable Market_SOM)을 잘 구분해야 한다. 탐(TAM) – 샘(SAM) – 솜(SOM)은 시장규모를 측정하는 방법이다.

그림 56 ▌탐(TAM)-샘(SAM)-솜(SOM)

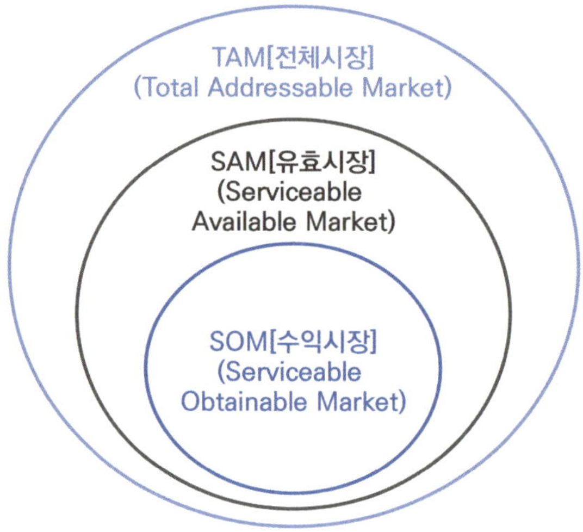

전체시장(Tatal Addressable Market_TAM)은 창업아이템 전체시장의 크기를 의미하며 전체시장의 크기를 추정하는 것은 공개된 자료와 보고서 등을 활용해서 유추 가능하므로 비교적 어렵지 않다. 하지만 예비창업패키지를 준비하는 스타트업에서 초기 생존을 위한 목표시장으로 진입하기에는 너무 큰 시장이다. 예를 들면 '가정용 소형 공기청정기' 아이템의 경우 "공기청정기" 전체시장이 TAM에 해당된다.

유효시장(Serviceable Available Market_SAM)은 창업아이템의 유효시장 규모를 추정하는 것이다. 즉, 전체시장에서 창업자가 추구하는 BM이 차지하는 비중을 의미한다. 유효시장을 추정하기 위해서는 기존에 조사된 창업아이템 전체 시장규모의 자료를 재분류하고 객관적으로 입증할 수 있는 근거를 찾아내어야 한다. 특히 기술이나 비즈니스 모델이 여러 분야와 융합되는 경우 기존 데이터를 그대로 활용하기에 한계가 있다. 따라서 유효시장의 규모를 측정하기 위해서는 많은 노력과 창의적인 가정이 필요하다. 창업자는 유효시장을 추정하면서 비즈니스 모델을 수립할 수 있다. 앞서 설명한 가정용 소형 공기청정기의 예를 들면 전체시장인 공기청정기 시장에서 "가정용 공기청정기" 시장이 SAM에 해당된다.

수익시장(Serviceable Obtainable Market_SOM)은 유효시장 내에서 초기 점유가 가능

한 수익시장을 의미한다. 초기 창업자에게 수익시장은 가장 중요한 시장이다. 초기 단계에서 시장을 확보하지 못하면 유효시장으로 진입할 수 없기 때문이다. 수익 시장은 시장에서 문제를 가장 극심하게 느끼고 가장 빠르게 제품 또는 서비스를 구매할 수 있는 타깃 고객이 있는 시장이다. 수익시장의 규모를 어떻게 산정할 것인가는 창업자 또는 스타트업이 보유한 역량과 직결된다. 즉, 스타트업이 보유한 기술적 차별성뿐만 아니라 실질적인 영업 인프라, 서비스 커버리지, 내부적 자원 등에 따라 다를 수 있다. 따라서 수익시장은 핵심 타깃을 명확히 설정하고 세밀하게 볼 수 있어야 한다. 앞서 설명한 가정용 소형 공기청정기'의 예를 들면 유효시장인 가정용 공기청정기 시장에서 바로 진입할 수 있는 "소형 사이즈(용량_예 5평의 공간)의 가정용 공기청정기"가 SOM에 해당된다.

시장 규모 분석을 위해서는 시장에 관한 다양한 형태의 자료 수집이 필요하며 수집된 자료를 바탕으로 현재 시장의 특성, 시장 점유율, 성장 가능성 등을 작성해야 한다. 특히 시장의 성장 가능성은 창업아이템의 사업성과 관련하여 매우 밀접하고 중요하다. 따라서 창업아이템의 해당 시장이 향후 지속적으로 성장하는 시장인지 확인하고 반드시 어필해야 한다. 시장에 관한 자료는 다양한 경로를 통해 얻을 수 있다. 구글이나 네이버와 같은 포털 사이트를 통해 얻을 수도 있으나 시장 관련 자료를 얻을 수 있는 몇 가지 사이트를 소개하고자 한다.

아래 <그림 57>은 시장과 관련된 자료를 수집할 때 활용할 수 있는 사이트이며 중소기업 기술로드맵, ASTI Market Insight, KMAPS(KISTI 산업 · 시장 분석예측 시스템), 통계청, 사이언스 온, 경쟁정보 분석 서비스(COMPAS) 등이 있다.

그림 57 | 시장 관련 자료 수집 사이트

중소기업 기술로드맵: smroadmap.smtech.go.kr
ASTI Market Insight: kisti.re.kr/post/asti-insight
KMAPS: kmapsneo.kisti.re.kr
통계청: kostat.go.kr
사이언스 온: scienceon.kisti.re.kr
경쟁정보 분석 서비스: compas.kisti.re.kr

중소기업 기술로드맵은 중소벤처기업부에서 매년 중소기업의 역량 강화를 위해 유망기술 및 신성장 아이템을 제시하고 기술개발의 로드맵을 제시해준다. 유망기술 및 신성장 기술의 기술로드맵에 대한 자료를 PDF 파일로 다운로드 할 수 있으며 해당 기술에 대한 시장 분석 자료들을 활용할 수 있다. 창업아이템에 대한 자료를 찾기 위해서는 대분류, 중분류, 소분류의 형태로 찾아볼 수 있고 키워드를 검색해서 찾아볼 수도 있다. 아래 <그림 58>은 중소기업 기술로드맵 사이트이다.

그림 58 ❙ 중소기업 기술로드맵 사이트

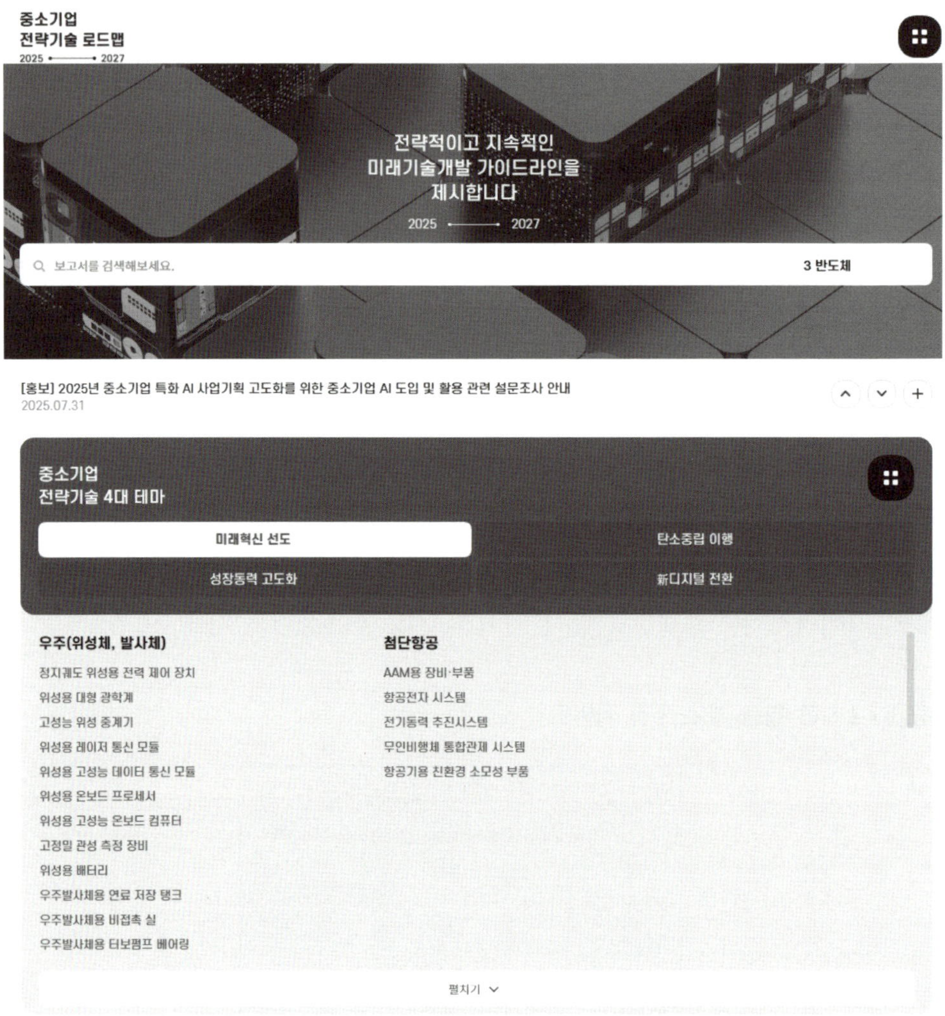

ASTI Market Insight는 한국과학기술정보연구원(KISTI)에서 운영한다. 한국과학기술정보연구원 사이트(www.kisti.re.kr)에 들어가서 상단의 보고서·간행물을 클릭하면 ASTI Market Insight가 나온다. 특정 기술 또는 아이템에 대하여 시장과 관련된 자료를 보고서 형태로 제공해주며, 매년 상반기 및 하반기에 새로운 기술 및 아이템에 대해 지속적으로 업그레이드된다. 아래 <그림 59>는 한국과학기술정보연구원의 ASTI Market Insight이다.

그림 59 | ASTI Market Insight

KMAPS(KISTI 산업 · 시장 분석예측 시스템) 또한 한국과학기술정보연구원에서 운영하고 있으며, 다년간 연구를 통해 축적한 산업 · 시장 분석 알고리즘과 독자적으로 구축하고 있는 데이터를 기반으로 기술사업화 의사결정에 도움이 되는 산업시장 정보를 제공해주는 지능형 산업시장 분석 시스템이다. 산업별 분석, 제품별 분석, 지역별 분석, 분석도우미, 지식창고의 메뉴로 구성되어 있으며 회원가입 후 활용할 수 있다. 아래 <그림 60>은 KMAPS 사이트이다.

그림 60 ▌KMAPS(산업 · 시장 분석예측 시스템)

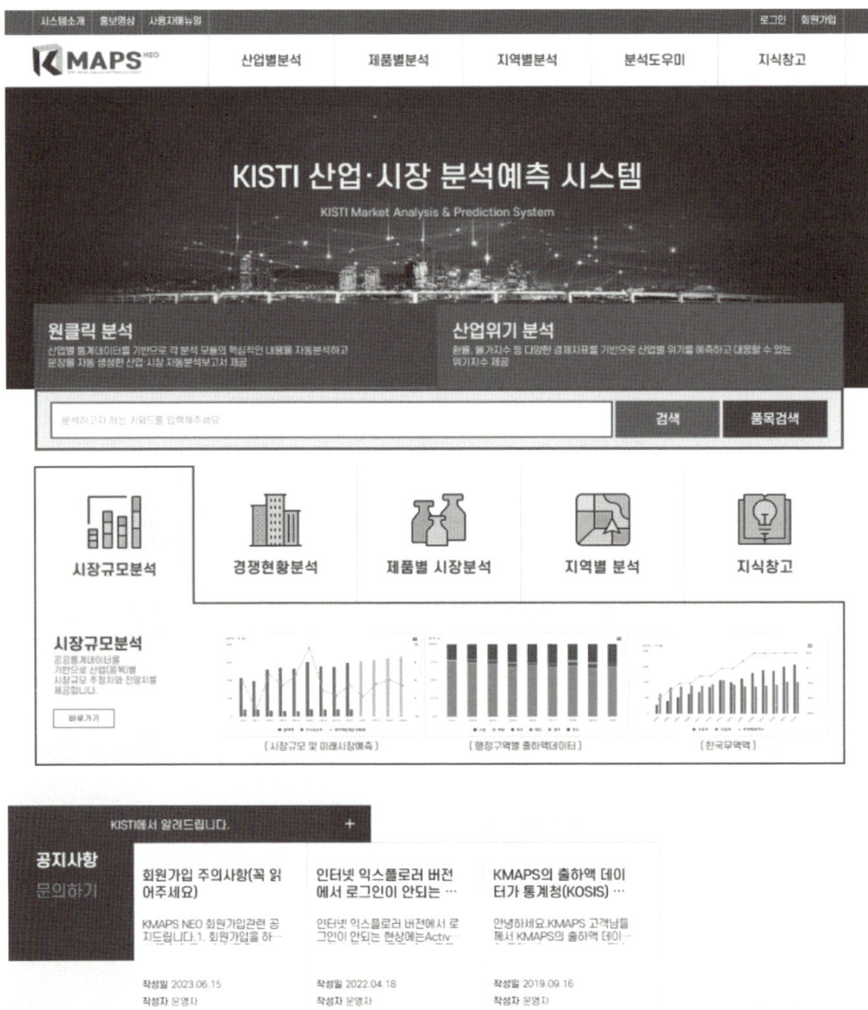

통계청은 통계자료를 수집, 분석하기 위해 많이 활용하고 있는 대표적인 사이트이다. 통계청은 여러 언론 보도 및 동향 자료들과 함께 국가통계포털, 통계데이터센터, 통계 지리 데이터, 마이크로 데이터, 지표 누리, 뉴스 기반 통계검색, 빅데이터 활용 등 다양한 서비스를 제공하고 있다. 따라서 창업자는 창업아이템에 대한 시장 분석 자료 등을 통계청을 활용하여 얻을 수 있다. 아래 <그림 61>은 통계청 사이트이다.

그림 61 ❙ 통계청 사이트

사이언스 온(ScienceON) 또한 한국과학기술정보연구원에서 운영한다. 과학기술 지식 인프라를 검색할 수 있는 사이트로, 기술 및 아이템 키워드를 검색하여 논문, 특허, 보고서, 동향, 연구자, 연구기관, 표/그림, 데이터 등의 자료를 제공해 준다. 사이언스 온에서는 기술자료뿐만 아니라 시장에 대한 자료를 논문이나 보고서 등을 통해 검색할 수 있다. 아래 <그림 62>는 사이언스 온 사이트이다.

그림 62 ▌사이언스 온

경쟁정보 분석 서비스(COMPAS) 또한 한국과학기술정보연구원(KISTI)에서 운영하고 있으며, 특허분석, 저널 논문 분석, 기술 트리 분석, 수입, 수출 통계 등을 통한 기술 분석 중심의 자료를 제공해주고 있다. 따라서 기술 집약적 아이템이나 서비스의 자료 조사에 활용할 수 있다. 아래 <그림 63>은 경쟁정보 분석 서비스 사이트이다.

그림 63 ❙ 경쟁정보 분석 서비스(COMPAS)

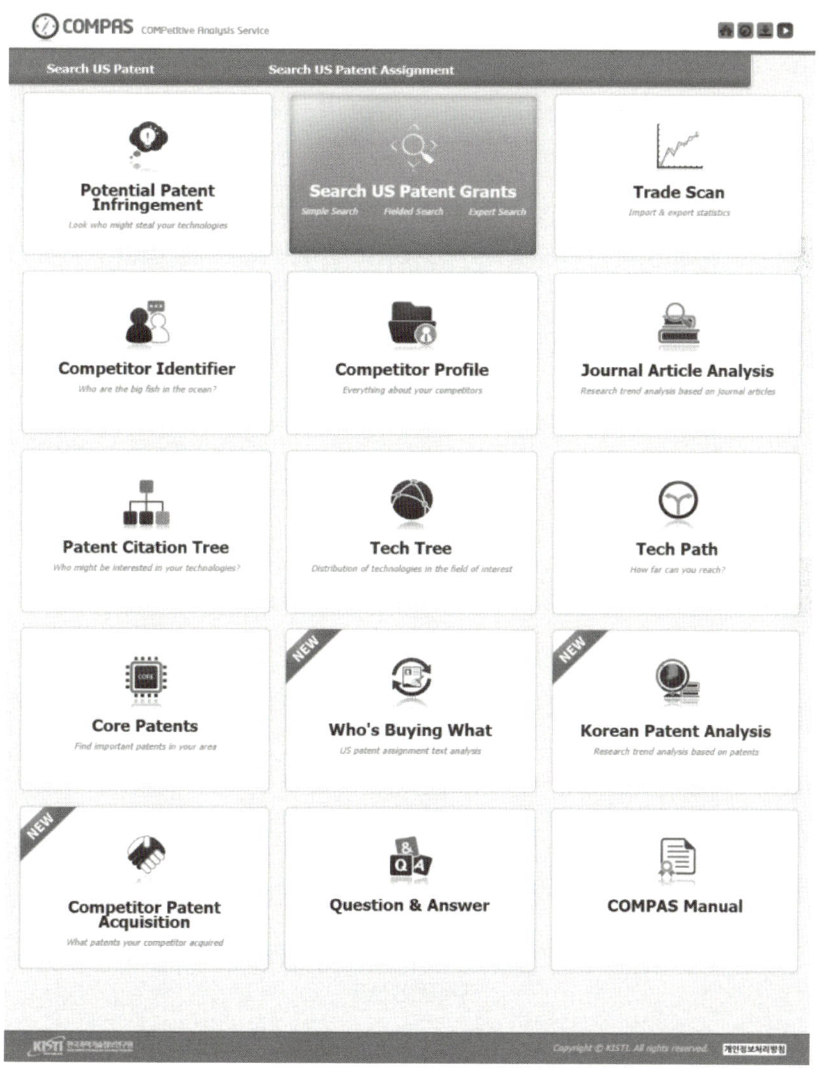

시장 분석 자료는 가능한 최신의 자료를 찾아서 사업계획서에 인용해야 하며 인용 시 반드시 출처를 남겨야 한다.

시장을 분석할 때 반드시 해야 하는 것이 경쟁사 또는 경쟁제품에 대한 분석이다. 자료 조사를 통해 경쟁사 및 경쟁제품의 정보를 단순 비교 분석할 수도 있지만 조금 더 전문적인 분석을 하고자 한다면 산업구조에 대한 경쟁강도를 분석해보는 것도 좋다.

경쟁강도 분석은 일반적으로 마이클 포터 교수의 5Forces 모델을 적용한다. 가능하다면 창업아이템에 대하여 5Forces 모델을 통해 경쟁 강도를 분석해보는 것을 권장한다. 5Forces 모델은 하나의 산업에 경쟁 수준을 결정하는 경쟁자, 공급자, 구매자, 대체재 및 신규진입자의 다섯 가지 힘이 존재하며, 이 힘의 구조적 특성이 해당 산업 내의 기업의 이익 잠재력을 결정하는 것으로 아래 <그림 64>와 같다. 5Forces 모델에 대한 자세한 설명과 예시는 포털 사이트 검색 시 쉽게 찾을 수 있으므로 이 책에서는 생략하고자 한다.

그림 64 ▌마이클 포터 교수의 5Forces 모델

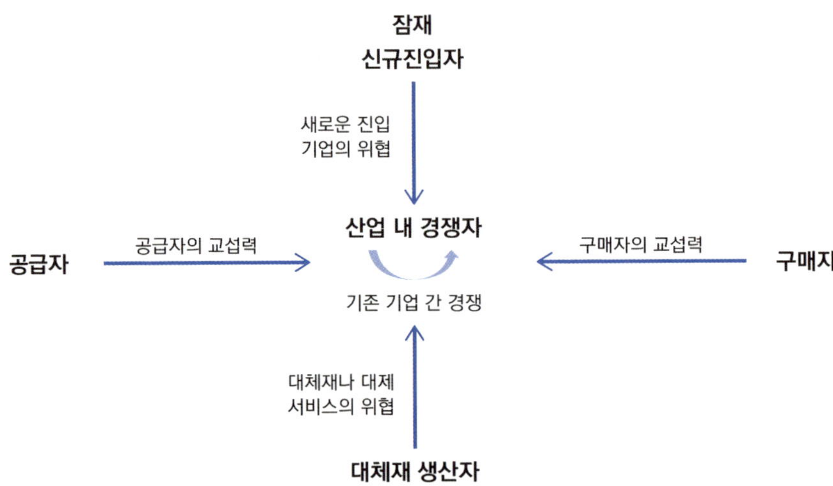

사업계획서 작성 시 반드시 5Forces 모델 분석을 해야 하는 것은 아니다. 또한, 예비창업자들에게 5Forces 모델을 통한 경쟁강도 분석은 쉽지 않다. 만약 자체적으로 분석이 어렵다면 수집한 시장 조사·분석 자료 중에서 타인 또는 타 기관에서 분석한 관련 분야의 5Forces모델을 찾아보고 창업아이템에 맞도록 응용할 수 있다.

5Forces 모델 및 응용할 수 있는 자료를 찾지 못했다면, 최소한 국내외 경쟁사에 대한 자료를 분석하고 경쟁사 현황 및 특성, 경쟁적 요소, 경쟁력 및 차별성에 대한 자료를 작성해야 한다. 특히 경쟁사 제품에 대한 비교표를 만들어 창업아이템과 비교 후 기술, 기능, 성능, 가격 등 창업아이템의 차별화 경쟁력을 어필해야 한다.

만약 창업자의 관점에서 제품 또는 기술의 특성으로 인해 기존 경쟁자가 없을 것으로 예상되는 경우, 고객의 관점에서 경쟁자를 고려할 필요가 있다. 고객의 관점에서는 유사한 기능이나 감성을 제공하는 대체재가 있을 수도 있고 창업자가 고려하지 못했던 신규 진입자가 있을 수도 있다. 또한 기존의 경쟁자가 없다는 것은 아직 제대로 된 시장이 형성되지 못해서 일수도 있다. 이 경우 시장 진입 시 매우 많은 홍보 및 마케팅 비용이 발생하거나 스타트업 수준에서 시장을 개척하기 어려울 수도 있다.

창업자 중에서 본인의 기술 또는 아이템이 시장에서 유일무이하고 독보적인 기술력으로 경쟁자가 없으므로 사업화 성공 확률이 매우 높다는 논리를 통해 시장성을 주장하는 사람들이 있다. 하지만 왜 아직 경쟁 제품이 없고 시장이 형성되지 않았는지 잘 생각해보아야 한다.

만약 창업자의 예상대로 독보적인 기술력과 창의적인 아이디어로 구현된 경쟁자가 없는 아이템이라 하더라도 아직 제대로 형성 안 된 시장에서 소비자들에게 생소한 아이템을 홍보 및 마케팅하기에는 많은 비용과 시간이 소요될 것이다. 따라서 창업자는 시장 및 경쟁사 분석 시 다양한 시각으로 분석하여 사업계획서를 작성해야 한다.

다음은 고객 특성이다. 고객 특성을 작성하기 위해서는 먼저 고객이 누구인지 알아야 한다. 고객이 누구인지 파악하고 시장 진입 전략 수립을 위해 가장 흔히 사용하는 방법이 STP 전략이다. STP 전략은 시장을 세분화(Segmentation)하고, 세분화된 시장에서 표적 시장(Targeting)을 선정하고, 표적 시장에서 기업의 위치를 정하는 포지셔닝(Positioning)하는 것이다.

그림 65 ǀ STP전략

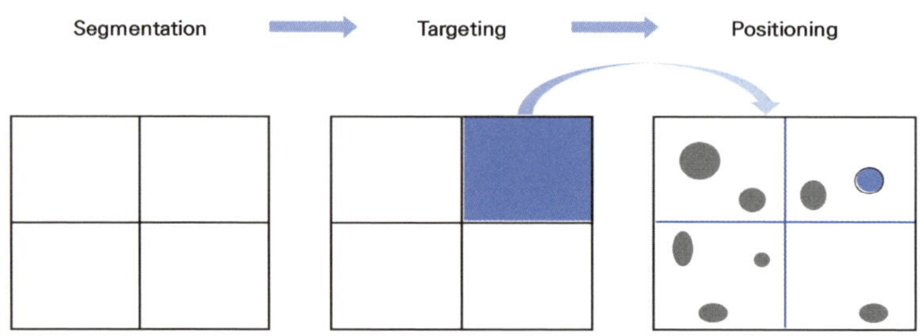

세분화(Segmentation)는 시장을 세분화 하는 단계를 말하는 것으로 시장 세분화 기준은 고객이 될 수도 있고, 제품의 특성이 될 수도 있다. 시장 세분화를 위해서는 고객의 나이, 성별, 소득과 같은 인구통계학적 데이터 분석 이외 라이프스타일, 가치관, 행동양식, 취미, 관심사 등 심리통계학적 데이터 분석도 필요하다. 또한 제품의 성능, 기능, 용량, 사용 방법, 사용 환경 등 제품의 특성에 따라 세분화 할 수 있다. 시장 세분화가 중요한 이유는 기업이 제공하는 제품이나 서비스가 모든 고객군을 만족시킬 수 없기 때문에 세분화하여 가장 적절한 시장을 찾기 위한 첫 번째 단계이기 때문이다.

타깃팅(Targeting)은 세분화된 시장에서 기업이 본격적으로 들어가서 마케팅과 영업활동을 펼치고 제품 또는 서비스를 판매할 시장을 선택하는 단계이다. 타깃팅을 위해서는 세분화된 시장의 규모와 성장가능성, 비용대비 수익성, 고객 획득 비용과 고객 전환율 등을 고려해야 한다. 특히 제품이나 서비스의 강점과 특성, 기업이 보유하고 있는 자원을 가장 효과적으로 활용할 수 있는 세그먼트를 선정해야 한다.

포지셔닝(Positioning)은 제품 또는 서비스의 강점 또는 차별화 포인트, 고객의 니즈 등의 분석을 통해 타깃팅 된 시장 또는 고객에게 어떤 위치에 각인시킬 것인지를 결정하는 것이다. 또한 이를 시각화시켜 표현한 것이 포지셔닝 맵 또는 소비자 지각도라는 표현으로 사용된다. 최근 사업화 전략 수립을 위해 포지셔닝이 매우 중요해지고 있으며 포지셔닝을 통해 틈새시장을 발견하거나 장기적인 비즈니스를 성공적으로 가져갈 수 있는 전략을 수립하기도 한다. 포지셔닝은 다양한 관점에서 활용할 수 있다. 제품을 포지셔닝할 수도 있고 브랜드를 포지셔닝 할 수도 있다 아래 <그림 66>은 포지셔닝맵의 예시이다.

그림 66 ❙ 포지셔닝맵 예시

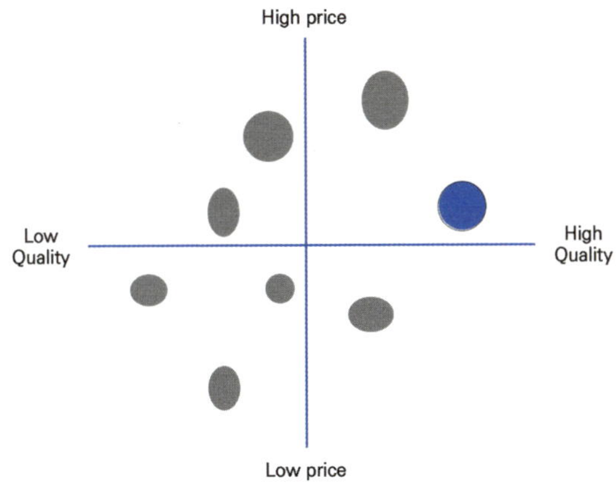

창업자는 사업계획서 작성에서 STP전략을 통해 목표 시장을 분석하고 시장 진입 전략을 수립하여 작성하는 것이 좋다. 하지만 사업계획서 작성에 익숙하지 않은 창업자에게는 전문적인 분석과 전략 도출이 어려울 수도 있다. 이때는 최소한 STP전략의 개념을 이해하고 이를 바탕으로 창업아이템에 대하여 시장 분석을 해보아야 한다. 사업계획서 작성에서 중요한 것은 학문적으로, 전문적으로 잘 분석하는 것 보다 창업아이템에 대한 시장을 이해하고 올바른 방향으로 사업화 전략을 수립하는 것이 더 중요하다.

사업계획서 작성에서 STP 전략을 어떻게 활용할지에 대한 정답은 없다. 하지만 P-S-S-T 맥락의 관점에서는 1. 문제인식(Problem)_창업아이템의 필요성에는 세분화(Segmentation)와 타깃팅(Targeting)위주로 작성하고 3. 성장전략_사업화 추진전략에서 경쟁사 분석 및 목표시장 진입 전략에서 포지셔닝(Positioning)을 작성하는 것을 권장한다.

사업계획서 1. 문제인식(Problem)_창업아이템의 필요성의 시장 현황 작성을 위해서는 창업아이템 시장에 대한 많은 자료 수집과 분석이 필요하다. 하지만 사업계획서 작성 분량은 정해져 있다. 자칫 방대한 양의 내용을 두서없이 작성하는 실수를 범할 수 있는 목차이다. 따라서 1. 문제인식(Problem)_창업아이템의 필요성의 시장 현황 분석에서는 방대한 양의 자료 중에서 반드시 필요한 내용만 작성하고 시장현황을 논리적으로 작성할 수 있는 스토리텔링 능력이 필요하다.

3. Solution(실현가능성) 작성 팁

실현가능성은 앞서 제시한 문제 제기에서 정의된 시장 또는 고객의 수요를 어떤 방식으로 해결할 것인지 작성하고 창업자가 해결방안으로 제시하는 기술과 제품 또는 서비스의 세부 실현 방안, 구체화 방안 등을 작성해야 한다.

사업계획서 본문 2. 실현가능성_창업아이템 개발 계획을 작성하기 전 한가지 팁을 얘기하자면 제품 또는 서비스의 사업화 진행에 대한 전체적인 로드맵을 그려보아야 한다. 실현가능성을 파악하기 위해서는 창업아이템의 개발 계획을 논리적으로 제시하는 것이 매우 중요하다. 창업아이템의 개발 계획을 표현하기 위해서는 창업아이템 현황(준비 정도)과 향후 개발 계획을 통해 창업아이템의 실현가능성을 보기 쉽게 표현해야 한다.

그림 67 | 2. 실현가능성_창업아이템의 개발 계획

2. 실현 가능성 (Solution)_창업 아이템의 개발 계획

※ 아이디어를 제품·서비스로 개발 또는 구체화하고자 하는 계획(사업기간 내 일정 등)
개발 창업 아이템의 기능·성능의 차별성 및 경쟁력 확보 전략
정부지원사업비 집행 계획 기재

○

-

-

< 사업추진 일정(협약기간 내) >

구분	추진 내용	추진 기간	세부 내용
1	*필수 개발 인력 채용*	*00.00 ~ 00.00*	*OO 전공 경력 직원 00명 채용*
2	*제품 패키지 디자인*	*00.00 ~ 00.00*	*제품 패키지 디자인 용역 진행*
3	*홍보용 웹사이트 제작*	*00.00 ~ 00.00*	*웹사이트 자체 제작*
4	*시제품 완성*	*협약기간 말*	*협약기간 내 시제품 제작 완료*
...			

창업아이템 현황(준비 정도)은 과거부터 현재까지 사업화 준비현황을 작성해야 하고, 창업아이템 실현 및 구체화 방안은 현재부터 본 과제의 협약기간 내 사업화 진행 계획과 실현가능한 범위를 구체적으로 작성해야 하기 때문이다. 따라서 전체적인 사업화 로드맵이 그려져 있으면 명확하고 이해하기 쉽게 작성할 수 있다. 위 <그림 67>은 사업계획서 본문 2. 실현가능성_창업아이템의 개발 계획 양식이다.

창업아이템 현황(준비 정도) 작성에는 제품 또는 서비스의 개발 진행현황 및 구체화 정도에 대하여 본 사업을 신청하기 전까지 기획, 준비 또는 추진한 경과를 요약하여 먼저 기재해야 한다.

창업아이템 사업화에 대한 로드맵을 그려보는 것은 매우 중요하다. 사업화 로드맵은 아이템 특성, 기술 요소에 따라서 순서나 절차가 달라질 수 있다. 아래 <그림 68>은 생활소비재 제조업 관점에서 작성한 사업화 로드맵이다. <그림 68>의 로드맵을 보면 창업아이템의 사업화를 위해 시장·기술 동향 조사를 통한 아이템 기획을 진행하고 요소기술에 대한 연구개발을 완료한 상태이다.

그림 68 ▌사업화 로드맵 현재 진행 단계 예시_생활소비재 제조 관점

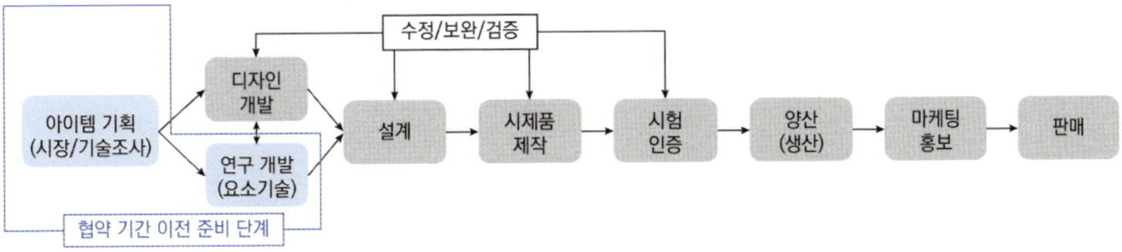

창업아이템 현황(준비 정도) 작성에는 위 로드맵과 같이 현재까지 진행된 현황을 한 눈에 볼 수 있게 이미지로 먼저 표현하고 로드맵 단계별로 진행되었던 추진 이력이나 진행현황을 상세하게 기재해야 한다.

또한 사업 신청 시점에서 아이템 개발 및 구체화 현황에 대한 결과물과 현재까지의 정량적, 정성적 성과 등을 기재해야 한다. 위의 로드맵 예를 들면 시장 및 기술 동향 조사를 통한 아이템 기획 자료, 아이템에 대한 시장 또는 고객 반응 데이터, 연구개발 내용 및 결과물(기술 구현 자료 및 시험 데이터 등) 등을 기재해야 한다. 만약 디자인 개발과 설계까지 진행되었다면 디자인 개발 자료(3D 이미지, 랜더링, CMF보고서 등)와 상세 구조 및 기구설계 도면 등을 기재해야 한다.

또한 현재까지 진행된 과정과 결과 등을 바탕으로 기술개발뿐만 아니라, 신청 시점까지 확인된 실적이나 성과, 시장 또는 고객의 반응 등을 자유롭게 작성함으로써 제품 및 서비스 실현가능성에 대한 근거를 제시해야 한다.

결론적으로, 창업아이템 현황(준비 정도)의 작성 목적은 창업아이템이 아이디어 단계부터 어느 단계까지 실현 및 구체화 되었는지를 확인함으로써 준비 정도를 파악하고, 시장과 고객의 관점에서 방향성을 잘 선정하여 사업화를 진행하고 있는지 확인하는 것이다. 따라서 창업자는 사업화 준비 정도와 사업화 방향성에 초첨을 맞추어 작성해야 한다.

다음은 이어서 창업아이템 개발 계획을 통해 창업아이템의 실현 및 구체화를 표현해야 한다(<그림 67>의 사업추진 일정(협약기간 내) 표는 반드시 기재해야한다.). 협약 기간 내 창업아이템의 사업화 실현 및 구체화하고자 하는 방안을 작성해야 한다. 예비창업패키지의 협약 기간은 약 8개월로, 협약 기간과 사업비 예산을 감안하여 실행가능한 범위를 도출하고 이를 실현하기 위한 세부적인 계획 및 방안을 작성하는 것이 중요하다.

창업아이템의 사업화 진행 정도와 특성에 따라 사업 전체 로드맵에서 협약 기간 내 주요 내용과 목표를 시계열적 또는 중요한 순서대로 나열하여 각 단계에 대한 추진 기간과 세부 내용을 작성하면 된다. 세부 내용은 협약 기간 추진내용에 대한 최종결과물 또는 성과물을 기준으로 작성해야 한다.

협약 기간 내 실현 및 구체화 방안은 창업아이템의 특성과 진행(준비) 현황에 따라 모두 다를 것이다. 협약 기간 내 실현(수행) 범위를 도출하기 위해서는 앞서 제시한 창업아이템 사업화 로드맵을 기준으로 활용하면 좋다. 예를 들어 아이템 기획까지만 진행한 창업자라면 요소기술에 대한 연구개발, 디자인 개발과 설계, 시제품 제작 등을 협약 기간 내 수행할 수 있으며, 시제품 제작을 완료한 창업자라면 시험·인증, 제품 초도 생산, 마케팅 및 홍보 등을 진행할 수 있다.

앞서 창업아이템 현황(준비 정도)에서 예시로 설명한 사례의 경우 연구개발까지 진행되었으므로 아래 <그림 69>와 같이 디자인 개발, 설계, 시제품 제작, 시험·인증 등이 협약 기간 내 수행이 가능하다.

그림 69 ▎사업화 로드맵 협약 기간 내 수행범위 예시_생활소비재 제조 관점

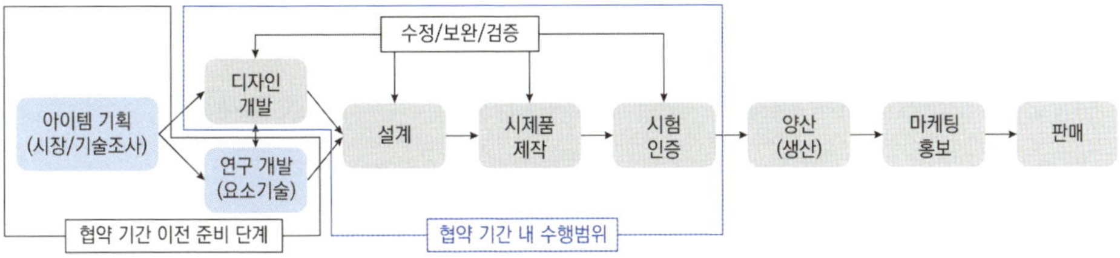

창업자는 협약 기간과 사업비 예산 등을 바탕으로 창업아이템의 준비현황, 특성을 고려하여 협약 기간 내 실현 범위를 작성해야 한다. 따라서 협약 기간 내 실행 또는 구체화할 제품이나 서비스의 핵심 기능, 성능, 디자인, 기타 활동 등을 통해 세부적인 개발 및 구체화 방안과 최종 산출물 등을 기재해야 한다.

또한 기존 시장 내 경쟁제품 또는 서비스와 비교를 통해 파악된 문제점과 개선사항에 대해 창업자 또는 창업기업의 보유 역량을 기반으로 기술적 스펙, 핵심 기능, 성능, 고객 제공 혜택 등 다양한 측면에서 경쟁자와 차별화 요인을 설명해야

한다. 차별화에 대한 보유 역량은 특허 등 물리적 역량뿐만 아니라 콘텐츠 등 소프트웨어 역량도 모두 포함한다.

예비창업패키지의 경우 기술창업을 지원하기 때문에 기술적, 기능적, 서비스적인 차별화를 통해 타사(경쟁사) 대비 경쟁력 확보방안을 누가, 어떻게 구현할 것인지에 대한 세부적인 계획과 구체화 방안이 수립되어야 한다. 따라서 창업자 또는 창업기업은 차별화 경쟁력 확보와 이를 구현하기 위한 핵심 기술을 보유하고 있거나 협업(공동개발), 기술이전 등의 구체화 방안이 있어야 한다.

협약 기간 내 사업추진 일정은 사업기간 내 달성해야 할 목표와 같다. 향후 사업 종료 후 진행되는 최종평가에 영향을 미치므로 협약 기간과 예산 등을 고려하여 달성이 가능한 일정(목표)을 설정하는 것이 중요하다. 목표의 난이도가 쉬우면 과제의 진행도나 혁신성이 낮아 과제 선정 확률이 떨어질 수 있으며, 목표의 난이도가 높으면 과제 선정 확률은 올라갈 수 있으나 성과를 달성하지 못해 최종평가에 악영향을 미칠 수 있으므로 실제 달성할 수 있는 목표 내에서 신중하게 설정해야 한다.

협약 기간 내 목표가 정해졌으면 목표를 달성하기 위한 전략을 작성해야 한다. 목표에 대한 주요 수행내용에 대하여 평가위원을 설득할 수 있도록 현실적, 논리적, 합리적인 목표 달성 방안과 전략을 제시해야 한다.

최근 예비창업패키지지원사업의 경우 경쟁률이 심화되고, 비교적 준비가 잘된 창업자들이 신청이 늘어남에 따라 아이템의 개발 또는 사업화가 상당 부분 진행된 예비창업자들의 선정 확률이 높아지고 있다. 따라서 예비창업자이기 때문에 창업아이템에 대한 아이디어만 정립하고 신청하는 것 보다, 최대한 철저하게 준비하고 구체적인 계획을 수립하여 실현가능성이 높다는 것을 보여주어야 한다.

사업계획서 본문 2. 실현가능성에서 가장 중요한 것은 문제제기와 해결방안이 반드시 매칭되어야 하며 이를 바탕으로 ① 창업아이템에 대한 준비가 잘 되어있고 시장과 고객의 관점에서 ② 사업화 추진전략의 방향성이 바르게 설정되어있는가이다. 또한 ③ 협약 기간 내 실현 범위 설정과 구체화 계획 수립되어 있으며 ④ 차별화 경쟁력을 구현할 수 있는 역량을 보유하고 있는가이다.

최근 사업계획서 양식이 변경됨에 따라 기존의 3. 성장전략에서 작성했던 정부지원 사업비 집행계획표가 2. 실현가능성으로 옮겨졌으며, 1단계와 2단계로 구분하여 작성하도록 변경되었다. 아래 <그림 70>은 정부지원사업비 집행 계획표이다.

그림 70 ▌정부지원사업비 집행 계획표

< 1단계 정부지원사업비 집행 계획 >

※ 1단계 정부지원사업비는 20백만원 내외로 작성

비 목	산출 근거	정부지원사업비(원)
재료비	• DMD소켓 구입(00개×0000원)	3,000,000
	• 전원IC류 구입(00개×000원)	7,000,000
외주용역비	• 시금형제작 외주용역(OOO제품 .... 플라스틱금형제작)	10,000,000
지급수수료	• 국내 OO전시회 참가비(부스 임차 등 포함	1,000,000
...		
합 계		...

< 2단계 정부지원사업비 집행 계획 >

※ 2단계 정부지원사업비는 40백만원 내외로 작성

비 목	산출 근거	정부지원사업비(원)
재료비	• DMD소켓 구입(00개×0000원)	3,000,000
	• 전원IC류 구입(00개×000원)	7,000,000
외주용역비	• 시금형제작 외주용역(OOO제품 .... 플라스틱금형제작)	10,000,000
지급수수료	• 국내 OO전시회 참가비(부스 임차 등 포함	1,000,000
...		
합 계		...

정부지원사업비 집행 계획은 사업의 협약 기간 내에 창업아이템 사업화를 수행하기 위해 소요되는 비용에 대한 정부지원금의 집행계획을 수립하는 것이다. 정부지원사업비 집행 계획을 수립하기 위해서는 협약 기간 내 사업화 추진 내용과 방안을 기준으로 소요 비용을 작성해야 한다. 이때 중요한 것은 사업 공고문의 2. 지원내용에서 사업화

자금 집행 비목을 참조하여 사업비 집행계획을 수립해야 한다.

아래 <그림 71>은 예비창업패키지 공고문의 2. 지원내용에 명시된 사업화 자금 집행 비목이다.

그림 71 ❙ 사업화 자금 집행 비목

< 사업화 자금 집행 비목 >

비 목	비목 정의
재료비	• 사업계획서 상의 사업화를 위해 소요되는 재료 또는 원료, 데이터 등을 구입하는 비용
외주용역비	• 예비창업자가 자체적으로 시제품 제작을 완성할 수 없는 경우 일부 공정에 대해 외부 업체에 의뢰하여 제작하고, 이에 대한 대가를 지급하는 비용
기계장치 (공구·기구, 비품, SW 등)	• 사업화를 위해 필요한 일정 횟수 또는 반영구적으로 사용 가능한 기계 또는 설비, 비품을 구매하는 비용
특허권 등 무형자산 취득비	• 사업계획서 상의 창업아이템과 직접 관련 있는 지식재산권 등의 출원·등록 관련 비용
인건비	• 채용 예정 직원이 사업에 직접 참여하는 경우, 근로계약에 따라 지급하는 급여 * 신청자(예비창업자)의 배우자 또는 직계존비속에게는 인건비 지급 불가
지급수수료	• 사업화를 위한 거래를 수행하는 대가로 요구하는 비용 (기술이전비, 학회 및 세미나 참가비, 전시회 및 박람회 참가비, 멘토링비, 시험·인증비, 기자재 임차비 등)
여비	• 신청자(예비창업자) 및 소속 임직원이 소재지를 벗어나 타 지역 또는 타 국가로 출장 등의 사유로 집행하는 비용
교육훈련비	• 신청자(예비창업자) 및 소속 임직원이 사업화를 위해 기술 및 경영교육 이수 시 집행하는 비용
광고선전비	• 신청자(예비창업자)의 제품과 기업을 홍보하기 위한 홈페이지 제작비, 홍보영상 및 홍보물 제작비, 포장 디자인비, 일간지 등의 광고 게재, 기타 마케팅에 소요되는 비용
창업활동비 (월 50만원 한도)	• 창업(준비) 활동에 필요한 문헌 구입, 소모품 구입 등에 소요되는 경비

예비창업패키지에서 사용할 수 있는 사업화 자금은 재료비, 외주용역비, 기계장치(공구·기구, 비품, SW 등), 특허권 등 무형자산 취득비, 인건비, 지급수수료, 여비, 교육훈련비, 광고선전비, 창업활동비로 총 10가지 비목으로 구성되어 있다.

각 비목의 사용할 수 있는 범위는 비목 정의를 참고하여 작성하면 된다. 기계장치의 경우 사업화를 위해 필요한 일정 횟수 또는 반영구적으로 사용이 가능한 기계 또는 설비, 비품이므로 일회성, 단발성 기계장치의 경우 해당 되지 않으니 유의하여야 한다. 인건비의 경우 대표자, 대표자와 특수관계인(민법 제777조의 친족관계의 자)는 인건비 지급 불가하므로 참고 바란다. 이러한 부분에 문제가 될 경우 선정평가 및 적정성 여부에서 사업비가 삭감될 수 있다.

사업비 집행 계획 작성 시 금액의 적정성을 판단할 수 있도록 각 비목에 대하여 산출 근거를 구체적이고 명확하게 작성하는 것이 좋다. 비목별 사업비 금액이 통상적인 비용보다 높게 책정되어 있으면 선정평가 및 적정성 여부 검토를 통해 차감될 수 있다. 사업계획서 작성 시 시간적 여유가 된다면 창업지원사업 운영지침과 사업비 관리기준 내 비목별 유의 사항을 숙지하고 이에 근거하여 작성하는 것을 권장한다.

예비창업패키지의 사업비는 1단계와 2단계로 구분하여 신청해야 하며, 선정 시 사업화 자금을 최대 1억 원 평균 0.5억 원 내외로 지원받는다. '25년도 예비창업패키지 기준으로 창업자는 1단계 2천만 원 내외, 2단계 4천만 원~8천만 원 내외의 금액을 지원받을 수 있다. 사업비 신청 한도 내에서 협약 기간 내 필요한 사업비만큼 사업비 집행계획을 수립하면 된다. 다만 창업자가 신청한 금액을 초과하여 지급할 수 없다는 점을 감안하여 필요한 사업화 자금을 꼼꼼하게 체크하여 필요한 사업화 자금을 충분히 확보할 수 있도록 작성하는 것이 좋다.

예비창업패키지는 정부지원사업비 100%로 구성되어 자기부담금이 없기 때문에 예비창업자들에게 정부지원사업 참여 및 운영에 대한 부담이 적다. '25년도 예비창업패키지부터 사업화 자금의 신청과 사용이 1단계와 2단계로 구분됨에 따라 사업계획서 작성 시 정부지원 사업비 집행 계획도 1단계와 2단계로 구분하는 것이 매우 중요하다.

앞서 설명했듯이 '25년 예비창업패키지 기준으로 총 8개월의 협약기간 동안 사업화 자금 단계별 지원이 1단계(초반부 약 4개월)와 2단계(후반부 약 4개월)로 구분된다. 2단계 선정은 협약 중간 시점(약 4개월 진행)에 1단계 사업계획 진척도 및 향후 추진계획 등을 평가하여 사업화 자금을 추가로 지원하고, 1단계 선정자의 약 50% 내외를 2단계 추가지원 대상자로 선정한다.

사업 선정 후 사업계획서에 작성된 내용과 계획을 바탕으로 정부지원사업비 집행 계획에 맞게 사업비를 사용해야 한다. 따라서 1단계인 초반부에 2천만 원에 대한 사업비 사용 계획과, 후반부에 4천만 원 ~ 8천만 원에 대한 사업비 사용 계획을 잘 수립해야 전반적인 사업 운영과 사업비 사용에 문제가 없다.

그리고 예비창업자가 추가로 고려해야 할 사항은 1단계 선정 후 2단계 탈락('25년 기준 1단계 선정자의 약 50% 탈락) 시 2단계 지원금을 받지 못하기 때문에 사업화 자금 확보를 위한 추가 계획을 반드시 수립해야 한다. 1단계만 선정되더라도 전체 협약(8개월) 종료일 2개월 전까지 창업을 완료(사업자 등록)해야 하며, 1년 이상 창업을 유지하여야 하는 점을 명심해야 한다.

4. Scale-up(성장전략) 작성 팁

성장전략은 창업자가 제품 또는 서비스를 사업화하는 방법과 사업화 단계에서 추진하고자 하는 목표, 추진 일정, 소요되는 자금과 자금조달 계획 등을 종합적으로 기획하고 작성해야 한다. 즉, 창업아이템의 사업화 실현과 이를 위한 성장전략이 구체적으로 수립되어 있는가를 확인하는 것이다.

사업계획서 본문 3. 성장전략_사업화 추진 전략은 경쟁사 및 경쟁제품의 분석, 창업아이템의 목표시장 진입 전략 등을 기재해야 한다. 이를 위해 창업아이템의 비즈니스 모델(수익 모델)과 시장 진입 전략, 사업의 실현 및 확장을 위한 자금확보 전략, 사업 전체 로드맵을 제시해야 한다. 또한 최근 이슈되고 있는 ESG(환경, 사회, 지배구조) 경영의 노력을 작성해야 한다.

성장전략은 현실적인 측면에서 창업자가 어떻게 성장하여 사업화를 구현할 것인지에 대한 전략을 작성하는 것이 중요하다. 뜬구름 잡듯이 상상과 희망 회로를 돌려 무작정 긍정적으로 작성하기보다 현실적인 측면에서 어떻게 사업화를 실현시켜 나아갈 것인지 냉정하게 판단하고 실현가능한 수준으로 작성해야 한다. 물론 사업화와 성장

가능성의 목표는 높을수록 좋다. 다만 사업화 실현을 위한 성장전략 또한 우수해야 한다. 아래 <그림 72>는 사업계획서 본문 3. 성장전략_사업화 추진 전략 양식이다.

그림 72 | 3. 성장전략_사업화 추진 전략

3. 성장전략(Scale-up)_사업화 추진 전략

※ 경쟁제품·경쟁사 분석, 창업 아이템의 목표 시장 진입 전략 등 기재
창업 아이템의 비즈니스 모델(수익화 모델), 사업 확장을 위한 투자유치(자금확보) 전략
사업 전체 로드맵(일정)과 중장기적 사회적 가치 도입계획
- 환경 : 폐기물 배출 감소, 재활용 확대, 친환경 원료 개발, 에너지 절감 등 환경보호 노력
- 사회 : 지역사회 교류, 사회 환원, 인권, 평등, 다양성 존중 등 사회적 책임경영 노력
- 지배구조 : 윤리경영, 상호 존중 조직문화 구축, 근로 환경 개선 등의 투명 경영 노력

○

-

창업아이템 사업화 추진전략에서 가장 중요한 것은 비즈니스 모델을 구축하고 이를 통해 세부적인 전략을 수립하는 것이다. 비즈니스 모델은 창업아이템을 어느 시장(market)에서, 누구(customer)에게, 어떤 가치(value)를, 어떤 방법(Process)으로 전달하고, 어떻게 수익(revenue)을 창출할 것인지에 관한 사업의 전반적인 방향과 방법을 구체화 하는 과정을 의미한다.

비즈니스 모델은 사업화 실현가능성과 수익성을 판단할 수 있다. 특히 비즈니스 모델에서 수익성이 매우 중요하다. 실제로 창업 후 수익을 내지 못하는 스타트업은 돈이 되는 비즈니스 모델이 아니기 때문인 경우가 많다. 따라서 비즈니스 모델을 수립할 때 수익성에 대해서 ① 제조 원가, 판매·관리비, 개발비 등을 제외하고 현실적으로 이윤 실현 가능한지, ② 즉시 수익이 실현되는지, ③ 창출된 수익이 지속적인 회사 운영이 가능한 수준인지를 반드시 확인해야 한다.

창업 아이디어 또는 창업아이템의 비즈니스 모델을 전략화하고 구조화 방법으로 비즈니스 모델 캔버스(Business Model Canvas)를 사용하기도 한다. 비즈니스 모델 캔버

스는 비즈니스 모델을 개발하기 위해 시각화 및 분석하는데 사용하는 간단한 탬플릿이다. 아래 <그림 73>은 비즈니스 모델 캔버스이며, 비즈니스 모델을 고민해본 창업자라면 한번은 보았을 것이다.

그림 73 ▌비즈니스 모델 캔버스(Business Model Canvas)

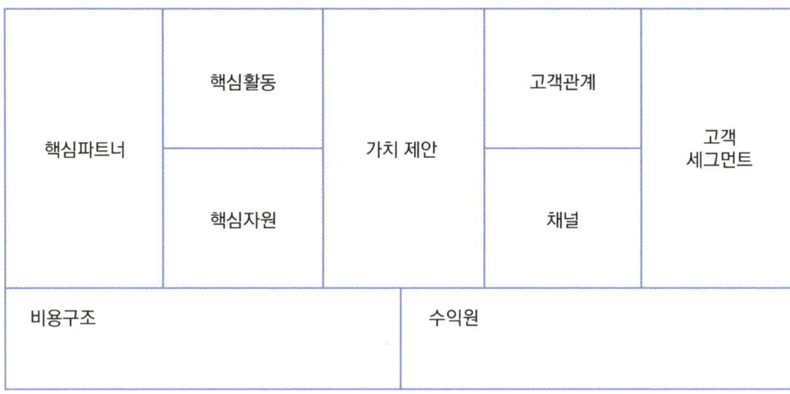

비즈니스 모델 캔버스는 고객 세그먼트, 가치제안, 채널, 고객관계, 수익원, 핵심자원, 핵심활동, 핵심파트너, 비용구조의 9개의 블록으로 구성되어 있다. 고객에게 어떤 가치를 어떤 채널로 제공하며, 어떤 고객관계를 통해 가치를 제안함으로써 수익이 발생하고, 기업이 어떤 핵심자원으로, 어떤 핵심활동과 핵심파트너십을 통해 고객에게 가치를 제안함으로써 비용이 발생하는지 알 수 있다.

비즈니스 모델 캔버스는 스타트업을 위해 만들어진 것이 아니라 이미 설립된 기업의 비즈니스 모델 수립과 발전을 위한 것으로 초기 창업기업에 적용하기에 어려울 수 있다. 비즈니스 모델 캔버스는 파트너십과 핵심활동, 핵심자원, 고객 관계 등으로 구성되어 있어 이미 운영하고 있는 중소, 중견기업이나 대기업을 위한 프레임에 가깝다.

초기 스타트업의 경우 인적, 물적 자원이 부족한 상황에서 빠르게 시장에 진입하여 문제를 검증하는 것이 중요하다. 따라서 초기 스타트업에 맞도록 최적화 된 린 비즈니스 모델 캔버스(Lean Business Model Canvas)를 사용하는 것을 추천한다. 아래 <그림 74>는 린 비즈니스 모델 캔버스이며, 린 비즈니스 모델의 9가지 블록에 대해 작성하는 방법을 간단히 설명하면 다음과 같다.

그림 74 ▎린 비즈니스 모델 캔버스(Lean Business Model Canvas)

린 비즈니스 모델 캔버스의 9가지 블록은 문제점, 고객 세그먼트, 가치제안, 솔루션, 채널, 수익원, 비용구조, 핵심지표, 경쟁우위로 구성되어 있다.

1) 문제점은 앞서 문제제기에서 정의한 시장 또는 고객이 가지고 있는 문제에 대해 작성한다. 문제의 양이 많은 것보다 핵심 문제에 대하여 3가지 이내로 작성하는 것이 좋다. 아래에는 핵심 문제의 해결을 위한 방안을 작성한다.

2) 고객 세그먼트는 앞서 정의한 목표시장의 타깃 고객 특성을 구체적으로 작성한다. 특히 제품 또는 서비스를 사용할 고객 중에서 문제를 가장 극심하게 느끼며 가장 먼저 사용할 고객을 작성하는 것이 좋다.

3) 가치제안은 잠재 고객에게 기업의 제품 또는 서비스가 어떠한 혜택을 줄 수 있는지, 고객의 니즈 또는 문제를 어떻게 해결할 것인지, 경쟁자와의 차별점은 무엇인지를 명확하게 표현하는 메시지이다. 즉, 기존 문제해결 방법과 비교해서 어떠한 차별점이 있고 왜 사용할 가치가 있는지에 대해 작성한다.

4) 솔루션은 제품 또는 서비스가 어떤 방식을 통해 시장 또는 고객의 문제를 해결하

는지에 대한 해결책을 제시한다. 실제 구현이 가능하며, 문제를 정확하게 해결할 수 있는지 판단해야 하며 문제해결을 위한 핵심 기능 위주로 작성한다.

5) 채널은 고객에게 제품 또는 서비스를 어떻게 전달할 것인가를 작성한다. 즉, 제품이나 서비스가 어떤 경로를 통해 고객이 인지하고 구매하는지 등을 정의하는 것으로 유통경로, 마케팅 채널 등이 될 수 있다.

6) 수익원은 수익을 달성할 수 있는 구조이며, 제품이나 서비스의 가치를 고객에게 전달함으로써 어떠한 방식으로 수익을 창출하는지에 대해 작성한다. 제품 판매 수익, 수수료, 광고료, 정기구독, 대여 및 리스, 시간이나 횟수에 따른 과금 등 다양한 방식이 있다.

7) 비용구조는 제품 및 서비스의 사업화 또는 운영 및 유지하는 데 소요되는 비용으로 인건비, 개발비, 제조비, 마케팅 및 홍보비, 유지·보수비 등이 있다. 비용은 고정비와 변동비로 구분할 수 있으며 수익원과 비용구조를 모두 작성하면 손익분기점 달성을 위한 판매량을 추산할 수 있다.

8) 핵심지표는 사업의 성과를 측정하는 핵심적인 역할을 하는 지표이다. 제품의 판매량, 매출 등의 될 수도 있고, 서비스를 이용하는 사용자 수, 사용자 유지율, 추천 등이 될 수 있다.

9) 경쟁우위는 기존 제품 또는 서비스 대비 보유하고 있는 강점이나 차별점을 작성한다. 대부분의 작성자는 강점이나 차별점을 작성할 때 자신이 잘하는 부분에 대해 작성한다. 하지만 비즈니스에서 강점이나 차별점은 남들이 쉽게 모방할 수 없어야 하므로 진입장벽에 해당된다. 따라서 보유하고 있는 강점이나 차별점이 경쟁사가 쉽게 모방할 수 없고, 진입장벽이 높은지 확인해보아야 한다.

린 비즈니스 모델 캔버스는 창업 아이디어 및 아이템을 구조화하는 방법이며 한 번의 작성으로 최적화된 답을 찾기 어렵다. 따라서 여러 번 사이클을 반복해야 한다. 또한 린 비즈니스 캔버스 모델의 9가지 블록은 단순히 작성만 하고 끝나는 것은 아니다. 창업자는 9가지의 블록들을 작성하고, 서로 연계하고, 조합하면서 창업아이템의 특성과 시장 상황에 맞는 전략을 수립해야 한다.

린 비즈니스 캔버스 모델은 창업아이템을 구조화하고 시각적인 정보를 제공해주는 도구일 뿐이다. 이를 통해 얼마나 좋은 전략을 도출하는가는 결국 창업자의 몫이다.

창업아이템 구조화에서 반드시 린 비즈니스 모델 캔버스만 사용해야 하는 것은 아니다. 올리버 가스만의 트라이앵글 모델이나 가와사미 마사나오의 나인셀 프레임 등 다양한 방법들을 사용할 수 있다.

다음은 올리버 가스만의 트라이앵글(마법의 삼격형) 모델에 대하여 알아보고, 어떻게 활용할 수 있는지 간단하게 살펴보고자 한다. 아래 <그림 75>는 올리버 가스만의 트라이앵글 모델이다.

그림 75 ▎올리버 가스만의 트라이앵글(마법의 삼각형) 모델

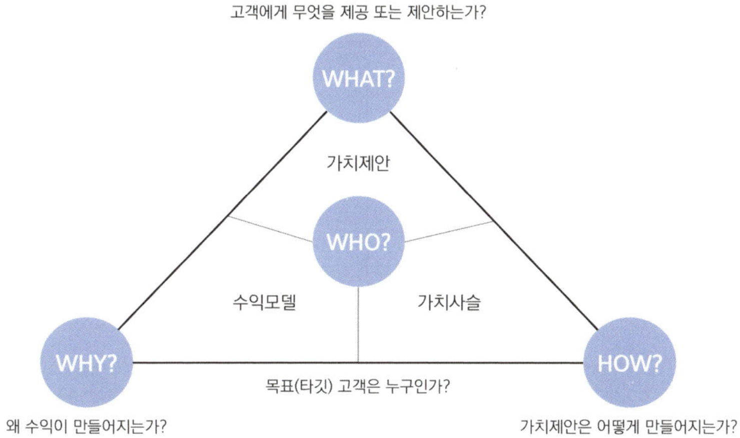

출처: 비즈니스 모델 네비게이터, brunch story

트라이앵글 모델은 ① 고객이 누구인지, ② 무엇을 제공하는지, ③ 가치제안은 어떻게 만들어지는지, ④ 왜 수익이 만들어지는지를 설명할 수 있는 모델이다. 트라이앵글 모델은 Who, What, How, Why로 이어진 삼각형에서 가치제안, 가치사슬, 수익모델을 정의할 수 있다.

가치제안은 목표로 하는 고객에게 지금까지와 다른 방식으로 문제를 해결하는 방법을 제안하는 것이며, 가치사슬은 가치제안을 실행하기 위한 다양한 프로세스와 활동, 그리고 이를 실현하기 위한 자원을 정의해야 한다. 수익모델은 비용구조와 수익 실현 방법을 이해하고 단순히 추상적으로 작성하는 것이 아닌 숫자 또는 금액 등 정량적으로 설명될 수 있어야 한다.

다음 <그림 76>은 가와카미 마사나오의 나인셀 프레임이다. 나인셀 프레임은 9개의 질문을 제시하고 9개의 답을 셀에 적용하여 비즈니스의 전체상을 파악하게 해준다. 고객가치, 이익, 프로세스의 측면에서 Who(누구), What(무엇을), How(어떻게)를 대입시킨 9개의 질문으로 구성되어 있다.

그림 76 | 가와카미 마사나오의 나인셀 프레임

출처: 비즈니스 수익구조를 만들어내는 9 셀, brunch story

나인셀 프레임의 9가지 질문은 '1. 고객은 누구인가, 2. 무엇을 제안하는가, 3. 어떻게 다른가, 4. 누구에게서 수익을 창출할 것인가, 5. 무엇으로 수익을 창출할 것인가, 6. 어떻게 수익을 창출할 것인가, 7. 누구와 협력할 것인가, 8. 강점은 무엇인가, 9. 어떤 과정(수순)으로 진행할 것인가'로 구성되어 있다.

나인셀 프레임을 활용하기 위해서는 주어진 9가지 질문에 대해 STP전략, 4P분석, 3C분석, SWOT 분석 등과 같은 다양한 분석기법들을 적용해 볼 수도 있고 수익 창출 전략, 아웃소싱, 밸류체인 등을 고려해 볼 수도 있어 비즈니스의 전체상을 파악하고 전략을 수립해볼 수 있는 특징이 있다.

비즈니스 모델 수립에 익숙하지 않은 창업자에게는 위의 방법론이 생소하고 조금 어렵게 느껴질 수 있다. 사업계획서 작성에서는 방법론을 통한 완벽한 분석보다 제시된 방법을 통해 무엇을, 어떻게, 왜 하는지에 대한 개념을 이해하고, 창업아이템을 구조화하여 비즈니스 모델 수립을 실행에 옮겨보는 것이 중요하다. 특히 여러가지 방법론에서 중복되는 타깃 고객, 가치제안, 가치사슬 또는 프로세스, 수익모델은 Who, What, How의 관점에서 반드시 정립해보아야 한다.

3. 성장전략_사업화 추진 전략에서는 아이템 개발 완료 후 성공적인 사업화를 위한 전략들이 수립되어야 한다. 어떤 분석 모델이나 프레임을 사용하는가가 중요한 것은 아니다. 다만, 분석 모델이나 프레임의 개념을 이해하고, 창업아이템의 구조화 과정을 진행하고, 이를 통해 사업화에 대한 올바른 전략을 수립하는 것이 중요하다.

창업 아이템의 구조화가 완료되면 이를 바탕으로 비즈니스 모델에 대한 도식화를 진행해야 한다. 아래 <그림 77>은 맞춤형 구강용품 플랫폼에 대한 비즈니스 모델 도식화에 대한 예시이다.

그림 77 ▎비즈니스 모델 도식화 예시_맞춤형 구강용품 사례

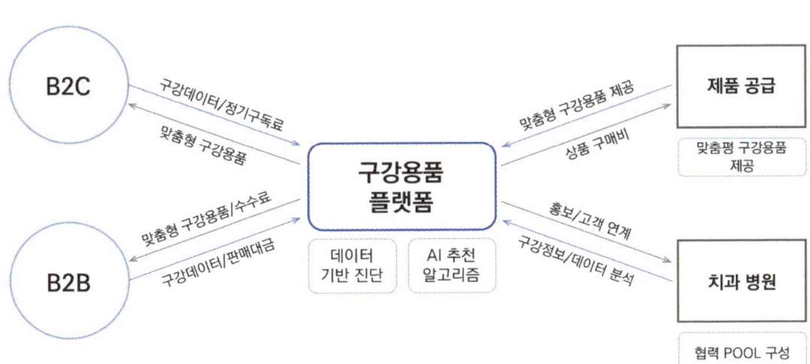

비즈니스 모델 도식화를 위해서는 ① 창업아이템(상품 또는 서비스)를 표현하고 ② 타깃 고객을 표현하고 ③ 타깃 고객에게 주는 것(상품 또는 서비스, 가치)과 ④ 받는 것(고객이 치르는 대가, 비용, 데이터 등)을 정의해야 한다. 그리고 사업화를 위해 구성되는 ⑤ 사업화 조직, 영업망, 판매채널 등 보유 자원과 인프라를 어떻게 활용할 것인지에 대한 전략을 수립하고 표현해야 한다.

비즈니스 모델 도식화를 완료했다고 해서 끝이 아니다. 중요한 것은 비즈니스 모델을 바탕으로 사업화를 성공시킬 수 있는 전략을 수립해야 한다. 창업아이템과 시장의 특성에 따라 사업화 전략은 달라질 수 있으며 창업자의 사업화 자원과 역량에 따라 다양한 전략의 수립이 가능하다. ▲목표 고객 확보 전략, ▲가치제안 및 전달 전략, ▲제품 생산 및 조달 전략, ▲마케팅 및 홍보 전략, ▲판매채널 확보 전략, ▲판로개척 전략, ▲수익창출 전략, ▲유지·보수 및 AS전략 등을 수립하여 사업계획서를 작성할 수 있다.

사업화 계획은 구체적일수록 좋다. 아이템의 시장 진출 시기, 홍보·유통 계획, 마케팅 계획 등을 객관적인 근거와 함께 제시해야 한다. ▲아이템 시장 진출 시기의 경우 아이템 개발부터 시제품 제작, 제품 인증, 생산 등 구체적인 계획이 현실적으로 반영되어야하며, ▲홍보·유통 계획은 제품 또는 서비스와 해당 시장의 특성을 반영한 채널 또는 경로확보를 위한 단계별 계획과 세부적인 방안을 제시해야 한다. ▲마케팅 전략의 경우 타깃 고객의 확보에 초점을 맞추어 마케팅 머터리얼 제작 및 활용, 채널별 마케팅 상세 계획, 마케팅 예산 등을 현실적으로 반영해야 한다. 또한 사업계획서의 분량 제한과 평가위원의 가독성을 높이기 위해 표나 그래프, 이미지 등을 활용하여 표현하는 것이 좋다.

사업화 전략은 제품 또는 서비스가 시장에 진출하여 고객에게 전달됨으로써 수익을 창출하는데 목적을 두어야 한다. 따라서 3. 성장전략_사업화 추진 전략의 작성은 창업아이템에 대한 시장의 이해와 분석을 바탕으로 비즈니스 모델을 수립하고 이를 실현하기 위한 사업화 전략을 제시하는 데 중점을 두어야 한다.

초기 스타트업이 창업아이템을 개발하여 사업화에 이르기까지 생존하기란 매우 어려우며, 생존을 위해서는 반드시 사업화 성과를 달성해야 한다. 즉, 스타트업이 운영될 수 있도록 매출을 통한 수익이 발생하거나 투자를 받아 운영 자금을 확보해야한다. 또한 사업화 성공을 위해 각 분야에서 일할 수 있는 사람을 고용해야 한다. 따라서 매출, 투자, 고용은 스타트업의 생존에 필수요소이다.

이를 위해서는 생산적 요소(기술, 인력, 재료, 시설, 장비 등)와 시장적 요소(시장의 규모와 특성, 성장률, 경쟁자, 유통, 홍보 및 마케팅, 판매 등), 경영적 요소(조직관리, 재무관리, 혁신관리, 기업윤리 등)를 종합적으로 고려하여야 한다. 또한 예비창업패키지에서는 스타트업 설립 후 생존을 위한 단기적(약 1~3년)인 전략 제시가 매우 중요하다.

첫째, 협약 기간 내(약 8개월) 달성하고자 하는 매출 목표를 수립하기 위해서는 제품 또는 서비스의 출시 예정 시점을 객관적인 관점에서 계획해야 한다. 제조업의 경우 초도 제품 생산 방식, 생산 능력, 생산 수량, 자재 및 부품 수급, 제조 원가, 판매 가격, 타깃 고객 등을 고려하여야 하며, 서비스업의 경우 초기 서비스 제공 범위, 비즈니스 모델에 따른 수익 실현 방법, 서비스 확장 및 계획, 서비스 제공 단가, 목표 고객 수, 유지·보수 및 관리 등을 고려하여 매출 계획을 수립해야 한다. 또한 매출 목표를 제시할 때 매출에 대한 근거자료를 제시해야 한다.

하지만 매출 목표를 처음 설정해야 하는 예비창업자에게는 생각보다 어려운 일이다. 따라서 간단하게 매출 목표를 설정하는 방법을 설명해 보고자 한다. 예를 들어 10대 후반에서 20대 초반 여성들이 주로 사용하는 휴대용 무선 헤어 고데기를 사업화하는 스타트업의 경우 아래와 같이 매출 계획을 수립해 볼 수 있다.

표 1 무선 헤어 고데기 매출 계획_예시

구 분	내 용	비 고
제품 출시 예정일	2024. 09. 01	–
타깃 고객	18세~24세 여성	1차 타깃 고객
판매 채널 및 유통 경로	네이버/쿠팡 등 온라인 마켓(B2C)	–
생산 방법	부품 아웃소싱 및 자체 조립 생산	아웃소싱 업체 협약 완료
초도 생산 수량	1,000개	
예상 판매량	1,000개	협약기간 내
판매가격	49,000원	–
매출액	49,000,000원 (판매량 1,000 X 판매가격 49,000)	협약기간 내

협약 기간 내에 매출을 달성하기란 쉽지 않다. 그만큼 철저한 계획을 세우고, 완벽에 가까운 준비가 되어있어야 하며, 치열하게 경쟁하고 있는 시장에서 생존하기 위해서는 반드시 사업화에 성공하여 매출을 달성해야 한다.

둘째, 협약 기간 내(약 8개월) 투자 목표를 수립하기 위해서는 먼저 사업화 진행 단계에서 소요되는 자금 규모와 집행계획이 수립되어야 한다. 소요되는 자금의 구성은 창업아이템마다, 사업화 진행 정도에 따라 달라질 수 있으며, 시제품 제작, 신제품 연구개발, 프로그램 구매, 시설·장비 투자, 부품 또는 재료 구매, 제품 생산, 마케팅 및 홍보, 급여와 운영비 등 다양하다. 창업자의 자본이 풍부하면 자기자본을 투자하면 된다. 하지만 많은 스타트업은 사업화 자금이 부족한 것이 현실이다.

표 2 스타트업 투자 시리즈별 구분

구 분	성장 단계	투자 규모	투자자
시드 (Seed) 단계	• 창업 초기 단계(성장 가능성 판단) • 창업아이템을 프로토타입 또는 베타 서비스로 구축하는 단계	몇백~10억 미만 수준	창업자, 지인, 가족, 엔젤투자자, VC, 엑셀러레이터 등
시리즈 A	• 창업아이템 초기 버전을 정식으로 시장에 론칭하는 단계 • 초기 시장 진입 및 고객 확보	10억~20억 수준	엔젤투자자, VC 등
시리즈 B	• 창업아이템이 시장에서 가능성을 검증받은 단계 • 시장점유율을 높이기 위한 투자	20억~100억 수준	VC 등
시리즈 C	• 시장에서 검증된 창업아이템을 통해 상당한 수익 창출 실현 단계 • 공격적 확장 및 신규 시장 진출	100억 이상 수준	VC, 헤지펀드, 투자은행, 사모펀드 등

스타트업은 투자에 대한 전반적인 계획을 수립하고 필요한 투자 자금의 규모와 적절한 시점에 투자유치를 성공시키기 위해 노력하고 준비해야 한다. 사업계획서에서 투자 목표를 작성하기 위해서는 스타트업의 투자에 대한 전반적인 이해가 필요하다.

스타트업의 투자는 성장 단계와 투자 회차 및 규모에 따라 구분되며, 일반적으로 "시드(Seed) 단계 → 시리즈 A → 시리즈 B → 시리즈 C"로 구분된다. 물론 더 큰 성장을 목표로 시리즈 D, E 이상으로 투자를 유치하기도 한다.

예비창업 단계, 특히 협약 기간 내에는 '시드(Seed) 단계' 투자유치를 고려해야 한다. 물론 시드 단계 투자유치 후 어느 정도 성장 단계에 이르렀다면 시리즈 A단계 투자유치도 가능하다. 시드 단계는 창업 초기에 진행되며, 창업 아이디어를 프로토타입이나 베타 서비스로 구축하는 단계에서 투자를 유치한다. 즉, 창업 아이템과 비즈니스 모델의 성장 가능성을 보고 판단하는 것이다. 시드 단계 투자의 경우 초기 투자로 위험도가 높기 때문에 투자금액은 적은 편이며 주요 투자자는 창업자 본인, 지인, 가족, 엔젤 투자자, 엑셀러레이터, 마이크로 VC 등이 있다.

표 3 협약 기간 내 자금소요 및 투자 계획_예시

구 분	시기	소요금액(원)	자금 조달 방안
협약 기간 내 인건비, 임대료 등 운영 비용	'23.05 ~ '23.12	24,000,000	정부지원금
제품 디자인 개발	'23.05 ~ '23.06	13,000,000	정부지원금
제품 상세 설계	'23.06 ~ '23.07	8,000,000	자기자본
시제품 제작	'23.07 ~ '23.09	25,000,000	정부지원금
시험 및 검증	'23.10 ~ '23.11	5,000,000	자기자본
제품 초도 생산 (협약기간 내 계약 체결)	'23.11 ~ '24.02	40,000,000	투자유치
초기 마케팅 비용 (협약기간 내 계약 체결)	'23.12 ~ '24.02	20,000,000	투자유치
합 계		135,000,000	-

예비창업패키지지원사업의 협약 기간 내 투자 목표를 설정하기 위해서는 앞서 설명한 2. 실현 가능성_창업아이템의 개발 계획의 작성 내용을 기준으로 협약 기간 내 소요되는 자금에 대한 계획 또는 다음 단계에서 소요되는 자금에 대한 세부 계획을 수립

해야 한다. 자금 소요 계획 수립 후 자금 조달 방안을 계획하고 정부지원금 활용, 자기자본, 투자유치 융자 등에 대한 계획을 수립해야 한다.

위 <표 3>의 예시를 보면 협약 기간 내 소요되는 초기 사업화 비용은 1억 3천 5백만 원으로, 협약 기간 내 인건비, 임대료 등 운영비와 제품 디자인 개발, 시제품 제작 비용 62,000,000원(24,000,000+13,000,000+25,000,000)은 예비창업패키지 등 정부지원금으로 자금을 조달하고, 제품 상세 설계와 시험 및 검증 비용 13,000,000원(8,000,000+5,000,000)은 자기자본으로 자금을 조달하고, 제품 초도 생산비용과 초기 마케팅 비용 60,000,000원(40,000,000+20,000,000)은 시드 투자를 유치하여 자금을 조달할 수 있다. 따라서 위의 예시를 기준으로 투자 목표는 투자유치 금액 60,000,000원이다.

창업아이템의 사업화 실현을 위해서는 사업화 자금이 필요하며, 창업자의 자본이 풍부하면 자기자본을 투자하면 된다. 이미 사업화를 위한 자금이 확보된 경우에도 사업계획서에 작성하는 것이 좋다. 왜냐하면, 창업 아이디어를 인정받고 투자를 유치하는 것도 중요하지만 사업화를 위한 자금이 확보되어 사업화 실현이 가능한가 또한 매우 중요하기 때문이다.

만약, 자본이 부족하다면 자금 조달 계획을 세우고 협약 기간 내 투자유치를 준비하고 진행해야 한다. 특히, 최근에 창조경제혁신센터 등 창업지원기관에서 스타트업의 투자유치를 위한 IR전략 수립 컨설팅 및 교육을 진행하므로 적극적인 참여를 통해 투자 전략과 계획 수립이 가능하다. 투자유치에 대한 준비가 되어있는 창업자는 투자유치 계획과 계약서, 협약서 등을 같이 제시해주는 것이 좋다. 만약 투자유치에 대한 준비가 부족하다면 사전에 반드시 준비하고 투자유치 전략과 계획을 제시해야 한다.

셋째, 협약 기간 내(약 8개월) 고용에 관한 성과 목표를 수립하기 위해서는 먼저 고용에 관한 이해가 필요하다. 초기 창업자에게 고용은 매우 부담되는 사항이다. 고용은 고정 비용(인건비, 4대 보험, 식대, 복지비용 등)이 매월 발생한다. 따라서 고용은 매우 신중하게 고려하여 필요한 직무 분야에 인력을 채용해야 한다.

사업계획서에서 요구하는 고용은 4대 보험 가입이 기준이 된다. 4대 보험이 가입되지 않고 비정기적으로 또는 간혹 도와주거나 일을 같이하는 인력은 고용으로 볼 수 없다. 따라서 사업계획서에서 고용 목표로 산정할 수 있는 인원은 4대 보험 가입이 가능한 인력이다.

협약 기간 내 고용 목표를 수립하기 위해서 2. 실현 가능성_창업아이템의 개발 계획에서 작성된 협약 기간 내 진행되는 사업화 실현 계획과 3. 성장전략_사업화 추진 전략에서 작성한 사업화 내용을 바탕으로 인력 채용의 우선순위를 세우고 채용 시점을 정하여 목표를 설정한다. 아래의 <표 4>는 협약 기간 내 고용 목표에 대한 예시를 작성한 것이다.

표 4 협약 기간 내 고용 목표_예시

채용 분야	채용 시기	자격 요건	채용 인원
연구개발	23.09	SW 전공자, 개발 경력 2년 이상	1명
마케팅	23.11	경영학 전공자, 웹디자인 자격증 우대	1명
합 계			2명

초기 창업자 중에서 창업아이템 사업화를 위해 연구개발, 디자인, 마케팅 등 다양한 분야의 인력이 필요한데, 자금이 부족하여 필요한 모든 인력을 채용하기 어렵다고 고민하는 창업자들이 있다. 이때 고려해야 할 사항은 인력 채용 분야 직무가 창업 아이템 개발 및 사업화의 핵심 직무인지, 지속적/정기적으로 발생하는 직무인지, 채용했을 때 외주 의뢰 비용 대비 저렴하거나 장점이 있는지 등을 종합적으로 고려하여 고용 계획을 수립해야 한다.

협약 기간 내 매출, 투자, 고용의 성과 이외에 사업화와 관련된 성과를 추가로 작성할 수 있다. 예를 들어 창업아이템의 특성상 바로 매출이 일어나기에 시간이 부족하다면 거래처 확보와 계약 건수, 바이어와 상담 횟수 등 정량적으로 측정이 가능한 사항을 사업화 성과로 추가 제시할 수 있다. 따라서 사업계획서 작성 시 협약 기간 내 달성할 수 있는 사업화 성과가 무엇이 있는지 다각적으로 고민하여 작성할 필요성이 있다.

다음은 3. 성장전략_사업화 추진전략에서 사업추진 일정(전체 사업단계)에 대한 표 양식을 작성 것에 관한 내용이다. 아래 <그림 78>은 사업계획서의 사업추진 일정(전체 사업단계) 표이다.

그림 78 ❙ 3. 성장전략_사업화 추진 전략의 〈사업추진 일정(전체 사업단계)〉 표

< 사업추진 일정(전체 사업단계) >

구분	추진 내용	추진 기간	세부 내용
1	*시제품 설계*	*00년 상반기*	*시제품 설계 및 프로토타입 제작*
2	*시제품 제작*	*00.00 ~ 00.00*	*외주 용역을 통한 시제품 제작*
3	*정식 출시*	*00년 하반기*	*신제품 출시*
4	*신제품 홍보 프로모션 진행*	*00.00 ~ 00.00*	*OO, OO 프로모션 진행*
...			

위 <그림 78>에는 사업추진 일정(전체 사업단계)에 대한 표를 작성하게 되어있으며 추진 내용, 추진 기간, 세부 내용을 작성해야 한다. 표의 세부 내용 작성 기준은 각 단계의 목표에 대한 계획을 수립하는 것으로, 사업화 단계별 목표는 아직 실현 전이지만 실현이 완료되었을 때 나타나는 결과 또는 성과가 기준이 된다. 예를 들면 설계를 완료하면 설계도면, 3D파일이 결과물이 되고, 품질 검사 및 인증 취득을 완료하면 검사결과서, 인증서가 결과물이 되며, 매출 발생의 경우 세금계산서나 매출전표, 계약서 등이 성과물이 된다.

사업추진 일정(전체 사업단계) 표는 창업아이템의 시작부터 사업화까지의 전체기간을 구체화하여 표로 작성하는 것이 중요하다. 사업화 진행현황에 따라 다르겠지만 스타트업 설립 이후 단기적(약 1~2년) 전략을 제시해야 한다. 즉, 협약 기간 이후 창업 아이템의 사업화 단계와 향후 창업 아이템의 고도화 방향까지 제시되어야 한다. 또한 유통 및 판로 확보, 제품의 홍보와 마케팅에 대한 세부 실행 전략을 제시해야 한다. 그리고 단기적 관점에서 스타트업의 성장 로드맵과 이를 바탕으로 한 투자유치 전략이 제시되어야 한다. 이를 위해 사업화 전체 로드맵을 그려보는 것이 매우 중요하다.

사업화 전체 로드맵은 창업아이템의 사업화 목적을 달성하기 위하여 진행하게 되는 전체적인 과정으로, 세부적인 시간 흐름의 관점에서 전체적인 사업의 종합적인 추진

일정과 목표를 바탕으로 작성해야 하며, 제품 또는 서비스의 개발, 양산화 방안, 마케팅 및 판매 전략을 통한 매출 달성 목표, 이윤 확보 등의 목표를 제시해야 한다. 아래 <그림 79>는 사업 전체 로드맵을 간트차트 형식으로 나타낸 것이며, <그림 80>은 사업 전체 로드맵을 이미지화하여 나타낸 것이다.

그림 79 ▎사업 전체 로드맵_간트차트 형식

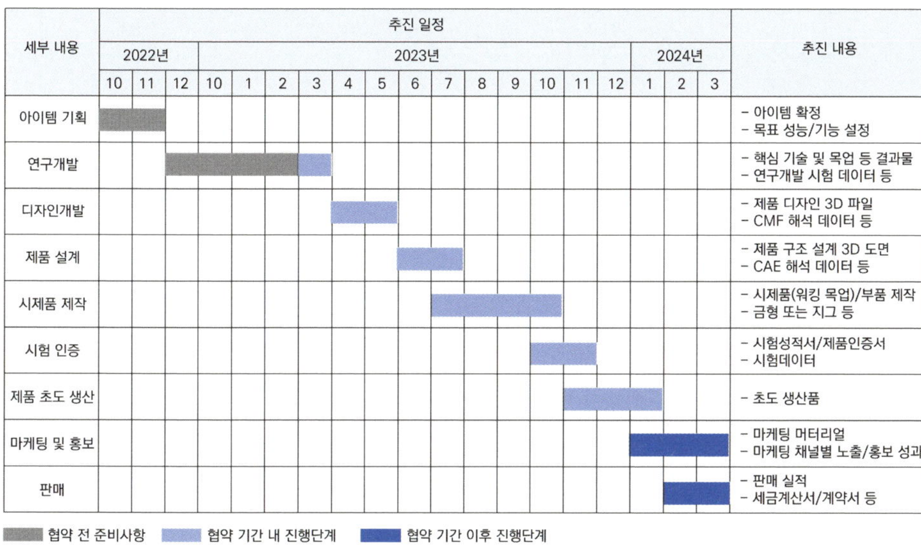

그림 80 ▎사업 전체 로드맵_이미지화 표현

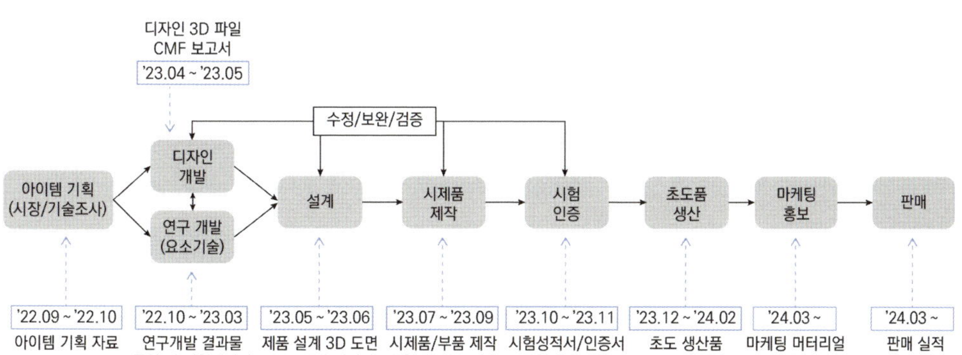

사업계획서 내 공간적인 여유가 된다면 간트차트 형식 또는 이미지화하여 표현할 수 있다. 물론 사업계획서 양식을 삭제하거나 수정하면 안되기 때문에 사업계획서 양식에 제시된 사업추진 일정 표 작성 후 이해를 돕기 위해 추가하거나 대면 평가 시 활용할 PPT 발표 자료에 활용하는 것이 좋다.

다음은 자금확보 전략이다. 본 지원사업으로 지원되는 정부지원금 이외에 창업 아이템 사업화 또는 회사 설립에 필요한 소요자금을 도출하고 이에 대한 자금 조달계획을 수립하여 작성해야 한다.

자금 조달 방법은 여러 가지가 있으며, 대표적인 자금 조달 방법은 ① 자기자본 조달, ② 투자유치, ③ 사업화 자금 융자, ④ 타 정부지원사업 지원금 활용 등이 있다.

첫 번째는 자기자본 조달이다. 창업자의 자금이 넉넉하면 자기자본으로 조달할 수 있으며, 이에 대한 계획을 작성한다. 소요자금 중 일부만 자기자본으로 조달할 경우에도 어떤 자금으로 활용할 계획인지에 대해 작성하면 된다. 간혹 창업자 중 사업계획서 작성 시 자기자본 조달에 대하여 구체적으로 작성하지 않는 경우가 있다. 사업계획서에서 중요한 것은 소요자금에 대한 자금조달 계획을 통해 사업화 실현가능성 및 회사의 지속 운영가능성에 대해 평가하는 것이므로 자기자본 조달계획 역시 구체적으로 작성하는 것이 좋다.

두 번째는 투자유치이며, 협약 기간 이후 투자유치에 대한 계획과 IR전략 수립 후 작성해야 한다. 스타트업 투자 시리즈별 구분과 내용은 앞서 설명한 <표 2> 스타트업 투자 시리즈별 구분과 투자 목표 설정 부분을 참고하기 바란다. 시드(Seed) 단계 투자유치의 경우 엔젤투자자, 엑셀러레이터, 마이크로 VC 등에게 투자를 유치할 수 있지만 가족이나 지인에게 투자 받기도 한다. 창업자의 사업화 계획과 창업아이템의 기술성, 시장성, 사업성, 구현 정도 등에 따라 시리즈 A, B까지 유치할 수도 있다. 투자유치 계획 작성 시 이미 협약 또는 계약된 투자처가 있다면 협약서나 계약서를 제시하는 것이 좋으며, 확정된 투자처가 없더라도 투자유치를 위한 구체적인 전략을 수립하여 작성해야 한다. 투자유치에 대한 전략을 수립하기 위해서는 창업자가 투자에 대한 지식과 이해가 필요하며, 창조경제혁신센터 등 창업지원기관에서 스타트업의 투자유치를 위한 IR전략 수립 컨설팅 및 교육 등을 진행하므로 적극적인 참여를 통해 투자 전략과 계획 수립이 가능하니 참고 바란다.

세 번째는 사업화 자금 융자이다. 정책자금 융자를 활용할 수 있으며, 중소벤처기업진흥공단(www.kosmes.or.kr)이나 소상공인시장진흥공단(www.semas.or.kr)에서 시행한다. 해당 기관 사이트나 중소벤처기업부 홈페이지(www.mss.go.kr) 등에서 공고를 확인할 수 있다. 정부지원사업과 유사한 형태로 공고되며, 공고문 확인 및 신청·접수 후 평가를 통해 선정되면 지원을 받을 수 있다. 정책자금 융자는 비교적 장기간 동안 매우 저렴한 금리로 자금을 빌릴 수 있으므로 융자로 자금을 확보할 계획이 있는 창업자라면 적극적으로 활용하는 것이 좋다. 또한 우수한 특허 기술 등을 보유하고 있는 창업자라면 기술보증기금의 R&D융자 연계 프로그램 등을 통해서 자금을 지원받을 수 있다. 일반적으로 은행 등 금융기관을 통한 융자는 담보가 있어야 하며 담보가 있는 창업자는 대출이 가능하지만, 담보가 없는 경우 대출이 어렵다. 따라서 담보가 없는 경우 특정 조건을 갖춘 기업을 대상으로 기술보증기금(www.kibo.or.kr)이나 신용보증기금(www.kodit.co.kr)의 평가를 통해 담보 문제를 해소하고 보증을 받을 수 있으니 참고 바란다.

네 번째는 타 정부지원사업 지원금 활용이다. 앞서 설명한 융자의 경우 상환기간이 도래하면 융자금액을 상환해야 할 뿐만 아니라 융자 기간 동안 이자 비용이 발생한다. 하지만 정부지원사업을 통해 사업화 자금 또는 R&D 자금 및 경영 자금을 확보하면 상환하지 않아도 되고 이자 비용 또한 발생하지 않는다. 물론 과제에 따라 일정 금액만큼 기업부담금 및 기술료를 부담해야 하는 경우가 있으나 융자에 비해 부담하는 금액은 매우 적은 편이다. 따라서 정부지원사업의 지원금을 적극적으로 활용할 것을 권장한다.

정부지원사업 지원금 활용에 대한 계획을 수립하기 위해서는 단기적으로 창업아이템 사업화 로드맵과 장기적으로 기업 성장 로드맵을 수립하고 이에 대한 창업아이템의 사업화 단계 또는 고도화 계획에 따라 정부지원금 활용 계획을 수립할 수 있다. 정부지원사업을 활용하기 위해 가장 먼저 해야 할 것은 정부지원사업 공고에 대한 정보를 얻는 것이다. 정부지원사업 공고에 대한 정보를 얻기 위해서는 정부지원사업을 운영하고 관리하는 지원기관에 대해 알아야 한다.

그림 81 ▌사업화 단계별 정부 사업지원 내용 및 지원기관 예시

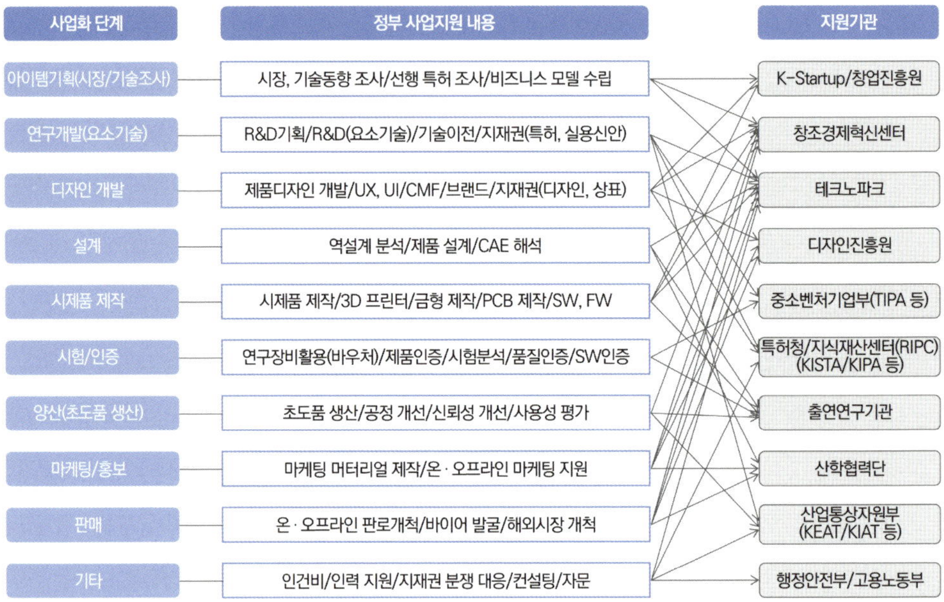

위 <그림 81>은 사업화 단계별 정부 지원사업 내용 및 지원기관의 예시이다. 정부지원사업을 지원해주는 기관은 중소벤처기업부, 산업통상자원부 등과 같은 중앙부처부터 테크노파크, 디자인진흥원, 지식재산센터 등 지역 내 연계 지원기관과 출연연, 대학까지 매우 다양하다. 특히, 스타트업이라면 창업진흥원, K－Startup, 창조경제혁신센터 등에서 스타트업 또는 초기창업기업을 대상으로 다양한 사업을 지원해준다. 또한 아이템에 따라 중소벤처기업부 등에서 지원하는 사업과 성격이 다를 수 있다. 예를 들어 관광 콘텐츠와 관련된 아이템은 한국관광공사의 관광벤처지원사업에 신청할 수 있으며, 농산물 관련 식품 창업아이템의 경우 한국농업기술원의 농식품창업지원사업에 신청할 수 있다. 따라서 지원기관의 설립 취지와 목적을 이해하고 지원 범위와 분야를 파악할 필요가 있다. 정부지원사업의 정보를 습득하기 위해서는 지원 기관의 홈페이지나 관련 사이트 또는 플랫폼에 자주 접속하여 사업공고를 확인해야 한다.

다시 한번 말하지만 “역사는 반복된다.” 정부지원사업은 해마다 동일한 기관에서 비슷한 시기에 같거나 유사한 정부지원 사업이 공고되기 때문에 정보 획득은 경험이 많은 사람이 유리하다. 이미 신청 시기가 지나간 사업이라도 향후 필요한 사업이라면 눈

여겨보았다가 향후 활용 계획을 세우는 것이 좋다.

아래 <그림 82>는 창업기업 단계별 자금 확보를 위한 창업지원사업 활용 로드맵으로 정부지원을 통한 창업기업의 자금 조달계획 수립 시 참고하기 바란다.

그림 82 | 창업지원사업 활용 로드맵

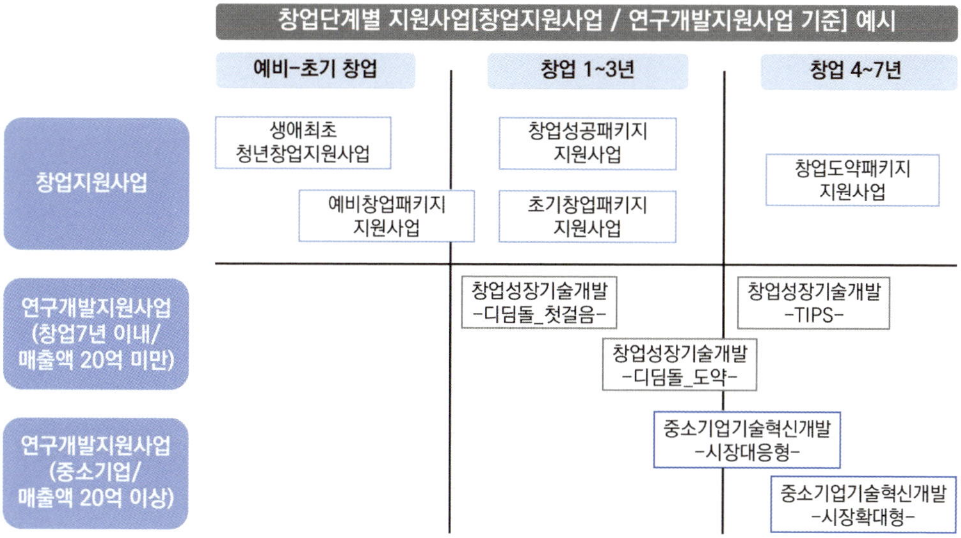

위 <그림 82>의 창업지원사업 로드맵은 중소벤처기업부, 창업진흥원의 지원사업 기준이다. 예비-초기 창업 단계기업은 창업을 준비하고 있으며 사업자등록 이전 단계로 생애최초청년창업지원사업과 예비창업패키지지원사업을 신청할 수 있다. 물론 각 사업의 신청 자격 요건을 충족해야 하며, 예비-초기 창업단계에서 초기 아이템의 사업화를 위하여 활용할 수 있다. 창업 1~3년 단계의 기업은 창업성공패키지지원사업과 초기창업패키지지원사업을 신청할 수 있으며 기존 창업 아이템의 고도화 또는 신제품의 사업화 단계에서 활용할 수 있다. 창업 4~7년 단계의 기업은 창업도약패키지지원사업을 신청할 수 있으며 보다 적극적인 시장 진입 및 확대를 위한 아이템 사업화를 위해 활용할 수 있다. 또한 타 기관이나 지자체 등에서도 다양한 창업지원 또는 사업화 지원사업들이 있으니 자격 요건 충족과 중복수혜 여부 등을 확인 후 신청할 수 있다.

연구개발지원사업 또한 중소벤처기업부 지원사업 기준이며, 창업 7년 이내 매출액 20억 미만일 경우 창업성장기술개발사업 디딤돌_첫걸음, 디딤돌_도약, TIPS사업을 활용할 수 있다. 예비－초기 창업단계에서는 디딤돌_첫걸음 사업부터 신청하는 것을 권장하며, TIPS의 경우 투자요건 등을 충족해야 하므로 사전 준비가 필요하다. 창업기업 중에서 중소기업으로 매출액 20억 이상일 경우 중소기업기술혁신개발사업의 시장대응형과 시장확대형 사업을 신청할 수 있다. 아이템 또는 타깃 시장에 따라 수출지향형이나 소부장(소재·부품·장비)일반 과제로 신청할 수도 있다. 연구개발지원사업 역시 타 기관이나 지자체 등에서 지원하는 사업에 참여 가능하니 자격 요건 충족과 중복수혜 여부 등을 확인 후 신청할 수 있다. 연구개발지원사업의 경우 창업 지원 또는 사업화 과제와 다른 부분이 많으므로 추후 별도의 책을 통해 자세히 설명하도록 하겠다.

다음은 중장기 사회적 가치 도입계획이다. 최근 사업계획서 양식이 개정되면서 환경, 사회, 지배구조에 대한 사회적 가치를 통한 지속가능한 경영을 실현하기 위해 새롭게 도입된 내용이다.

기업의 1차원적 목적은 이윤 창출이다. 하지만 지속가능한 경영을 위해서 비재무적인 요인들을 고려해야 한다. 중장기 사회적 가치 도입계획은 환경(Environment), 사회(Social), 지배구조(Governance)의 관점, 즉, ESG경영을 의미하며, 이는 환경, 사회, 지배구조 이슈를 통합적으로 고려하여 기업의 의사결정과 조직 운영을 수행하는 것이다.

ESG경영에서 환경(Environment)은 기업 경영활동에서 주변 환경에 미치는 영향을 의미하며 에너지소비, 폐기물처리, 자원의 사용 등에 대하여 환경적 영향을 고려하고 대책을 마련하여 환경적 책임을 다함으로써 경제발전과 환경보호의 균형을 이루어내고자 하는 것이다. 예를 들어 친환경 재료 또는 친환경 패키지를 적용하는 것도 좋은 방법이다.

사회(Social)는 기업의 사회적 책임에 대한 것을 의미하며 근로환경과 복지, 다양성 존중, 공정한 노동 조건, 포용, 고객 및 공급망의 안전, 지역사회 기여, 지역 기관과 관계 등 사회적 요소를 고려해야 한다. 사회적으로 윤리적이고 공정한 기업 문화 구축과 지속가능한 사회적 발전과 공공이익을 위한 기여를 목표로 삼아야 한다.

지배구조(Governance)는 기업 경영의 투명성을 의미한다. 기업의 의사결정과정, 기업의 구조와 정책 등이 민주적이고 책임 있는 방식으로 운영되는지 평가한다. 기업의 경영방침과 결정에 대한 투명성, 경영진의 윤리적 행동, 이사회의 역할 및 책임 등이 지배구조의 영역에 해당한다. 좋은 지배구조는 기업의 지속가능성과 신뢰도를 높이고, 이해관계자들에게 신뢰와 안정성을 제공하며, 지속가능한 경영을 위한 전략과 목표를 수립하고 추진하게 한다.

예비 창업단계에서 ESG경영에 대한 전략과 계획을 수립하기란 쉽지 않다. 하지만 지속가능한 경영을 위해 중장기적인 전략을 세우고 실행해야 한다. 기업의 재무적인 요소뿐만 아니라 환경, 사회, 지배구조 이슈를 통합적으로 고려하여 경영전략을 수립하고 수행해야 한다.

중장기 사회적 가치 도입계획의 작성은 창업아이템 및 비즈니스 모델, 기업 성장전략, 경영전략과 방침, 조직문화 등에서 환경, 사회, 지배구조 측면에서 무엇을 적용하고 어떻게 성장할 것인지에 대한 계획을 수립하여 지속가능한 기업을 이루어 가는 것에 중점을 두고 작성해야 한다. 예비창업기업이므로 처음부터 거창하고 완벽할 필요는 없다. 실제 실현이 가능하고 효과를 달성할 수 있는 것부터 계획하는 것이 좋다.

5. Team(팀 구성) 작성 팁

팀 구성은 누가(Who) 스타트업을 설립하여 창업아이템을 사업화하고 비즈니스 모델을 실현할 것인가, 그리고 어떠한 역량과 인프라를 보유하고 있으며 어떻게 활용할 수 있는가에 대하여 작성하는 것이다. 좋은 창업아이템과 훌륭한 비즈니스 모델이 있더라도 이를 실현할 수 있는 인력과 역량이 없다면 성공할 수 없다.

4. 팀 구성_대표자 및 팀원 구성 계획 작성 시 유의해야 할 사항은 공정한 평가를 위해 창업자 또는 팀원의 성명, 성별, 생년월일, 출신학교, 소재지 등의 개인 유추 가

능한 정보는 삭제하거나 마스킹 처리해야 한다. 따라서 대표자나 팀원의 역량을 나타낼 수 있는 학력, 전공, 직장, 직업, 경력, 주요 수행업무 등에 대해서만 작성할 수 있다. 작성자의 실수로 마스킹해야 할 부분을 처리하지 않으면 평가 시 불이익을 당할 수 있으니 유의하기 바란다.

그림 83 | 4. 팀 구성_대표자 및 팀원 구성 계획

4. 팀 구성 (Team)_대표자 및 팀원 구성 계획

※ 성명, 성별, 생년월일, 출신학교, 소재지 등의 개인정보(유추 가능한 정보)는 삭제 또는 마스킹 [학력] (전문)학·석·박사, 학과·전공 등, [직장] 직업, 주요 수행업무 등만 작성 가능

※ 대표자 보유 역량(경영 능력, 경력·학력, 기술력, 노하우, 인적 네트워크 등) 기재
 * 역량 : 창업 아이템을 개발 또는 구체화할 수 있는 능력
 * 유사 경험, 정부 지원사업 수행 이력, 관련 교육 이수 현황, 관련 수상 실적 등 포함
※ 팀에서 보유 또는 보유할 예정인 장비·시설, 직원 역량(경력·학력, 기술력, 노하우 등) 기재
※ 협약기간 내 채용 예정인 인력에 대해서 기재
※ 제품·서비스 개발 및 구체화 등과 관련하여 협력(또는 예정)인 파트너, 협력 기관(기업) 등 역량과 주요 협업(협력) 내용 등 기재

○

-

-

< 팀 구성(안) >

구분	직위	담당 업무	보유 역량(경력 및 학력 등)	구성 상태
1	공동대표	S/W 개발 총괄	OO학 박사, OO학과 교수 재직(00년)	완료('00.00)
2	대리	홍보 및 마케팅	OO학 학사, OO 관련 경력(00년 이상)	예정('00.00)
…				

위 <그림 83>은 4. 팀구성_대표자 및 팀원 구성 계획 작성 양식이다. 스타트업에서 가장 중요한 것이 바로 대표자의 보유역량으로 창업아이템 개발, 비즈니스 모델 구체화 및 실현에 초점을 맞추어 대표자의 역량을 작성하는 것이 좋다. 따라서 창업아이템 개발 역량과 경영 역량을 구분하여 작성할 것을 권장한다.

창업아이템 개발 역량은 관련 분야의 경력, 학력, 기술력, 노하우 등을 작성할 수 있으며 보유하고 있는 창업아이템 개발 역량을 활용하여 창업아이템 개발과 사업화에 어떻게 활용할 수 있는지 어필하는 것이 중요하다. 경영 역량은 창업자의 경영 능력과 관련한 경력, 학력, 노하우 등을 작성할 수 있고 보유하고 있는 경영 역량을 활용하여 비즈니스 모델 실현과 회사 설립, 운영에 어떻게 활용할 수 있는지 어필하는 것이 중요하다. 또한 유사 경험이나 관련 정부지원사업 수행 또는 참여 이력, 교육 이수 현황, 수상 실적 등이 있으면 작성하는 것이 좋다.

다음은 창업 팀에서 채용이 완료된 인력과 역량 또는 협약 기간 내 채용 예정인 인력과 채용 예정 인력의 역량 수준을 작성해야 한다. 팀원의 역량 또한 경력, 학력, 기술력, 노하우 등을 바탕으로 창업아이템 개발과 사업화에 어떻게 활용할 수 있는지 어필하는 것이 중요하다.

협약 기간 내 팀원 채용은 협약 기간 내 고용 목표의 채용 인원과 채용 분야가 일치해야 한다. 앞서 설명한 대로 팀원의 채용은 협약 기간 내 창업아이템의 사업화 실현 계획과 비즈니스 모델 구체화에 필요한 인력을 바탕으로 우선순위를 세우고 채용 시점을 정하여 목표를 설정해야 하며, 팀을 구성하는 인력의 직무가 창업 아이템 개발 및 사업화의 핵심 직무인지, 지속적/정기적으로 발생하는 직무인지, 채용했을 때 외주 의뢰 비용 대비 저렴하거나 장점이 있는지 등을 종합적으로 고려하여 채용 계획 수립 후 작성해야 한다.

또한 창업팀에서 보유 또는 보유 예정인 장비·시설에 대하여 작성해야 한다. 장비·시설은 창업아이템의 개발, 시험, 생산 등과 관련되거나 서비스 구현, 비즈니스 모델 실현 등과 관련된 장비·시설이어야 한다.

채용 예정이 없는 1인 창업팀일 경우 대표자의 역량과 보유 또는 보유 예정인 장비·시설 등을 중심으로 기재해야 한다. 이때 대표자의 역량이 창업아이템 개발부터 비즈니스 모델 실현까지 사업화의 전반적인 부분에 대한 역량을 보유하고 있으면 좋으나 모든 역량을 모두 다 보유하고 있는 창업자는 흔하지 않다. 창업아이템 사업화 실현에 있어 부족한 역량이 있을 경우, 다음에 작성하게 될 협력 기관 현황 및 협업 방안을 통해 부족한 역량을 어떻게 보완할 것인지 작성해야 한다.

다음은 외부 협력 기관 현황 및 협업 방안이다. 창업아이템의 개발 및 사업화와 관련하여 대표자나 팀원 이외 본 사업을 수행하기 위해서 협력 또는 협력 예정인 외부 기업, 기관, 교수, 전문가 등을 작성하고 외부 협력기관이 보유하고 있는 역량과 세부 협력 사항을 기재해야 한다. 즉, 어떤 외부 협력기관과 언제, 어떻게 협력할 것인가에 대한 전략과 계획을 수립해야 한다. 아래 <그림 84>는 협력 기관 현황 및 협업 방안 표의 양식이다.

그림 84 | 4. 협력 기관 현황 및 협업 방안 표

< 협력 기관 현황 및 협업 방안 >

구분	파트너명	보유 역량	협업 방안	협력 시기
1	○○전자	시제품 관련 H/W 제작·개발	테스트 장비 지원	00.00
2	○○기업	S/W 제작·개발	웹사이트 제작 용역	00.00
...				

외부 협력기관에 대한 인프라나 Pool이 잘 형성되어 있고 각 사업화 단계에서 대표자와 창업팀 역량의 부족한 부분에 대하여 협력 계획이 수립되어 있다면 쉽게 작성할 수 있다. 하지만 외부 협력기관에 대한 인프라나 Pool이 형성되어 있지 않고 협업 방안이 수립되지 않은 창업자라면 창업아이템의 각 사업화 단계에서 자체적으로 실현하기 어려운 부분을 도출하고 이를 해결하기 위해 협업 또는 협력할 수 있는 파트너, 외부 기관, 기업 등과 인프라를 구성하고 계획을 수립해야 한다. 아래 <그림 85>는 외부 협력기관 현황 및 협업 방안에 대한 예시이다.

그림 85 ▌외부 협력기관 협업 방안에 대한 예시

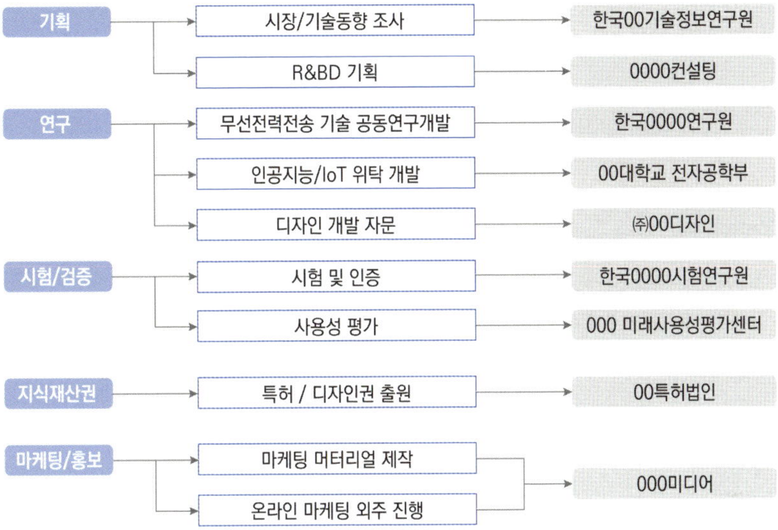

4. 팀 구성_대표자 및 팀원 구성 계획의 작성에서 가장 중요한 것은 "누가, 보유역량"을 언제, 어떻게 활용하여 창업아이템의 사업화를 실현해 나아갈 것인가에 대해 초점을 맞추고 작성해야 한다.

지금까지 책의 본문을 통해 예비창업패키지 공고문 분석과 사업계획서 작성 방법에 대한 노하우를 알려주었다. 사업계획서 작성 방법에서 알려준 모든 것을 완벽하게 적용할 필요는 없다. 사업계획서의 제출 분량이 15페이지 내외로 정해져 있고 모든 것을 자세하게 작성하기에는 공간이 부족하다. 또한 사업계획서 분량을 많이 작성한다고 좋은 것도 아니다. 중요한 것은 창업아이템의 사업화 전략과 비즈니스 모델의 방향성을 사업계획서 구조와 목차에 대한 이해를 바탕으로, 명확하게 표현하고, 평가위원을 설득할 수 있는 논리구조를 통해 창업아이템의 기술성, 시장성, 사업성을 표현하는 것이다.

정부에서 지원하는 정부창업지원사업은 매년 공고문 내용과 사업계획서 양식이 조금씩 변경된다. 창업지원사업의 큰 틀은 변경되지 않기 때문에 공고문이나 양식이 조금씩 변경되더라도 본 저서의 내용이 사업계획서를 작성하고 지원사업을 신청하는 데 많은 도움이 될 것이다. 본 저서는 2025년 예비창업패키지 지원사업 기준으로 작성되었다. 따라서 향후 정부창업지원사업에 지원하는 창업자(예비창업자)는 해마다 고시되는 공고문과 사업계획서 양식을 잘 살펴보고 변경되는 기준에 맞추어 작성 및 신청해야 함을 명심해야 한다.

그림 86 ▌2025년 예비창업패키지 증빙서류 제출 목록

별첨 2 **증빙서류 제출목록 안내** ※ 본 페이지는 삭제 후 제출

※ **'공통서류', '기타 참고자료'와 '가점관련 증빙서류', '부동산 임대업 보유자 증빙서류'는 신청 시 제출하고, 서류평가 통과자에 한하여 '창업사실 확인서류', '창업여부 확인서' 등의 서류를 주관기관 안내에 따라 제출**

구 분		제출 서류
신청자격 증빙서류	①	(필수) **대표자(신청자) 신분증 사본 [붙임 1]** - 주민등록증, 운전면허증, 여권(구형) 중 1개 (학생증 불가)
가점 증빙서류	①	(해당 시) **인공지능(융합혁신) 대학원 졸업 증빙 [붙임 2]** < 인공지능(융합혁신) 대학원 > ① **인공지능대학원** : 고려대학교, 광주과학기술원(GIST), 서울대학교, 성균관대학교, 연세대학교, 울산과학기술원, 중앙대학교, 포항공과대학교, 한양대학교, 한국과학기술원(KAIST) ② **인공지능융합혁신대학원** : 경희대학교, 동국대학교, 부산대학교, 아주대학교, 이화여자대학교, 인하대학교, 전남대학교, 충남대학교, 한양대학교 ERICA
	②	(해당 시) **최근 2년 이내 ('23.2.17.~'25.2.16.) 정부 주관 전국 규모 창업경진대회 장관급 이상 훈격 수상 증빙 [붙임 3]** - 입상실적 증명원 또는 상장 사본
서류평가 면제 증빙서류		(해당 시) **성실경영 심층평가 통과 증빙 [붙임 4]** [구 분] • '성실경영 심층평가' 통과자 중 '청년' - 성실경영 평가(중소기업창업 지원법 제43조) 통과자 * 청년 : 공고일 기준 만 39세 이하 청년 [제출 서류(별첨)] 성실경영 심층평가 통과 확인증 1부
부동산 임대업 보유자		(해당 시) **신청자 명의 사업자등록증 사본 [붙임 5]** - 공고일('25.2.17.) 이후 발급서류에 한함
		(해당 시) **신청자 명의 건강보험자격득실확인서 [붙임 6]** - 4대 사회보험 가입자 명부 대체 제출 가능 - 공고일('25.2.17.) 이후 발급서류에 한함
기타 증빙서류		(해당 시) **제출한 자료 외 사업계획서 평가에 참고할 수 있는 증빙 (특허, 아이템 도면, 투자계약, 수출계약 등) [붙임 7]**

위 <그림 86>은 2025년 예비창업패키지 증빙서류 제출 목록이다. 사업계획서 작성이 완료되면 증빙서류 제출 목록을 참고하고 준비하여 시스템(k-Startup 누리집)에 파일 업로드 후 신청을 완료하면 된다. 증빙서류는 제출 목록에 제시된 모든 서류를 빠짐없이 꼼꼼히 준비하여 제출해야 한다. 아래 <그림 87>부터 <그림 92>까지는 사업계획서 마지막 부분에 첨부하는 증빙서류 제출 양식이다. 해당되는 증빙서류는 사업계획서 제출 시 아래 양식에 이미지화하여 삽입 후 제출하면 된다.

그림 87 ❙ 대표자[신청자] 신분증 사본

[붙임 1]

(필수) 대표자(신청자) 신분증 사본
※ 모든 붙임 목록은 페이지 추가 가능하며, *해당 내용이 식별 가능하도록 스캔 요망* *주민등록증, 운전면허증, 여권(구형) 중 1개(학생증 불가)*

그림 88 | 인공지능[융합혁신] 대학원 졸업 증빙

[붙임 2]

(해당 시) 인공지능(융합혁신) 대학원 졸업 증빙

제출내용 ※ 삭제 후 제출

※ 공고일 기준 인공지능(융합혁신) 대학원을 졸업하여 졸업증명서를 보유한 경우

- 인공지능대학원(10개) : 고려대, 광주과학기술원, 서울대, 성균관대, 연세대, 울산과학기술원, 중앙대, 포항공대, 한양대, KAIST
- 인공지능융합혁신대학원(9개) : 경희대, 동국대, 부산대, 아주대, 이화여대, 인하대, 전남대, 충남대, 한양대 ERICA

* 학과 전과자인 경우 최종 학위가 인공지능(융합혁신) 분야인 경우에 한하여 인정

※ 제출서류

- 인공지능(융합혁신) 대학원 졸업증명서 1부.

스캔본 첨부 또는 별도 제출 가능

※ 해당 파일에 스캔본을 첨부하지 않고 별도 파일로 제출 시,
하나의 PDF 파일로 변환하여 제출 필요 (ZIP 파일 불가)

그림 89 | 정부 주관 전국 규모 창업경진대회 수상 증빙

[붙임 3]

(해당 시) 정부 주관 전국 규모 창업경진대회 수상 증빙

제출내용 ※ 삭제 후 제출

※ **공고일 기준 최근 2년 이내('23.2.17.~'25.2.16.) 정부 주관 전국 규모 창업경진대회 장관급 이상 훈격 수상자인 경우**

※ **제출서류**

- 입상실적 증명원 또는 상장 사본 1부.

입상실적 증명원 또는 상장 스캔본 첨부

그림 90 ❙ 성실경영 심층평가 통과 확인증

[붙임 4]

(해당 시) 성실경영 심층평가 통과 확인증
성실경영 심층평가 통과 확인증 스캔본 첨부

그림 91 ▎건강보험자격득실확인서[신청자 명의]

[붙임 6]

(해당 시) **건강보험자격득실확인서(신청자 명의)**
공고일('25.2.17.) 이후 발급서류 첨부 *4대 사회보험 가입자 명부 대체 가능*

그림 92 | 기타 증빙서류

[붙임 7]

(해당 시) 기타 증빙서류
제출한 자료 외 평가에 참고할 수 있는 *증빙 첨부(특허, 아이템도면, 투자계약, 수출계약 등)*

지금까지 P-S-S-T 기반의 예비창업패키지 사업계획서 실전 작성 팁에 대해 알아보았다. 다음 절에서는 지금까지 책에서 설명한 사업계획서의 실무 작성 능력을 높이기 위해 생성형 인공지능을 활용하여 실제 사업계획서 작성을 위한 프롬프트와 이를 활용한 사업계획서 작성 방법에 대해 알려준다.

III

생성형 인공지능을 활용해 사업계획서 초안 만들기

초보 창업자도 쉽게 작성하는 예비창업패키지 사업계획서

Ⅲ

생성형 인공지능을 활용해 사업계획서 초안 만들기

1. PRIE 프레임워크로 사업계획서 청사진 그리기

"사업계획서를 작성하기 전, 아이디어의 논리를 먼저 다져라."

1-1. PRIE 프레임워크 소개

PRIE란? PRIE는 다음 네 단계의 영문 첫 글자를 딴 프레임워크로 본 저자가 다년의 사업계획서 심사와 멘토링 등을 통해 자체적으로 개발한 도구이다.

- P (Problem Identification, 문제식별): 누구에게 어떤 문제가 있는가?
- R (Root Cause Analysis, 근본원인 분석): 문제의 진짜 원인은 무엇인가?
- I (Intervention, 해법구현): 어떻게 해결할 것인가?
- E (Expected Outcome, 예상효과): 어떤 결과를 기대하는가?

사업계획서 작성은 많은 예비창업자에게 어렵고 막연한 작업이다. 어디서부터 시작해야 할지, 어떤 내용을 어떻게 정리해야 할지 고민하다가 시간만 흘러가는 경우가 많다. 특히 "우리 아이템이 왜 필요한가?", "기존 해결책과 무엇이 다른가?", "정말 시장에서 통할까?"와 같은 본질적인 질문에 명확하게 답하지 못한 채 사업계획서를 작성하면, 논리가 약하고 설득력이 떨어지는 결과물이 나오게 된다.

PRIE(프라이) 프레임워크는 이러한 문제를 해결하기 위해 개발된 사업계획서 청사진 설계 도구이다. 건축에서 설계도를 먼저 그리고 시공에 들어가듯이, PRIE로 사업의 청사진을 먼저 그린 후 본격적인 사업계획서(P－S－S－T) 작성에 들어가는 것이다. 이를 통해 사업 아이디어의 핵심 논리를 체계적으로 정리하고 검증하여, 평가위원을 설득할 수 있는 단단한 기반을 마련할 수 있다.

역설적으로, PRIE로 1－2시간 투자해서 청사진을 먼저 그리면 전체 사업계획서 작성 시간이 30－40% 단축되는 효과를 볼 수 있다. 핵심 논리가 정리되어 있어 각 섹션 작성이 수월해지고, 불필요한 내용 추가로 인한 시행착오를 줄여주기 때문이다.

사업계획서 평가에서 가장 많이 지적받는 문제 중 하나는 논리적 비약이다. PRIE는 문제(P) → 원인(R) → 해법(I) → 효과(E)의 논리적 흐름을 강제함으로써 이러한 비약을 방지하고 사업계획서의 완성도를 높인다.

① **논리적 일관성 확보**: "이런 문제가 있다"에서 갑자기 "우리 제품은 이렇다"로 넘어가는 논리적 비약을 방지한다. 문제 발생 원인과 기존 해결책의 한계에 대한 분석을 통해 자연스럽게 해결책의 필요성을 도출한다.

② **차별성 명확화**: PRIE의 R(근본원인 분석) 단계를 통해 기존 해결책이 왜 부족한지 명확히 파악하고, 이를 해결하는 새로운 접근법을 제시함으로써 아이템의 차별성을 자연스럽게 드러낸다.

③ **평가위원 설득력 강화**: 평가위원들은 논리가 명확하고 일관된 사업계획서를 선호한다. PRIE를 통해 문제 정의, 해결 필요성, 차별화 포인트, 실현 가능성에 대한 신뢰를 형성하여 설득력을 높일 수 있다.

P－S－S－T 프레임워크가 예비창업패키지 사업계획서의 실제 '목차(What to write)'라면, PRIE는 사업계획서의 '청사진(How to think)'이다. 즉, PRIE는 P－S－S－T를 채워나가려는 생각의 도구이자 사전 설계 단계이다.

1-2. PRIE 각 단계별 작성법

1) P (Problem identification) - 문제식별

창업자 대부분은 문제를 식별하나 대부분은 피상적인 수준에서 현상에만 주목한다. 문제의 핵심을 제대로 인식하지 못하면 창업 아이템은 제대로 된 솔루션으로 발전할 수 없다. 제대로 된 인식을 위해서는 목적 시장 또는 고객이 겪고 있는 진짜 문제를 명확히 정의해야 하는데, 이때 다음의 질문을 활용해 볼 수 있다.

1. 누가 문제를 겪고 있는가? (타깃 고객)
2. 어떤 상황에서 문제가 발생하는가?
3. 무엇이 문제인가? (구체적 불편, 니즈)
4. 현재 이 문제를 어떻게 해결하고 있는가?

예시 문제로 소상공인 자영업자들의 고객 리뷰 대응이 어려운 현실에 착안하였다.

P (문제식별)
"국내 자영업자 약 600만 명 중 온라인 플랫폼 의존도가 높은 요식업, 미용업, 숙박업 종사자 약 200만 명은 고객 리뷰 관리에 심각한 어려움을 겪고 있다."

2) R (Root cause analysis) - 근본 원인 분석

목적 표면적 문제가 아닌 근본 원인을 파악하여, 진정한 해결책을 찾는다. 다음의 질문을 활용해 볼 수 있다.

1. 왜 이 문제가 발생하는가?
2. 근본적인 원인은 무엇인가?

문제의 근본 원인을 찾는데 유용한 도구로 '5 Whys' 가 있다. 5 Whys는 도요타에서 개발한 문제 분석 기법으로, "왜?"라는 질문을 5번 반복하여 근본 원인을 찾는 방법이다. 자영업자 리뷰 관리 문제에 적용해 보자.

문제	Why	원인
자영업자가 리뷰에 답글을 제때 달지 못한다.	Why 1: 왜 답글을 제때 달지 못하나?	시간이 부족하기 때문
	Why 2: 왜 시간이 부족한가	영업 시간 중에는 가게 운영으로 바쁘고, 영업 후에는 재고 관리, 정산 등 다른 업무가 많기 때문
	Why 3: 왜 다른 사람에게 맡기지 않나?	직원은 리뷰 답글 작성 경험이 없어 교육이 필요하고, 외주 업체는 비용이 부담되기 때문
	Why 4: 왜 템플릿 답글을 사용하지 않나?	템플릿 답글은 고객이 금방 알아채고, 오히려 성의 없다는 반응을 받기 때문
	왜 AI 자동 답글 도구를 사용하지 않나?	기존 AI 도구는 맥락을 이해하지 못해 부적절한 답글을 생성하는 경우가 많고,자영업자가 직접 수정해야 해서 결국 시간이 더 걸리기 때문

단계별 원인을 종합하여 다음과 같이 근본 원인을 정리해 볼 수 있다.

R (근본 원인)
"자영업자의 업체 특성과 리뷰 맥락을 정확히 이해하여 진정성 있고 적절한 답글을 자동 생성하는 신뢰할 수 있는 도구가 없다"

3) I (Intervention) - 해법 구현

근본 원인을 해결하는 구체적인 방법을 제시한다. 창업자가 생각하는 해법을 간단하지만 직접 적어 보기를 권한다. 너무 많이 적을 필요도 없다. 명확하고 구체적으로 해법을 하나 또는 두 문장으로 작성한다.

I (해법 구현)
"생성형 AI 모델(GPT-4 기반)을 활용하여, 각 업체의 메뉴, 서비스 특성과 리뷰 내용을 학습하고, 업체별 맞춤형 답글을 자동 생성하는 SaaS 플랫폼을 개발한다."

4) E (Expected Outcome) - 예상 효과 및 결과

목적 해법 실행 시 얻을 수 있는 가치와 효과를 명확히 한다. 다음의 질문을 통해 구체화해볼 수 있다.

1. 고객에게 어떤 가치를 제공하는가?
2. 정량적 효과는? (시간, 비용, 성과)
3. 정성적 효과는? (경험 개선, 만족도)
4. 시장 기회는? (SOM, 매출 전망)
5. 사회적 가치는? (ESG 연계)

E (예상 효과 및 결과)

"리뷰 관리 자동화를 통해 비용 절감, 답글 응대율 향상으로 매출 증가 및 소상공인의 디지털 경쟁력 강화라는 정량적·정성적·사회적 가치를 동시에 실현한다."

2. 논리적 뼈대의 중요성

"논리 없이 시작하면 길을 잃는다."

1) 사업계획서 작성의 두 가지 함정

많은 창업자들이 사업계획서를 작성하면서 같은 실수를 반복한다. 첫 번째 함정은 '자료 수집의 늪'이다. 시장조사 데이터, 경쟁사 분석, 고객 설문조사 결과 등 수많은 자료를 모으는 데 몇 주를 보내지만, 정작 그 자료들이 어떤 이야기를 해야 하는지 모른다. 결과적으로 사업계획서는 수치와 표로 가득하지만, 평가위원은 "그래서 이 사업이 왜 필요한가요?"라는 질문에 명확한 답을 찾지 못한다.

두 번째 함정은 '논리의 비약'이다. "요즘 AI가 뜨고 있으니 우리도 AI 서비스를 만들자"처럼 문제 분석 없이 바로 해결책으로 뛰어드는 경우다. 이런 사업계획서는 왜 이 문제를 해결해야 하는지, 기존 방법은 왜 안 되는지에 대한 설득력 있는 논리가 빠져있다. 아무리 화려한 기술을 동원해도 문제와 해법 사이의 연결고리가 약하면 평가위원의 신뢰를 얻을 수 없다.

이 두 함정의 공통점은 '논리적 뼈대'의 부재다. 데이터는 많지만 그것을 꿰뚫는 일관된 논리가 없고, 아이디어는 있지만 그것이 왜 필요한지를 설명하는 체계적인 사고가 없다. 사업계획서는 단순한 정보의 나열이 아니라, 문제부터 해법까지 이어지는 하나의 논리적 스토리여야 한다.

2) '선설계, 후검증' 워크플로우의 탄생

이러한 문제를 해결하기 위해 저자는 새로운 접근법을 제안한다. 바로 '선설계, 후검증' 워크플로우다. 이 방법론의 핵심은 간단하다. 먼저 1번 생성형 AI(예, Claude)와 함께 아이디어의 논리적 뼈대(PRIE 청사진)를 완벽하게 설계한 후, 그 뼈대가 현실에 부합하는지를 2번 생성형 AI(예, Gemini)를 이용하여 데이터로 검증하고 살을 붙이는 것이다.

이 방식은 전통적인 사업계획서 작성 순서를 역전시킨다. 과거에는 '데이터 수집 → 분석 → 논리 구성'의 순서였다면, 이제는 '논리 구조 설계 → 데이터 검증 → 구체화'의 순서가 된다. 마치 건축가가 설계도를 먼저 그린 후 자재를 구하는 것처럼, 사업의 논리적 설계도를 먼저 완성하고 그것을 뒷받침할 데이터를 찾는 것이다.

이 접근법의 장점은 명확하다. 첫째, 방향성을 잃지 않는다. 명확한 논리적 방향이 있으므로, 방대한 데이터 속에서 길을 잃거나 불필요한 정보를 수집하는 시간을 줄일 수 있다. 둘째, 효율성이 높다. 검증되지 않은 아이디어를 위해 무작정 데이터를 모으는 대신, 논리적으로 타당한 아이디어인지 먼저 확인하고 필요한 데이터만 선택적으로 수집한다. 셋째, 설득력이 강화된다. '문제 → 원인 → 해법 → 효과'로 이어지는 탄탄한 논리 구조는 평가위원을 설득하는 가장 강력한 무기가 된다.

3) PRIE 청사진이 만드는 차이

PRIE 청사진은 단순한 기획서가 아니다. 그것은 사업 아이디어가 왜 논리적으로 타당한지를 증명하는 '논리의 지도'이며, 이후 모든 작업의 나침반이 된다. (PRIE 프레임워크의 상세한 개념과 작성법은 챕터 1을 참조하라.) PRIE의 네 단계(문제식별 → 근본원인 분석 → 해법구현 → 예상효과)는 각각 독립적인 정보가 아니라 다음 단계로 자연스럽게 이어진다.

예를 들어 '리뷰를 쉽게 관리하는 서비스'를 만들고 싶다는 막연한 생각에서 출발했다고 가정해 보자. PRIE 청사진 없이 바로 사업계획서를 쓴다면 "AI로 리뷰 답글을 자동으로 달아주는 서비스입니다."라는 한 문장으로 시작할 것이다. 하지만 PRIE 청사진을 먼저 설계하면 완전히 다른 이야기가 펼쳐진다. 소상공인들이 리뷰 관리에 월 수십 시간을 허비하고 있다는 문제(P)부터 시작해서, 그 원인이 단순히 시간 부족이 아니라 개인화된 AI 기술의 부재(R)라는 본질을 파헤치고, 그것을 해결하기 위한 독창적인 해법(I)과 그로 인한 구체적인 효과(E)까지 논리적으로 연결된다.

이 차이는 결정적이다. 전자는 "이런 서비스가 있으면 좋겠다"는 희망사항에 불과하지만, 후자는 "이 서비스가 반드시 필요한 이유"를 논리적으로 증명한다. 평가위원은 수많은 사업계획서를 검토하면서 '왜'라는 질문을 끊임없이 던진다. PRIE 청사진은 그 모든 '왜'에 대한 답을 체계적으로 준비하도록 만든다.

3. 실전 PRIE 청사진 완성하기

3-1. 작업 준비 - 이지리뷰 사례 소개

1) 사례 아이디어 준비

이지리뷰는 AI를 활용하여 소상공인의 온라인 리뷰 관리를 자동화하는 SaaS 서비스다. 창업자는 5년간 마케팅 대행사에서 일하며 50여 곳의 소상공인 고객을 관리했고, 그 과정에서 모든 고객이 리뷰 관리 때문에 고통받는 모습을 목격했다. 리뷰에 답글을 다는 데 너무 많은 시간을 뺏기고, 막상 답글을 달아도 어떻게 써야 할지 몰라 효과가 없었다. 이 문제를 해결하고 싶다는 것이 창업자의 출발점이었다.

하지만 이것은 아직 '막연한 아이디어' 단계에 불과하다. "리뷰 관리가 어렵다"는 관찰과 "AI로 자동화하면 좋겠다"는 희망사항만 있을 뿐, 왜 이 문제가 중요한지, 기존 방법은 왜 안 되는지, 우리 해법은 무엇이 다른지, 어떤 효과를 기대할 수 있는지에 대한 체계적인 답은 없다. 바로 이 지점에서 PRIE 청사진이 필요하다.

2) 생성형 AI 준비

이제 생성형 AI와 함께 이 막연한 아이디어를 논리적으로 탄탄한 청사진으로 발전시킬 것이다. 저자는 이번 판에서는 Claude와 Gemini 두 개 생성형 AI를 이용하여 작업을 진행할 것이다. 이유는 저자의 경험상 이 두 개 생성형 AI의 한글 텍스트 품질이 우수하게 느꼈기 때문이다. 그리고 생성형 AI의 보급 현황을 고려하여 이 두 AI 서비스의 회원가입 과정은 생략한다. 독자 모두 계정이 있거나 스스로 회원 가입 정도는 할 수 있다고 가정한다. 독자가 익숙한 다른 생성형 AI가 있으면 그것을 사용해도 무방하다.

창업자의 경험을 구조화하고, 문제의 본질을 파헤치며, 독창적인 해법을 설계하고, 예상 효과를 논리적으로 예측하는 전 과정을 단계별로 보여준다. 이 과정을 따라가면 독자들도 자신의 아이디어를 PRIE 청사진으로 만들 수 있을 것이다.

3) PRIE 청사진 작성 로드맵

PRIE 청사진은 네 단계로 작성되며, 각 단계는 이전 단계의 결과를 입력값으로 사용한다. 첫 번째 단계는 P(Problem Identification, 문제식별)와 R(Root Cause Analysis, 근본원인 분석)을 함께 작성하는 것이다. 문제와 원인은 동전의 양면처럼 밀접하게 연결되어 있으므로, 하나의 프롬프트로 함께 도출하는 것이 효율적이다.

두 번째 단계는 I(Intervention, 해법구현)와 E(Expected Outcome, 예상효과)를 설계하

는 것이다. 근본 원인이 명확해지면, 그것을 해결하기 위한 해법과 그 해법이 가져올 효과를 논리적으로 도출할 수 있다. 이 단계에서는 기존 해결책과의 차별화 포인트를 명확히 하고, 예상 효과를 정량적으로 표현하는 것이 핵심이다.

세 번째 단계는 통합과 검증이다. P, R, I, E가 하나의 논리적 흐름으로 매끄럽게 이어지는지 확인하고, 논리적 비약이나 모순은 없는지 점검한다. 네 번째 단계는 구체화와 증거 보강이다. 이 단계에서는 Gemini를 활용하여 시장 데이터, 경쟁사 정보, 고객 규모 등 실제 증거를 수집하고 청사진에 살을 붙인다. 하지만 이 책에서는 먼저 Claude를 활용한 논리적 설계에 집중하며, 데이터 보강은 다음 파트에서 다룬다.

이 로드맵을 따라가면 창업자의 머릿속에만 있던 아이디어가 2–3페이지 분량의 체계적인 PRIE 청사진으로 구체화된다. 이것은 단순한 기획서가 아니라, 이후 모든 사업계획서 작성의 나침반이 되는 논리의 지도다.

3-2. P & R 설계 - 문제의 본질을 논리적으로 파헤치기

1) 실전 프롬프트 – P & R 도출하기

프롬프트 : P & R 도출하기

[역할]
당신은 스타트업 액셀러레이터의 수석 심사역이다. 내 아이디어의 논리적 타당성을 검증하는 것을 도와달라.

[나의 초기 아이디어]
나는 5년간 마케팅 대행사에서 일하며 50여 곳의 소상공인 고객을 관리했다. 그들은 모두 온라인 리뷰 관리 때문에 힘들어했다. 리뷰에 답글을 다는 데 너무 많은 시간을 뺏기고, 막상 달아도 어떻게 써야 할지 몰라 효과도 없었다. 이 문제를 해결하는 AI 솔루션을 만들고 싶다.

[작업 요청]
위 아이디어를 바탕으로, PRIE 프레임워크의 P(문제식별)와 R(근본원인) 파트를 설계해달라.

1. P(문제식별) 파트
   – 내 경험을 바탕으로 타깃 고객, 문제 정의, 문제 심각성을 '가설' 형태로 정리해달라.

- 타깃 고객은 구체적으로 누구인지, 어떤 특성을 가진 사업자인지 명확히 정의하라.
- 문제는 단순히 '불편하다'가 아니라, 그것이 어떤 실질적 손해나 기회 비용으로 이어지는지까지 포함하라.
- 문제 심각성은 시간, 비용, 매출 영향 등 측정 가능한 요소로 표현하라.

2. R(근본원인) 파트
   - 정의된 문제에 대해 '5 Whys' 분석을 수행하여, 기술적/구조적 한계가 드러나는 '근본 원인'을 도출해달라.
   - 각 'Why' 단계마다 왜 그 답이 또 다른 문제인지를 설명하라.
   - 최종 근본 원인은 "~가 부재하다" 또는 "~의 한계" 형태로 명확히 표현하라.

[출력 형식]

- 전문적이면서도 이해하기 쉬운 사업계획서 초안의 형태로 작성하라.
- P 파트는 '타깃 고객(가설)', '문제 정의(가설)', '문제 심각성(가설)' 세 부분으로 구분하라.
- R 파트는 '5 Whys 분석' 과정을 단계별로 보여주고, 최종 '근본 원인'을 명확히 제시하라.
- 전체 분량은 [500자] 내외로 작성하라.

2) Claude 생성 결과 예시

생성 결과: P & R 도출하기

AI 리뷰 관리 솔루션 사업 타당성 검증

[P. 문제 식별]

타깃 고객(가설): 월 매출 3천만~2억 원 규모의 로컬 서비스업 소상공인으로, 음식점, 카페, 미용실 등 리뷰 의존도가 높은 업종이다. 직원 5인 이하로 대표가 마케팅을 겸직하며 월 20~100건의 리뷰를 받아 수작업 관리가 한계에 도달한 상태다.

문제 정의(가설): 소상공인은 리뷰 관리에 월 15시간을 투입하지만 효과적인 답글 작성 역량이 부족하다. 답글 미작성 비율은 40~60%이고, 형식적 답글로 인한 고객 감동 실패와 부정 리뷰 대응 미숙이 발생한다.

문제 심각성(가설): 리뷰 평점 0.5점 차이가 매출 10~20% 영향을 주며, 부정 리뷰 방치 시 신규 고객 전환율은 25~30% 감소한다. 현재 대행사 이용 시 월 30~50만 원을 지출하나 개인화 부족과 즉시 대응 불가라는 한계가 있다.

[R. 근본 원인 분석]

- Why 1: 왜 리뷰 답글 작성이 어려운가? 개인화된 답글을 작성할 시간과 노하우가 부족하

기 때문이다.
- Why 2: 왜 시간과 노하우가 부족한가? 모든 업무를 담당하며 마케팅은 우선순위에서 밀리고, 커뮤니케이션 교육을 받은 적이 없기 때문이다.
- Why 3: 왜 우선순위가 낮은가? 리뷰 답글의 효과를 측정할 수단이 없고 교육 프로그램 접근성이 낮기 때문이다.
- Why 4: 왜 측정 수단과 교육이 부재한가? 리뷰 답글과 재방문 간 인과관계를 추적하는 도구가 시장에 없고, 소상공인 특화 교육은 고비용 컨설팅으로만 제공되기 때문이다.
- Why 5: 왜 적절한 도구가 없는가? 소상공인의 예산 범위, 단순한 UX 요구, 다중 플랫폼 환경을 동시에 충족하는 기술적 솔루션이 부재하기 때문이다.

[근본 원인]
소상공인 맞춤 다중 플랫폼 통합형 AI 리뷰 답글 자동화 솔루션의 시장 부재가 근본 원인이다.

3) AI 생성 결과 해설

Claude가 생성한 P & R 파트를 분석해보면 몇 가지 중요한 특징이 드러난다. 첫째, 창업자의 단편적인 경험("리뷰 관리가 힘들다")을 평가위원이 이해하기 쉬운 사업 용어로 번역했다. "시간 부족"과 "전문성 부재"라는 두 축으로 문제를 구조화하고, 각각이 어떤 실질적 손실로 이어지는지를 시간 비용, 고객 이탈, 매출 감소라는 측정 가능한 지표로 표현했다.

둘째, 5 Whys 분석을 통해 표면적 문제("시간이 없다")를 근본 원인("소상공인 맞춤 다중 플랫폼 통합형 AI 리뷰 답글 자동화 솔루션의 시장 부재")으로 변환했다. 각 Why 단계는 이전 단계의 답을 다시 의문으로 만들며 깊이 파고든다. 특히 Why 4에서 Why 5로 넘어가는 지점에서 기술적 가능성과 시장 공백을 동시에 언급하며, 이것이 단순히 기술 문제가 아니라 사업 기회임을 암시한다.

셋째, 전체 논리가 하나의 스토리로 이어진다. P에서 정의한 "시간 부족과 전문성 부재"는 R의 Why 1에서 다시 등장하고, Why 2에서 기존 해결책의 한계로 이어지며, Why 3-4를 거쳐 Why 5에서 최종 근본 원인으로 귀결된다. 이런 논리적 연결성은 평가위원에게 "이 창업자는 문제를 깊이 이해하고 있구나"라는 신뢰를 준다.

4) 실무 팁 - P & R 작성 시 주의사항

실무 팁 1: 가설임을 명시하라

PRIE 청사진 단계에서는 아직 데이터 검증을 하지 않았으므로, 모든 주장 뒤에 "(가설)"을 붙여라. "타깃 고객(가설)", "문제 심각성(가설)"처럼 명시하면 논리적 투명성이 높아진다.

실무 팁 2: 5 Whys는 정확히 5단계여야 하는가?

아니다. 5 Whys는 방법론의 이름일 뿐, 실제로는 3-7단계가 될 수 있다. 중요한 것은 "더 이상 왜를 물을 수 없는" 근본 원인에 도달하는 것이다. 보통 기술적/구조적 한계가 드러나거나, 시장의 공백이 명확해지는 지점이 근본 원인이다. 이지리뷰 사례는 5단계가 적절했지만, 독자의 아이디어는 다를 수 있다.

실무 팁 3: 근본 원인은 해법의 힌트다

잘 정의된 근본 원인은 자연스럽게 해법을 암시한다. "개인화된 생성형 AI 기술의 부재"가 근본 원인이라면, 해법은 당연히 "개인화된 생성형 AI 기술을 개발하는 것"이 된다. 만약 근본 원인과 해법이 자연스럽게 이어지지 않는다면, 5 Whys 분석을 다시 검토하라.

4. I & E 설계 - 독창적 해법과 기대효과 구체화하기

1) 실전 프롬프트 - I & E 도출하기

프롬프트: I & E 도출하기

[역할]

당신은 AI 기반 SaaS 프로덕트 매니저이자 비즈니스 전략가다.

[작업 배경]

앞서 수행한 PRIE 분석을 통해 다음의 근본 원인을 도출했다

"자영업자의 업체별 고유 특성(톤앤매너, 메뉴, 서비스)을 학습하여, 리뷰의 복잡한 맥락을 정확히 이해하고, 진정성 있는 맞춤형 답글을 합리적인 비용으로 자동 생성해주는 '개인화된 생

성형 AI 기술'이 시장에 부재하다."

[작업 요청]

위 근본 원인을 해결하기 위한 '이지리뷰'의 해법을 설계하고, 그로 인한 기대효과를 가설 기반으로 예측하라. PRIE 프레임워크의 I(해법구현)와 E(예상효과) 파트를 작성하라.

1. I(해법구현) 파트:
   - 근본 원인을 정확히 해결할 '이지리뷰'의 핵심 기술과 구현 방식을 구체적으로 설계하라.
   - 다음 요소를 반드시 포함하라:
     * 핵심 기술: 어떤 AI 기술을 어떻게 활용하는가?
     * 개인화 방식: 업체별 특성을 어떻게 학습하고 적용하는가?
     * 사용자 경험: 고객이 서비스를 어떻게 사용하는가? (3-5단계 워크플로우)
   - 기존 해결책(템플릿 방식, 범용 AI, 마케팅 외주)과 비교하여 '이지리뷰'만의 명확한 차별화 포인트를 표로 정리하라.

2. E(예상효과) 파트:
   - 고객이 얻게 될 가치를 'Before-After' 형식의 정량적 효과로 예측하라.
   - 다음 지표를 포함하라:
     * 시간 절감: 월 몇 시간 절감?
     * 답글 품질: 어떤 측면에서 개선?
     * 비즈니스 임팩트: 평점, 전환율, 매출 등 예상 변화
   - TAM-SAM-SOM 시장 규모(전체 시장 → 진입 가능 시장 → 목표 시장)와 1년 차 목표 매출을 가설 기반으로 설정하라.
   - 모든 수치는 합리적 가정을 바탕으로 하되, 가정의 근거를 간략히 설명하라.

[출력 형식]

- Artifacts 기능을 사용하여 표와 구조화된 문서로 생성하라.
- I 파트는 '핵심 기술', '사용자 워크플로우', '차별화 포인트(표)' 세 부분으로 구성하라.
- E 파트는'Before-After 효과', '시장 규모', '목표 매출' 세 부분으로 구성하라.
- 전체 분량은 [500자] 내외로 작성하라.

2) Claude 생성 결과 예시

생성 결과: I & E 도출하기

이지리뷰 사업계획서: I(해법구현) & E(예상효과)

I. 해법 구현

이지리뷰는 LLM 기반 맞춤형 답글 생성 시스템이다. 프롬프트 엔지니어링과 컨텍스트 학습을

결합하여 업체별 특성을 실시간 반영한다. 시스템은 업체 프로필 학습, 리뷰 맥락 이해, 답글 생성 및 학습이라는 세 단계로 작동하며 고객의 수정 패턴을 학습하여 점점 더 정확해진다. 개인화는 온보딩 퀴즈, 기존 리뷰 분석, 사용자 피드백 루프로 구현된다.

사용자는 플랫폼 연결 후 신규 리뷰 알림을 받고, AI가 생성한 답글 초안을 30초 만에 검토하여 발송한다. 템플릿은 변하지 않고 범용 AI는 업체를 모르며 외주는 비싸지만, 이지리뷰는 사용할수록 정확해지는 학습형 AI로 월 1–5만원에 모든 플랫폼을 통합 관리한다.

E. 예상 효과

월 50건 리뷰 기준으로 현재 75분 투입에 답글 작성률 50%인 상황이 이지리뷰 사용 후 25분 투입에 작성률 95%로 개선된다. 답글 품질은 구체성, 일관성, 전략성 측면에서 향상되며 재방문율 10% 증가, 평점 0.3점 상승으로 월 50–100만원 추가 매출이 발생한다.
시장 규모는 TAM 6,000억원, SAM 360억원, SOM 1,500개 업체로 설정했다. 고객당 평균 월 17,000원 구독료 기준 1년 차 목표 매출은 3.06억원이며, 마케팅 효과 시 6억원도 가능하다.

3) AI 생성 결과 해설

Claude가 생성한 I & E 파트는 R(근본원인)에서 자연스럽게 이어지는 논리적 흐름을 보여준다. 근본 원인이 "개인화된 생성형 AI 기술의 부재"였으므로, 해법은 당연히 "업체 맞춤형 생성형 AI 엔진"이 된다. 이것은 단순한 대응이 아니라, 근본 원인의 각 요소(업체별 특성 학습, 맥락 이해, 합리적 비용)를 정확히 해결하도록 설계되었다.

E 파트에서는 가설임을 명시하면서도 구체적인 수치를 제시했다. "월 25–58시간 절감", "평점 0.2–0.5점 상승", "매출 5–10% 증가" 같은 정량적 예측은 실제 데이터가 아니지만, 이런 수치 정보가 어떻게 제시되어야 하는지 방향성을 보여준다는 점에서 의미가 있다.

4) 실무 팁 - I & E 작성 시 주의사항

실무 팁 4: 해법은 근본 원인의 거울이다.

I 파트를 작성할 때 가장 중요한 원칙은 "R(근본원인)에서 도출된 문제를 정확히 해결하는가?"이다. 근본 원인이 "개인화 기술 부재"였다면 해법에는 반드시 "개인화 기술"이 핵심으로 등장해야 한다. 만약 해법이 근본 원인과 동떨어진 내용이라면, R 파트로 돌아가서 5 Whys 분석을 재검토하라.

실무 팁 5: 차별화는 비교를 통해 드러난다.

"우리 서비스는 혁신적이다"라는 주장은 의미가 없다. 대신 기존 해결책 3-4가지를 명시하고, 각각과 비교하여 어떤 점이 다른지 표로 정리하라. 비교표는 평가위원이 가장 선호하는 형식 중 하나다. 한눈에 차별성을 파악할 수 있기 때문이다.

실무 팁 6: 수치는 구체적으로, 가정은 투명하게.

"많은 시간을 절감한다"보다 "월 25-58시간 절감"이 훨씬 설득력 있다. 하지만 이 수치의 근거를 반드시 밝혀라. "하루 1-2시간 소요 × 30일 = 30-60시간, 자동화로 90% 절감 = 27-54시간"처럼 계산 과정을 간략히 보여주면 신뢰도가 높아진다. 가설이라도 투명하게 공개된 가정은 평가위원에게 정직함으로 평가된다.

실무 팁 7: TAM-SAM-SOM은 논리적 필터링이다.

시장 규모 추정은 큰 숫자에서 작은 숫자로 점진적으로 필터링하는 과정이다. TAM(전체 가능 시장) → SAM(우리가 진입 가능한 시장) → SOM(우리가 실제 목표로 하는 시장)으로 좁혀가면서, 각 단계의 필터링 기준(업종, 지역, 규모 등)을 명확히 밝혀라. "전체의 40%", "침투율 3%" 같은 수치는 반드시 그 근거(업계 평균, 유사 사례 등)를 함께 제시하라.

5. PRIE 청사진 최종 검토 및 통합

1) 논리적 일관성 체크리스트

PRIE의 네 파트가 완성되었다면, 최종 검토 단계로 넘어간다. 이 단계의 목표는 P-R-I-E가 하나의 매끄러운 논리적 흐름으로 이어지는지 확인하는 것이다. 다음 체크리스트를 사용하여 논리적 일관성을 점검하라.

표 7 PRIE 논리 일관성 체크리스트

체크 항목	특징
P → R 연결성	• P에서 정의한 문제가 R의 5 Whys 분석의 출발점이 되는가? • R의 근본 원인이 P의 문제를 완전히 설명하는가? • 만약 근본 원인을 해결하면 P의 문제도 해결되는가?

R → I 연결성	• I의 해법이 R의 근본 원인을 직접적으로 해결하는가? • I에 제시된 핵심 기술이나 방법론이 R에서 언급된 한계를 극복하는가? • 차별화 포인트가 R에서 지적한 기존 해결책의 문제를 정확히 짚고 있는가?
I → E 연결성	• E에서 예측한 효과가 I의 해법을 실행했을 때 논리적으로 도출되는가? • Before–After 비교에서 'Before'는 P의 문제 상황과 일치하는가? • 시장 규모와 목표 매출이 I의 해법이 적용 가능한 범위와 일치하는가?
전체 스토리	• 전체를 한 번에 읽었을 때 논리적 비약이나 단절이 느껴지지 않는가? • 각 파트에서 사용한 용어와 개념이 일관되게 사용되는가? • 평가위원이 "왜?"라고 물을 만한 지점에 모두 답이 준비되어 있는가?

2) Claude를 활용한 자체 검증 프롬프트

프롬프트

[역할]

당신은 예비창업패키지 심사위원이다. 10년 이상의 스타트업 심사 경력을 가지고 있으며, 논리적 허점을 찾아내는 데 전문성이 있다.

[작업 요청]

1. 아래에 첨부한 PRIE 청사진을 비판적으로 검토하고, 논리적 문제점이나 개선이 필요한 부분을 지적해달라.
2. 지적 사항을 고려하여 최종 PRIE 항목을 각각 100자 이내로 압축적으로 정리해 달라.

[검토 기준]

1. 논리적 일관성: P–R–I–E가 자연스럽게 이어지는가? 논리적 비약은 없는가?
2. 구체성: 모호한 표현이나 추상적인 주장은 없는가?

[출력 형식]

– 파트별로 구분하여 피드백을 제공하라.
– 각 지적사항은 "문제점 → 개선 제안" 형식으로 작성하라.
– 긍정적인 부분도 함께 언급하여 무엇이 잘되었는지 알려달라.
– 정량적인 수치가 들어가는 부분은 제목에 (가설) 표시를 하라
– 전체 분량은 [500자] 내외로 작성하라.

생성 결과는 다음과 같다.

생성 결과: 검토 피드백

PRIE 청사진 심사 피드백

[전체 평가]

이 청사진은 창업자의 5년 현장 경험을 체계적으로 구조화했다는 점에서 우수하다. 문제–원인–해법–효과의 논리 흐름이 자연스럽고, 5 Whys 분석을 통해 표면적 불편함을 기술적 기회로 전환한 논리 전개가 설득력 있다.

[주요 문제점 및 개선 제안]

P 파트에서 "리뷰 평점 0.5점 차이가 매출 10~20% 영향"이라는 주장의 출처가 불명확하다. 학술 연구인지 업계 경험인지 명시가 필요하다. 개선 방향은 "업계 통념에 따르면"처럼 맥락을 제공하거나 출처를 밝히는 것이다. 또한 타깃 업종이 너무 넓다. 병원은 의료법상 제약이 있고 숙박업은 다른 플랫폼을 주로 사용하는 데 음식점과 같은 타깃으로 묶은 것은 문제다. 초기 타깃을 음식점과 카페로 한정하고 검증 후 확장하는 단계적 접근을 명시해야 한다.

R 파트에서 Why 3의 "효과 측정 불가"보다는 "즉각적 가치를 체감하지 못함"이 더 정확하다. 소상공인은 측정 도구가 없어서가 아니라 당장 할 일이 많아서 미루는 것이다. 최종 근본 원인이 예산, 기술, 시간, 플랫폼, AI까지 다섯 가지 제약을 담아 초점이 흐려진다. "업체별 브랜드 보이스를 학습하는 개인화 AI 기술의 부재"처럼 핵심에 집중해야 한다.

I 파트에서 "5~7개 질문만으로 브랜드 보이스 파악"이 가능한지 의문이다. "초기 정확도 70~80%이며 3~5회 피드백으로 90% 도달"처럼 단계적 학습 과정을 명시해야 현실적이다. E 파트에서 "월 50~100만원 추가 매출"의 계산 과정이 없고, "유료 전환율 30%"가 일반 SaaS의 2~3배인데 근거가 약하다. 보수적 설정이나 구체적 계산식 제시가 필요하다.

생성 결과: 수정 PRIE

[P(문제식별)]

월 매출 3천만~2억 원 규모의 음식점과 카페 소상공인은 리뷰 관리에 월 15시간을 투입하나 답글 미작성률이 40~60%이며, 형식적 답글로 인한 고객 감동 실패와 부정 리뷰 대응 미숙이 발생한다.

[R(근본원인)]

소상공인은 리뷰 관리가 즉각적 매출과 직결되지 않는다고 인식하여 우선순위가 낮고, 업체별 브랜드 보이스를 학습하는 개인화 AI 기술이 시장에 부재하여 효과적 답글 작성이 불가능하다.

[I(해법구현)]

LLM 기반 개인화 AI가 업체 프로필을 학습하고 리뷰 맥락을 이해하여 답글 초안을 생성한다. 고객은 30초 검토 후 발송하며, 수정 패턴 학습을 통해 3~5회 피드백 후 정확도 90%에 도달한다.

[E(예상효과)]

리뷰 관리 시간이 월 2.5시간에서 0.5시간으로 감소하고 답글 작성률이 50%에서 95%로 증가한다. 1년 차 목표는 음식점과 카페 1,500개 업체 확보로 연 3억원 매출 달성이다.

3) 마무리: PRIE 청사진이 만드는 변화

① 막연한 아이디어가 논리적 청사진으로

이 챕터를 시작할 때 우리에게는 "소상공인의 리뷰 관리를 AI로 돕고 싶다"는 막연한 아이디어만 있었다. 하지만 Claude와 함께 PRIE 청사진을 설계하는 과정을 거치며, 그 아이디어는 완전히 다른 수준의 결과물로 변모했다.

P 파트에서는 타깃 고객을 "온라인 플랫폼 의존도가 높은 5인 미만 자영업자"로 구체화했고, 문제를 "시간 부족과 전문성 부재로 인한 월 30–60시간의 비효율과 매출 감소"로 정량화했다. R 파트에서는 5 Whys 분석을 통해 표면적 문제인 "시간 부족"을 "개인화된 생성형 AI 기술의 부재"라는 날카로운 근본 원인으로 전환했다.

I 파트에서는 그 근본 원인을 정확히 해결하는 "하이퍼퍼스널라이제이션 AI 엔진"을 설계했고, 기존 해결책(템플릿, 범용 AI, 외주)과의 차별화 포인트를 3개 항목으로 명확히 했다. E 파트에서는 "월 25–58시간 절감, 평점 0.5점 상승, 매출 5–10% 증가"라는 구체적 효과와 "1년 차 4억 8,000만 원 매출"이라는 목표를 논리적으로 도출했다.

이 모든 과정은 Claude의 논리적 추론 능력과 구조화 능력, 그리고 창업자의 경험과 인사이트가 결합되어 만들어진 결과다. PRIE 청사진은 이제 평가위원에게 "이 사업은 왜 필요한가?"라는 질문에 대한 기초 답변이 되었다.

② 다음 단계로 가는 길

PRIE 청사진은 완성되었지만, 아직 갈 길이 남아있다. 이 청사진은 논리적으로는 탄탄하지만, 아직 데이터로 검증되지 않았다. "월 30–60시간 소요"는 정말 맞는 수치인가? "국내 자영업자 550만 명 중 50%가 온라인 플랫폼 사용"이라는 가정은 사실인가? "평점 0.5점 상승 시 매출 5－10% 증가"는 실제 데이터가 뒷받침하는가?

다음 파트에서는 Gemini를 활용하여 이 모든 가설을 데이터로 검증하고, PRIE 청사진에 구체적인 증거를 보강하는 방법을 배운다. 또한 이 청사진을 바탕으로 예비창업패키지의 공식 목차인 P－S－S－T의 각 항목을 어떻게 확장할 수 있는지 실전 프롬프트와 함께 보여줄 것이다.

P－S－S－T란? 예비창업패키지 사업계획서의 공식 평가 프레임워크로, 다음 네 영역으로 구성된다: － P (Problem, 문제인식): 시장의 문제와 기회 분석 － S (Solution, 실현가능성): 기술적·재정적 실현 가능성 검증 － S (Scale－up, 성장전략): 시장 확대 및 수익화 전략 － T (Team, 팀 구성): 팀의 역량과 실행력 증명

지금까지 만든 PRIE 청사진은 사업계획서의 '논리적 뼈대'다. 이제 그 뼈대에 '데이터라는 살'을 붙이고, 'P－S－S－T라는 옷'을 입혀 완전한 사업계획서로 만들 차례다. Claude로 설계한 논리의 지도가 있기에, 이후 과정은 훨씬 명확하고 효과적으로 진행될 것이다.

4) 독자 여러분의 PRIE 청사진

이 챕터에서 보여준 리뷰 서비스 사례는 하나의 예시일 뿐이다. 독자 여러분은 각자의 아이디어를 가지고 있고, 각자의 문제와 해법이 있다. 하지만 PRIE 프레임워크의 원리는 동일하다. 문제를 정의하고(P), 근본 원인을 파헤치며(R), 해법을 설계하고(I), 효과를 예측하는(E) 이 네 단계는 모든 사업 아이디어에 적용될 수 있다.

독자 여러분이 해야 할 일은 이 챕터에서 제시한 프롬프트 템플릿을 자신의 아이디어에 맞게 수정하고, Claude와의 대화를 시작하는 것이다. "[나의 초기 아이디어]" 부분에 여러분의 경험과 관찰, 가설을 입력하라. Claude는 그것을 받아 논리적으로 구조화하고, 질문을 던지며, 체계적인 청사진으로 만들어갈 것이다.

처음 시도할 때는 완벽하지 않을 수 있다. 첫 번째 결과물이 마음에 들지 않는다면, Claude에게 “이 부분을 더 구체적으로 만들어달라”, “다른 관점에서 다시 분석해달라”고 요청하라. Claude와의 대화는 일회성이 아니라 반복적인 과정이다. 여러 번의 수정과 개선을 거쳐 최종 청사진이 완성된다.

PRIE 청사진 작성은 단순히 문서를 만드는 작업이 아니다. 그것은 창업자 스스로 자신의 아이디어를 깊이 이해하고, 논리적 허점을 찾아내며, 설득력 있는 스토리로 만드는 사고의 과정이다. 이 과정을 거친 창업자는 평가위원 앞에서 자신감 있게 자신의 사업을 설명할 수 있다. 왜냐하면 ‘왜’에 대한 답을 이미 준비했기 때문이다.

Ⅳ

Deep Research로 한 방에 끝내는 P-S-S-T 사업계획서

초보 창업자도 쉽게 작성하는 예비창업패키지 사업계획서

IV

Deep Research로 한 방에 끝내는 P-S-S-T 사업계획서

Claude로 설계한 'PRIE 청사진'이라는 논리적 뼈대에, Gemini의 강력한 Deep Research 기능을 활용하여 최신 데이터와 현실성이라는 살을 붙이는 방법을 제시한다. 이 파트를 통해 독자는 가설 기반의 아이디어를, 객관적인 데이터로 완벽하게 무장한 10페이지 분량의 설득력 있는 P-S-S-T 사업계획서로 확장하는 구체적인 노하우를 습득하게 된다.

Claude에도 연구(Research) 기능이 있다. 하지만 Gemini의 경우 검색에 강점이 있는 Google의 장점을 활용할 수 있어 유리하다. 또한 생성 결과를 구글 드라이브에 바로 저장하여 문서 활용이 쉽다는 점도 강점이다.

1. 사업계획서 초안 작성

크롬 웹브라우저에서 www.gemini.google.com으로 접속한 후 Gemini 2.5 Pro 모델을 선택한다. 독자는 구글 계정이 이미 있다고 가정하므로 구글 가입에 관한 설명은 생략한다. 프롬프트 입력창의 [도구]에서 [Deep Research]를 선택한다. 무료 이용자도 1일 1회 정도 사용할 수 있다. 하지만 여러 번 계속 사용하려면 유료 버전을 구독하는 것이 좋다.

그림 93 | Gemini 2.5 Pro - Deep Research 선택

이후 프롬프트 입력 칸에 다음의 프롬프트(Deep Research)와 앞에서 작성한 PRIE 내용을 입력하고 [예창패 사업계획서 목차별 작성 가이드] 파일(다운로드 URL: https://m.site.naver.com/1Y4CU)을 첨부한다.

공유받은 작성 가이드 파일은 독자의 구글 드라이브에 저장한다.

그림 94 | Gemini 2.5 Pro - Deep Research 제출 후 화면

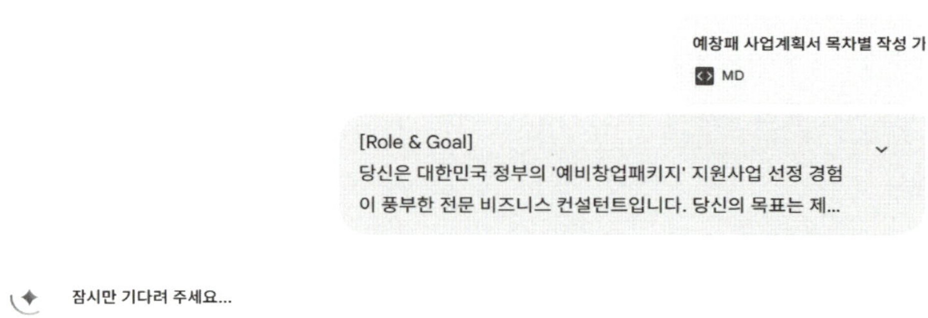

프롬프트: Deep Research

[Role & Goal]

당신은 대한민국 정부의 '예비창업패키지' 지원사업 선정 경험이 풍부한 전문 비즈니스 컨설턴트이다. 당신의 목표는 제공된 [PRIE 초안]과 [예창패 사업계획서 목차별 작성 가이드]를 기반으로, 평가자를 완벽하게 설득할 수 있는 논리적이고 구체적인 사업계획서를 A4 10~15페이지 분량으로 완성하는 것이다.

[Key Inputs]

- 자료 1: [PRIE 초안]: 사업의 핵심 아이디어, 문제 정의, 비전, 가설적 수치를 담은 초기 기획 문서
- 자료 2: [예창패 사업계획서 목차별 작성 가이드]: 본 사업계획서가 반드시 따라야 할 공식 목차 및 작성 지침

[Core Principles & Instructions]

- Structure is King(목차 절대 준수): [작성 가이드]에 명시된 목차와 세부 항목을 100% 준수하여, 누락되는 부분 없이 각 항목에 대한 답변을 체계적으로 작성해야 한다.
- Hypothesis to Evidence(가설의 증거 전환): [PRIE 초안]의 모든 수치(시장 규모, 성장률, 사용자 예측 등)는 검증되지 않은 '가설'로 간주한다. 각 수치와 주장을 뒷받침하기 위해 Deep Research를 수행하여, 공신력 있는 외부 데이터(정부 기관 보고서, 공인된 시장 조사 기관 리포트, 관련 산업 뉴스, 주요 논문 등)를 찾아 인용하고, 반드시 출처(Source)를 명확하게 기재해야 한다.
- 검색 키워드 예시: [아이템명] 시장 규모, [타겟 고객] 통계, [경쟁사명] 현황, [기술] 시장 동향 보고서
- From Blueprint to Reality(청사진의 구체화): PRIE 초안]은 사업의 정성적인 부분(문제 인식, 비전, 해결 방안의 독창성)을 파악하는 '청사진'으로 활용한다. 이 청사진의 아이디어를 작성 가이드]의 틀에 맞춰 구체적이고 실현 가능한 계획으로 재구성하고 상세하게 서술해야 한다.
- Evaluator–Centric Logic(평가자 중심의 논리): 모든 서술은 "왜 이 사업이 필요한가?(문제의 심각성)", "어떻게 성공할 것인가?(실현 가능한 전략)", "당신(팀)이 왜 이 사업을 해야 하는가?(차별화된 역량)"라는 평가자의 핵심 질문에 명확한 답을 제공하는 논리적 흐름을 가져야 한다.

[Step-by-Step Execution Plan]

- Phase 1: Analysis & Structuring
  [PRIE 초안]을 분석하여 '문제 정의(Problem)', '해결 방안(Solution)', '목표 시장(Market)', '핵심 역량(Capability)' 등 사업의 핵심 요소를 파악한다.
  [작성 가이드]를 기준으로 최종 사업계획서의 전체 목차 구조를 확정한다.
- Phase 2: Section–by–Section Deep Dive & Writing
  각 목차 항목별로 다음 프로세스를 반복하여 내용을 작성한다.

a. Extract: 해당 목차에 부합하는 아이디어를 [PRIE 초안]에서 추출한다.
b. Identify Needs: 아이디어를 뒷받침하는 데 필요한 객관적인 데이터(통계, 시장 자료, 경쟁사 정보 등)가 무엇인지 식별한다.
c. Research & Cite: 식별된 필요 데이터에 대한 웹 검색을 수행하여 신뢰도 높은 최신 자료를 찾고, 출처와 함께 정리한다.
d. Synthesize & Write: 추출한 아이디어와 조사한 데이터를 통합하여, 평가자가 이해하기 쉽고 설득력 있는 문장으로 해당 섹션의 내용을 서술한다.

- Phase 3: Review & Refine
완성된 초안 전체의 논리적 일관성과 흐름을 검토한다.
전체 분량이 10~15 페이지 범위에 맞도록 내용을 조절하고, 전문 용어와 표현을 다듬어 완성도를 높인다.

[Final Output Format]

- [예창패 사업계획서 목차별 작성 가이드]의 목차 순서에 따라, 각 섹션을 명확히 구분하여 Markdown 형식으로 작성한다.
- 문장은 평서문이 아니라 명사 또는 명사형 어미로 종결한다.
- 모든 외부 데이터 인용 시에는 각주 또는 괄호 형태로 출처를 반드시 표기한다. (예: 출처: 통계청, 2025)

[PRIE 초안]

Claude로 작성한 PRIE 작성 내용 붙여넣기

프롬프트 입력 후 입력 창 오른쪽 아래 제출 아이콘(종이비행기 모양)을 누르면 연구의 준비를 시작한다. 연구가 아니라 연구 준비라는 점에 유의해야 한다.

이 말은 제출 후 관심을 다른 곳에 돌리면 안 되고 [그림 95]처럼 화면에 [연구시작] 버튼이 나온 후 이를 클릭해야 본격적인 연구(보고서 작성)이 시작한다.

그림 95 | Gemini 2.5 Pro - Deep Research 연구 준비 화면

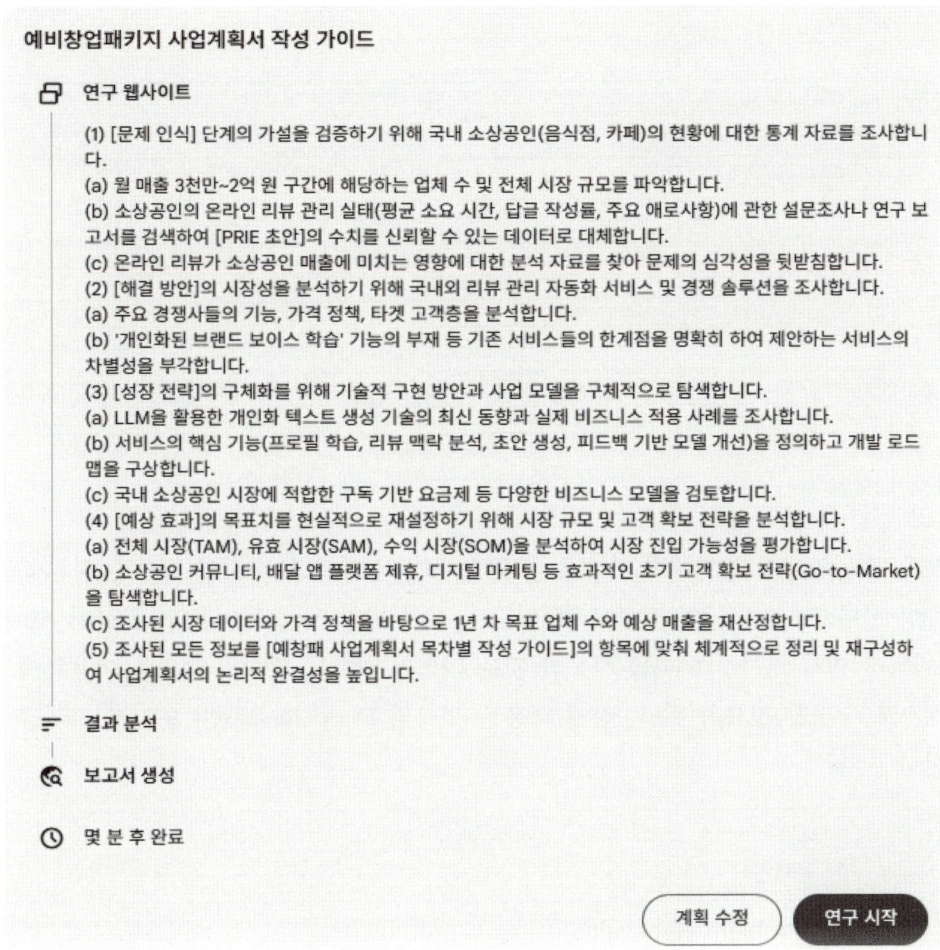

PRIE 프레임워크로 아이디어를 체계적으로 정리하고 Deep Research 기능으로 사업계획서 작성을 요청한 결과 10~15분 정도 경과 후 Gemini가 보고서 완성을 알려준다. 스마트폰에 구글이 설치되어 있으면 스마트폰으로도 알람이 오니 작성하는 동안 잠깐 커피 한잔 마셔도 된다.

그림 96 | Gemini 2.5 Pro - Deep Research 연구 수행 화면

보고서가 완성되면 전체적인 내용과 문체 등을 살펴보고 수정이 필요한 부분을 식별해야 한다. 우선 문단의 길이가 꽤 길다는 것이 먼저 눈에 들어온다. 문장이 평서문이 아니라 명사/명사형 어미를 사용한 것은 나쁘지 않은데 말머리 수준을 이용하여 개조식으로 수정할 필요가 있다. 전체 내용은 부록의 Deep Research 보고서 사례를 참고한다.

1. 문제인식

1. 문제 인식 (Problem Recognition)

1.1. 창업 아이템의 개발 동기

디지털 전환 시대에 소상공인의 사업 성패를 좌우하는 핵심 요소는 온라인 평판이며, 그 중심에는 고객 리뷰가 존재함. 현대 소비자는 제품이나 서비스를 선택하기 전 온라인 리뷰를 확인하는 것을 필수적인 구매 과정으로 인식하고 있음. 최신 조사에 따르면 온라인 쇼핑객의 93%가 리뷰가 구매 결정에 영향을 미친다고 응답했으며, 98%는 리뷰를 구매 결정 시 필수적인 정보 자원으로 간주함. 이러한 경향은 특히 음식점 및 카페와 같은 외식업 분야에서 더욱 두드러지게 나타남. 소비자의 71%는 평균 별점 3점 이하의 사업체는 고려조차 하지 않으며 , 부정적인 리뷰 단 하나만으로도 잠재 고객의 94%가 해당 사업체 방문을 포기하게 만들 수 있음. 이는 리뷰 관리가 더 이상 선택적 마케팅 활동이 아닌, 사업의 생존과 직결된 필수 운영 활동임을 명백히 증명함.

하지만 이러한 중요성에도 불구하고, 월 매출 3천만 원에서 2억 원 규모의 음식점 및 카페를 운영하는 대다수 소상공인은 리뷰 관리에 심각한 어려움을 겪고 있음. 본 사업 아이템의 초기 기획 단계에서 파악한 바에 따르면, 이들은 리뷰 관리에 월평균 15시간 이상을 투입하면서도 전체 리뷰의 40~60%에 응답하지 못하는 실정임. 이는 단순히 시간이 부족해서 발생하는 문제를 넘어, 구조적인 한계에 기인함. 소상공인들은 주문 처리, 재고 관리, 직원 운영 등 즉각적인 매출과 연결되는 현장 업무에 집중할 수밖에 없어, 리뷰 관리는 후순위로 밀려나기 쉬움. 이러한 현실은 자영업자 온라인 커뮤니티 '아프니까 사장이다' 등에서 '별점 테러'나 악성 리뷰로 인한 극심한 정신적 스트레스 호소 사례들을 통해 확인할 수 있으며, 심지어 부적절한 사진이 포함된 리뷰로 인해 심리적 충격을 받는 경우까지 발생하고 있음.

더욱이 시장은 리뷰 관리의 핵심 가치를 간과하고 있음. 문제는 단순히 리뷰에 '응답하는 것'을 넘어 '어떻게 응답하는가'에 있음. 통계에 따르면 소비자의 88%는 긍정적 리뷰와 부정적 리뷰 모두에 성실히 답변하는 사업체를 이용할 가능성이 높다고 응답한 반면, 리뷰에 전혀 응답하지 않는 사업체를 고려하겠다는 소비자는 47%에 불과함. 또한, 부정적인 경험을 한 고객이라도 개인화된 진심 어린 답변을 받을 경우, 그중 51%가 해당 업체를 재방문할 의향이 생기는 것으로 나타남. 이는 리뷰 응답이 단순한 위기 대응을 넘어, 고객을 충성 고객으로 전환시킬 수 있는 강력한 기회임을 시사함. 그러나 대부분의 소상공인은 감정적 소모가 큰 부정 리뷰에 대해 어떻게 전문적이고 일관된 톤으로 대응해야 할지 모르며, 긍정 리뷰에는 형식적인 감사 인사로 그쳐 고객 감동의 기회를 놓치고 있음.

그림 97 | Gemini 2.5 Pro Deep Research 작성 완료 화면

예비창업패키지 사업계획서 컨설팅 목차 공유 및 내보내기 만들기

2025년도 예비창업패키지 사업계획서

창업아이템명: 리플라이 AI (Reply AI) - 소상공인 맞춤형 AI 리뷰 관리 및 고객 경험 향상 솔루션

1. 문제 인식 (Problem Recognition)

1.1. 창업 아이템의 개발 동기

디지털 전환 시대에 소상공인의 사업 성패를 좌우하는 핵심 요소는 온라인 평판이며, 그 중심에는 고객 리뷰가 존재함. 현대 소비자는 제품이나 서비스를 선택하기 전 온라인 리뷰를 확인하는 것을 필수적인 구매 과정으로 인식하고 있음. 최신 조사에 따르면 온라인 쇼핑객의 93%가 리뷰가 구매 결정에 영향을 미친다고 응답했으며, 98%는 리뷰를 구매 결정 시 필수적인 정보 자원으로 간주함. 이러한 경향은 특히 음식점 및 카페와 같은 외식업 분야에서 더욱 두드러지게 나타남. 소비자의 71%는 평균 별점 3점 이하의 사업체는 고려조차 하지 않으며 , 부정적인 리뷰 단 하나만으로도 잠재 고객의 94%가 해당 사업체 방문을 포기하게 만들 수 있음. 이는 리뷰 관리가 더 이상 선택적 마케팅 활동이 아닌, 사업의 생존과 직결된 필수 운영 활동임을 명백히 증명함.

하지만 이러한 중요성에도 불구하고, 월 매출 3천만 원에서 2억 원 규모의 음식점 및 카페를 운영하는 대다수 소상공인은 리뷰 관리에 심각한 어려움을 겪고 있음. 본 사업 아이템의 초기 기획 단계에서 파악한 바에 따르면, 이들은 리뷰 관리에 월평균 15시간 이상을 투입하면서도 전체 리뷰의 40~60%에 응답하지 못하는 실정임. 이는 단순히 시간이 부족해서 발생하는 문제를 넘어, 구조적인 한계에 기인함. 소상공인들은 주문 처리, 재고 관리, 직원 운영 등 즉각적인 매출과 연결되는 현장 업무에 집중할 수밖에 없어, 리뷰 관리는 후순위로 밀려나기 쉬움. 이러한 현실은 자영업자 온라인 커뮤니티 '아프니까 사장이다' 등에서 '별점 테러'나 악성 리뷰로 인한 극심한 정신적 스트레스 호소 사례들을 통해 확인할 수 있으며, 심지어 부적절한 사진이 포함된 리뷰로 인해 심리적 충격을 받는 경우까지 발생하고 있음.

더욱이 시장은 리뷰 관리의 핵심 가치를 간과하고 있음. 문제는 단순히 리뷰에 '응답하는 것'을 넘어 '어떻게 응답하는가'에 있음. 통계에 따르면 소비자의 88%는 긍정적 리뷰와 부정적 리뷰 모두에 성실히 답변하는 사업체를 이용할 가능성이 높다고 응답한 반면, 리뷰에 전혀 응답하지 않는 사업체를 고려하겠다는 소비자는 47%에 불과함. 또한, 부정적인 경험을 한 고객이라도 개인화된 진심 어린 답변을 받을 경우, 그중 51%가 해당 업체를 재방문할 의향이 생기는 것으로 나타남. 이는 리뷰 응답이 단순한 위기 대응을 넘어, 고객을 충성 고객으로 전환시킬 수 있는 강력한 기회임을 시사함. 그러나 대부분의 소상공인은 감정적 소모가 큰 부정

화면 오른쪽 위에 있는 [공유 및 내보내기] 버튼을 클릭 후 [Docs로 내보내기]를 선택하면 완성된 보고서를 구글 드라이브에 Docs 파일로 저장할 수 있다.

그림 98 | Gemini 2.5 Pro Deep Research 작성 완료 화면

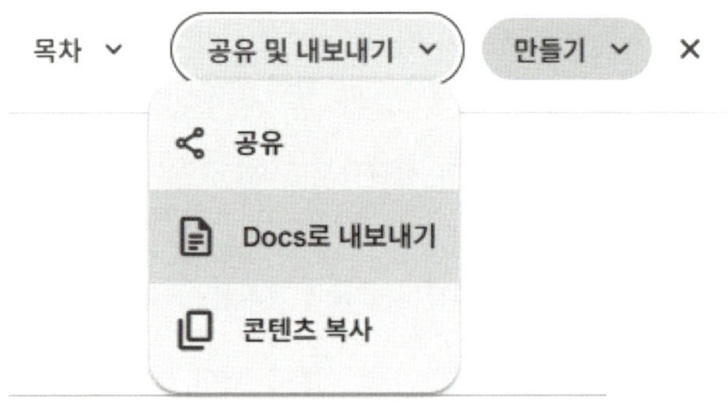

그림 99 | Gemini 2.5 Pro - Deep Research 보고서 목차

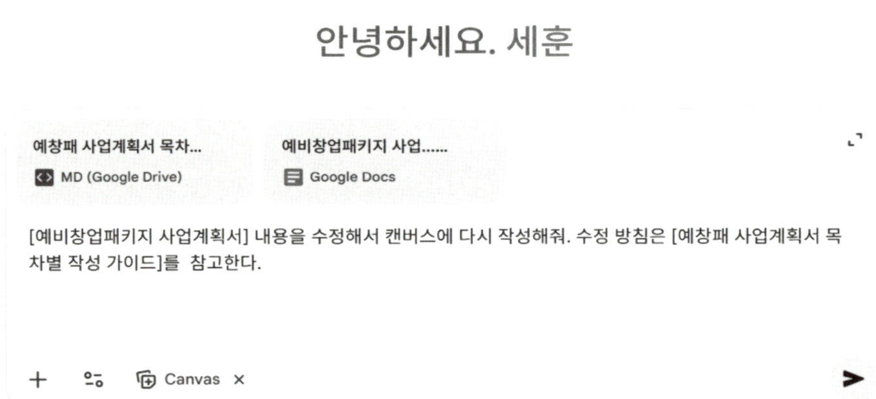

2. 작성 내용 확인 및 수정

Gemini 웹페이지를 새롭게 열어서 프롬프트 입력창의 [도구]에서 [Canvas]를 선택한다. Canvas의 장점은 작성 내용의 일부분에 대해서 세밀하게 수정할 수 있다. 우선 앞에 작성한 Docs 파일을 자신의 구글 드라이브에서 불러온다.

그림 100 ▌Gemini 2.5 Pro - Canvas 선택 및 구글 드라이브에서 파일 추가

보고서 초안이 Canvas에 로딩되면 목차별로 수정을 진행한다. 먼저 [그림 101]처럼 마우스 드래그로 수정할 범위를 선택하면 범위 아래에 [Gemini에게 물어보기]라는 입력창이 뜬다. 그리고 우측에는 세 개의 아이콘이 있는데 위의 아이콘이 텍스 분량을 늘이고 줄이는 [길이 변경], 중간 아이콘이 [어조 변경], 아래 아이콘이 [수정 제안]으로 생성형 AI가 알아서 내용을 변경한다.

사업계획서 수정을 위해서는 [Gemini에게 물어보기]에 일일이 원하는 수정 내용을 프롬프트로 입력해야 한다. 이때 2장의 작성 팁과 PRIE 내용을 참고하여 목차별로 수정 프롬프트를 작성한다.

1) 1. 문제인식_창업아이템의 필요성

다음의 프롬프트로 1. 문제인식_창업아이템의 필요성의 내용과 출력 형식을 수정한다.

프롬프트: 1. 문제인식_창업아이템의 필요성 수정

[역할]

당신은 예비창업패키지 심사위원 관점을 이해하는 사업계획서 작성 전문가임.
아래 [작성 TIP]과 [PRIE 내용]을 분석하여 선택 영역을 전문적으로 수정할 것.

[작성 TIP]

1. 문제인식 작성원칙
   - 외부적 배경: 사회/경제/시장/기술 관점에서 발생하는 문제 또는 기회에 대한 객관적 근거 제시 필수
   - 내부적 배경: 창업자의 경험/가치관/비전을 실제 사례로 평가위원의 공감 유도
   - 정확한 숫자, 정량적 데이터, 실제 사례 없이는 평가위원 설득 불가능
   - 문제 제시 시 통계 및 분석자료의 출처 반드시 명시
2. 해결방법 제시원칙
   - 단순 아이디어만 제시하는 것은 구체성 결여로 평가 한계 발생
   - 반드시 특정 기술이 적용되는 제품 또는 서비스를 통한 해결방법 제시
   - 기술적 혁신성과 차별성을 명확하게 논리적으로 연결
   - 그림/사진/이미지로 표현하여 이해도 향상(글보다 시각화가 효과적)
   - 제품/서비스 개발의 추진 이력과 경과, 추진 목적 작성으로 실현가능성 입증
3. 시장 분석 작성원칙
   (1) 시장 규모 분석
   - TAM(전체시장)－SAM(유효시장)－SOM(수익시장) 구분하여 시장규모 측정
   - TAM: 창업아이템 전체시장 크기(공개 자료와 보고서로 유추)
   - SAM: 전체시장에서 우리 BM이 차지하는 비중(기존 데이터 재분류 및 창의적 가정 필요)
   - SOM: 초기 점유 가능한 수익시장(문제를 가장 극심하게 느끼는 타깃 고객 시장, 보유 역량에 따라 결정)
   - 시장의 규모, 특성, 경쟁 강도, 성장 가능성, 고객 특성 분석
   - 시장 성장 가능성은 사업성과 직결되므로 지속 성장 가능성 반드시 어필
   - 가능한 최신 자료 인용, 모든 시장 데이터는 출처 명시 필수
   (2) 경쟁 분석
   - 경쟁사 및 경쟁제품 분석 필수(단순 비교 분석 또는 5Forces 모델 활용)
   - 마이클 포터의 5Forces 모델: 경쟁자/공급자/구매자/대체재/신규진입자의 5가지 힘으로 경쟁강도 분석
   - 5Forces 모델 분석이 어려우면 관련 분야 분석 자료를 찾아 창업아이템에 맞게 응용
   - 최소한 국내외 경쟁사 현황/특성, 경쟁 요소, 경쟁력 및 차별성 작성
   - 경쟁사 제품 비교표 작성하여 기술/기능/성능/가격 등 차별화 경쟁력 어필
   - 경쟁자가 없다는 주장은 신중히 접근: 고객 관점에서 대체재나 신규진입자 고려, 시장 미형성 가능성 검토
   - 독보적 기술이라도 시장 개척 비용과 시간 소요를 현실적으로 평가
   (3) 고객 분석(STP 전략)
   - Segmentation(세분화): 인구통계학적 데이터(나이/성별/소득)와 심리통계학적 데이

터(라이프스타일/가치관/행동양식/취미/관심사) 분석
- 제품 특성(성능/기능/용량/사용방법/사용환경)에 따른 세분화도 가능
- Targeting(타깃팅): 세분화된 시장에서 규모/성장가능성/수익성/고객획득비용/고객 전환율 고려하여 표적시장 선정
- 제품/서비스의 강점과 보유 자원을 가장 효과적으로 활용할 수 있는 세그먼트 선정
- Positioning(포지셔닝): 타깃 시장에서 제품/서비스의 차별화 포인트를 어떻게 각인시킬지 결정
- 포지셔닝맵으로 시각화하여 틈새시장 발견 및 장기 전략 수립
- STP 전략 권장 작성 위치: 문제인식에서는 Segmentation과 Targeting 위주, 성장전략(사업화 추진전략)에서 Positioning 작성

4. 작성 시 주의사항
   - 방대한 자료 중 필요한 내용만 선별하여 논리적 스토리텔링 구성
   - 학문적 완벽성보다 창업아이템 시장 이해와 올바른 사업화 전략 수립이 더 중요
   - 사업계획서 분량 제한(15페이지 이내)을 고려한 핵심 내용 요약 필수
5. 수정 핵심기준
   - 논리적 연결성: 문제 → 기술적 솔루션 → 기대효과 → 검증방법의 인과관계 명확화
   - 구체성: 모든 주장에 정량지표, 타임라인, 담당주체 명시
   - 차별화: 경쟁 대비 우위를 비교지표로 제시하고 기술적 진입장벽 강조
   - 실행력 입증: 시장검증 데이터와 매출 경로의 구체적 마일스톤 제시
   - 평가자 친화성: 한 문단 하나의 메시지, 핵심 수치 시각적 강조

[PRIE 내용]

- P(문제식별): 월 매출 3천만~2억 원 규모의 음식점과 카페 소상공인은 리뷰 관리에 월 15시간을 투입하나 답글 미작성률이 40~60%이며, 형식적 답글로 인한 고객 감동 실패와 부정 리뷰 대응 미숙이 발생함
- R(근본원인): 소상공인은 리뷰 관리가 즉각적 매출과 직결되지 않는다고 인식하여 우선순위가 낮고, 업체별 브랜드 보이스를 학습하는 개인화 AI 기술이 시장에 부재하여 효과적 답글 작성이 불가능함
- I(해법구현): LLM 기반 개인화 AI가 업체 프로필을 학습하고 리뷰 맥락을 이해하여 답글 초안을 생성함. 고객은 30초 검토 후 발송하며, 수정 패턴 학습을 통해 3~5회 피드백 후 정확도 90%에 도달함
- E(예상효과): 리뷰 관리 시간이 월 2.5시간에서 0.5시간으로 감소하고 답글 작성률이 50%에서 95%로 증가함. 1년 차 목표는 음식점과 카페 1,500개 업체 확보로 연 3억원 매출 달성임

[출력형식]

□ 문장은 개조식으로 작성하고 말머리 기호 사용 (□ - 1수준, ○ - 2수준)
□ 문장의 마침은 반드시 명사 또는 명사형 어미로 종결
□ 주요 수정사항 요약 (3~5개)
□ 수정된 전체 텍스트
□ 추가 보완 제안
이제 위 기준으로 선택 영역을 재작성할 것.

그림 101 ▌1. 문제 인식_창업아이템의 필요성 수정 전후

예비창업패키지 사업계획서 예시 | 제목 3 | 만들기

- **TAM (전체 시장):** 대한민국 내 '음식점 및 주점업'에 해당하는 모든 사업체. 약 793,586개.
- **SAM (유효 시장):** 1개 이상의 온라인 플랫폼을 활발히 사용하며 종업원 수 9인 이하인 독립 소상공인 매장. 약 300,000개.
- **SOM (초기 목표 시장):** 사업 초기 18~24개월 동안 서울 핵심 상권(강남, 마포, 종로 등)의 독립 소상공인 매장 1,500개.

구분	시장 정의	규모 (사업체 수)	시장 가치 (연간, Pro Tier 기준)
TAM	대한민국 전체 음식점 및 주점업	약 794,000개	약 6,630억 원
SAM	온라인 플랫폼을 사용하는 독립 소상공인	약 300,000개	약 2,500억 원
SOM	(초기 2년) 서울 핵심 상권 내 1,500개 고객	1,500개	약 12.4억 원

목표 고객 페르소나: "사장님 김민준"

- **인적 정보:** 김민준, 38세, 남성. 서울 마포구 연남동에서 4년째 작은 파스타 가게 '민준's 키친'을 운영 중.
- **고충 (Pains):** 주 70시간 이상 근무, 리뷰 관리에 어려움을 느낌. 부정적 리뷰에 대한 스트레스가 크고, 마케팅 대행사 비용이 부담스러움.
- **요구 (Needs):** 저렴하고 자동화된 리뷰 관리 솔루션. 가게의 진심을 담아 프로페셔널하게 온라인 평판을 관리해 줄 도구가 필요함.

| 위 기준으로 선택 영역을 재작성할 것.

2. 실현 가능성 (Solution)

2-1. 창업 아이템의 개발 계획

1. 문제 인식 (Problem)

주요 수정사항 요약

- **데이터 기반 문제 구체화:** '월 15시간 투입', '답글 미작성률 40~60%' 등 PRIE 기반 정량 데이터를 반영하여 문제의 심각성 부각
- **평가위원 친화적 형식 적용:** 전체 문장을 개조식으로 변경하고, 명사형으로 종결하여 가독성 및 전문성 강화
- **핵심 타겟 고객 명확화:** STP 분석을 도입하여 월 매출 3천만~2억 원 규모의 외식업 소상공인으로 목표 시장을 구체화하고 선정 근거 제시
- **시장 규모 데이터 신뢰도 제고:** TAM-SAM-SOM 추정 근거 및 출처 명시의 중요성을 강조하고, 시장 가치 산출 로직을 명확하게 표현

1-1. 창업 아이템의 배경 및 필요성

☐ **외부 환경: 과밀 경쟁 심화 및 온라인 평판의 절대적 영향력 증대 ◦ (시장) 대한민국 외식업, 생존을 위한 무한 경쟁 상태 돌입**

- 전국 약 79.4만 개 사업체 존재, 과밀 경쟁으로 인한 낮은 영업이익률 고착화 (출처: 통계청, 2023)
- 전체 사업체의 82%가 4인 이하 영세 업체로, 최소 인력으로 운영되는 구조적 한계 봉착 (출처: 중소벤처기업부, 2023) ◦ **(고객) 소비 결정의 핵심 변수로 부상한 '온라인 리뷰'**
- 소비자 73.4%가 플랫폼 이용 시 리뷰를 방문 결정의 핵심 정보로 활용 (출처: 한국소비자원, 2024)
- 온라인 평판 관리가 선택적 마케팅을 넘어 매장 생존과 직결되는 필수 경영 활동으로 자리매김

☐ **내부 문제: 소상공인 리뷰 관리의 정량적 한계 및 근본 원인 (PRIE 기반) ◦ (Pain Point 1) 시간 투입의 극심한 비효율성 발생**

- 월 평균 15시간을 리뷰 관리에 투입하고 있으나, 전체 리뷰의 40~60%는 미응답 상태로 방치
- 과도한 노동 시간(주 70시간 이상)으로 인한 물리적 한계로, 리뷰 관리의 우선순위가 낮아짐 ◦ **(Pain Point 2) 고객 응대의 전문성 및 진정성 부재**
- 시간 부족으로 인한 형식적, 반복적 답변으로 고객 감동 유도 실패
- 부정적 리뷰에 대한 감정적, 비전문적 대응으로 온라인 평판 악화 및 잠재 고객 이탈 가속화 ◦ **(Root Cause) 낮은 ROI 인식과 개인화 AI 솔루션의 부재**
- 리뷰 관리가 즉각적 매출과 직결되지 않는다는 인식으로 인해 후순위 업무로 취급
- 기존 솔루션은 매장별 특성과 '브랜드 보이스'를 반영하지 못하는 템플릿 기반으로, 효과적 답글 작성에 명확한 한계 존재

1-2. 창업 아이템의 목표 시장 분석

☐ **시장 규모 추정 (TAM-SAM-SOM) ◦ TAM (전체 시장):** 약 6,630억 원

- 국내 전체 음식점 및 주점업 사업체(약 79.4만 개) 대상 연간 시장 가치 ◦ **SAM (유효 시장):** 약 2,500억 원

2) 실현가능성_창업아이템의 개발 계획

다음의 프롬프트로 1-2 창업 아이템의 목표 시장 분석의 내용과 출력 형식을 수정한다.

프롬프트: 2. 실현가능성_창업아이템의 개발 계획 수정

[역할]

당신은 예비창업패키지 심사위원 관점을 이해하는 사업계획서 작성 전문가임.
아래 [작성 TIP]과 [PRIE 내용]을 분석하여 선택 영역을 전문적으로 수정할 것.

[작성 TIP]

1. 사업화 로드맵 선행 작성 원칙
   - 실현가능성 작성 전 제품/서비스의 사업화 진행에 대한 전체 로드맵 필수 도출
   - 로드맵은 아이템 특성과 기술 요소에 따라 순서와 절차 다르게 구성
   - 과거 → 현재 → 미래(협약기간)의 시계열적 흐름으로 사업화 단계 명확화
   - 로드맵 기준: 아이템 기획 → 연구개발 → 디자인/설계 → 시제품 제작 → 시험인증 → 초도생산 → 마케팅/홍보 등
   - 전체 로드맵 없이 작성 시 논리적 연결성 결여 및 실현가능성 입증 실패
2. 창업아이템 현황(준비 정도) 작성원칙
   (1) 작성 목적
      - 아이템이 아이디어 단계부터 어느 단계까지 실현/구체화 되었는지 확인
      - 시장과 고객 관점에서 사업화 방향성이 올바르게 설정되었는지 검증
      - 사업화 준비 정도와 방향성에 초점을 맞춘 작성 필수
   (2) 작성 내용
      - 본 사업 신청 전까지 기획/준비/추진한 경과를 시계열적으로 기재
      - 로드맵을 이미지로 먼저 제시하여 현재까지 진행 현황을 한눈에 파악 가능하게 구성
      - 로드맵 단계별 추진 이력과 진행현황을 상세하게 서술
      - 구체적 결과물 제시: 아이템 기획 자료, 시장/고객 반응 데이터, 연구개발 내용 및 결과물(기술 구현 자료, 시험 데이터), 디자인 개발 자료(3D 이미지, 렌더링, CMF보고서), 구조 및 기구설계 도면 등
      - 정량적/정성적 성과 제시: 확인된 실적, 시장 또는 고객 반응 등을 자유롭게 작성하여 실현가능성 근거 제시
3. 창업아이템 개발 계획(협약기간 내 실현 방안) 작성원칙
   (1) 협약 기간 고려 필수
      - 예비창업패키지 협약 기간: 약 8개월
      - 협약 기간과 사업비 예산을 감안한 실행가능한 범위 도출
      - 달성 가능한 목표 설정이 최종평가에 직접 영향
      - 목표 난이도가 낮으면 선정 확률 하락, 너무 높으면 최종평가에 악영향
   (2) 작성 내용
      - 사업 전체 로드맵에서 협약 기간 내 주요 내용과 목표를 시계열적/중요 순서로 나열

- 각 단계별 추진 기간과 세부 내용을 최종결과물/성과물 기준으로 작성
- 핵심 기능, 성능, 디자인, 기타 활동 등을 통한 세부적인 개발 및 구체화 방안 제시
- 최종 산출물 명확하게 명시

(3) 차별화 경쟁력 구현 방안
- 경쟁제품/서비스와 비교를 통해 파악된 문제점과 개선사항 제시
- 창업자/창업기업의 보유 역량 기반으로 차별화 요인 설명: 기술적 스펙, 핵심 기능, 성능, 고객 제공 혜택 등
- 보유 역량: 특허 등 물리적 역량뿐만 아니라 콘텐츠 등 소프트웨어 역량 포함
- 기술창업 지원 취지에 맞게 기술적/기능적/서비스적 차별화로 경쟁력 확보방안 제시
- 누가, 어떻게 구현할 것인지에 대한 세부 계획 필수: 핵심 기술 보유 또는 협업(공동개발), 기술이전 등의 구체화 방안

4. 사업추진 일정 작성원칙
- 사업추진 일정표는 반드시 기재 필수
- 사업기간 내 달성해야 할 목표와 동일하게 설정
- 협약 기간과 예산 고려하여 달성 가능한 일정(목표) 신중하게 설정
- 목표 달성 방안과 전략을 현실적/논리적/합리적으로 제시하여 평가위원 설득

5. 정부지원사업비 집행 계획 작성원칙

(1) 기본 원칙
- 협약 기간 내 사업화 추진 내용과 방안을 기준으로 소요 비용 작성
- 사업 공고문의 사업화 자금 집행 비목(10개 비목) 참조 필수
- 각 비목별 산출 근거를 구체적이고 명확하게 작성하여 금액 적정성 입증
- 비목별 금액이 통상적 비용보다 높으면 선정평가 시 차감 가능
- 창업지원사업 운영지침과 사업비 관리기준 내 비목별 유의사항 숙지 권장

(2) 1단계/2단계 구분 작성('25년 기준)
- 총 8개월 협약기간을 1단계(초반부 약 4개월)와 2단계(후반부 약 4개월)로 구분
- 1단계: 2천만 원 내외, 2단계: 4천만 원 내외(총 평균 0.5억 원 지원)
- 1단계 진척도 평가 후 약 50%만 2단계 추가지원 대상자로 선정
- 1단계만 선정되더라도 전체 협약 종료일 2개월 전까지 창업 완료(사업자등록) 필수
- 2단계 탈락 가능성을 고려한 추가 사업화 자금 확보 계획 수립 필수

(3) 비목별 유의사항
- 기계장치: 일정 횟수 또는 반영구적 사용 가능한 것만 인정(일회성/단발성 불가)
- 인건비: 대표자, 대표자와 특수관계인(민법 제777조 친족) 지급 불가
- 비목 정의 범위 내에서만 사용 가능하며 위반 시 사업비 삭감

(4) 사업비 신청 전략
- 자기부담금 없이 정부지원사업비 100%로 구성
- 신청 금액 초과 지급 불가하므로 필요 사업화 자금을 꼼꼼하게 체크하여 충분히 확보
- 선정 후 사업계획서 내용과 계획에 맞게 사업비 사용 필수

6. 전체 작성 시 핵심 체크포인트

① 창업아이템 준비가 충분하고 시장/고객 관점에서 사업화 추진전략의 방향성이 올바른가
② 문제제기와 해결방안이 반드시 매칭되는가
③ 협약 기간 내 실현 범위 설정과 구체화 계획이 수립되어 있는가

④ 차별화 경쟁력을 구현할 수 있는 역량을 보유하고 있는가

[PRIE 내용]

- P(문제식별): 월 매출 3천만~2억 원 규모의 음식점과 카페 소상공인은 리뷰 관리에 월 15시간을 투입하나 답글 미작성률이 40~60%이며, 형식적 답글로 인한 고객 감동 실패와 부정 리뷰 대응 미숙이 발생함
- R(근본원인): 소상공인은 리뷰 관리가 즉각적 매출과 직결되지 않는다고 인식하여 우선순위가 낮고, 업체별 브랜드 보이스를 학습하는 개인화 AI 기술이 시장에 부재하여 효과적 답글 작성이 불가능함
- I(해법구현): LLM 기반 개인화 AI가 업체 프로필을 학습하고 리뷰 맥락을 이해하여 답글 초안을 생성함. 고객은 30초 검토 후 발송하며, 수정 패턴 학습을 통해 3~5회 피드백 후 정확도 90%에 도달함
- E(예상효과): 리뷰 관리 시간이 월 2.5시간에서 0.5시간으로 감소하고 답글 작성률이 50%에서 95%로 증가함. 1년 차 목표는 음식점과 카페 1,500개 업체 확보로 연 3억원 매출 달성임

[출력형식]

□ 문장은 개조식으로 작성하고 말머리 기호 사용 (□ – 1수준, ○ – 2수준)
□ 문장의 마침은 반드시 명사 또는 명사형 어미로 종결
□ 주요 수정사항 요약 (3~5개)
□ 수정된 전체 텍스트
□ 추가 보완 제안
이제 위 기준으로 선택 영역을 재작성할 것.

그림 102 ▌2. 실현가능성_창업아이템의 개발 계획 수정 전후

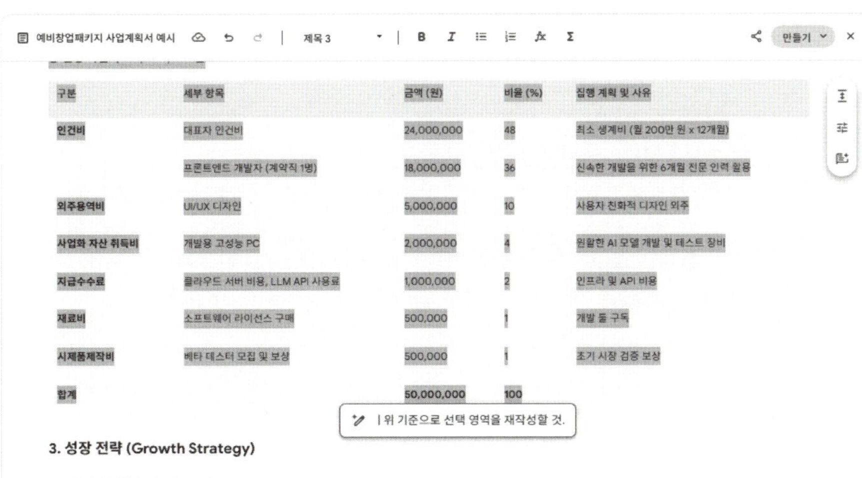

구분	세부 항목	금액 (원)	비율 (%)	집행 계획 및 사유
인건비	대표자 인건비	24,000,000	48	최소 생계비 (월 200만 원 x 12개월)
	프론트엔드 개발자 (계약직 1명)	18,000,000	36	신속한 개발을 위한 6개월 전문 인력 활용
외주용역비	UI/UX 디자인	5,000,000	10	사용자 친화적 디자인 외주
사업화 자산 취득비	개발용 고성능 PC	2,000,000	4	원활한 AI 모델 개발 및 테스트 장비
지급수수료	클라우드 서버 비용, LLM API 사용료	1,000,000	2	인프라 및 API 비용
재료비	소프트웨어 라이선스 구매	500,000	1	개발 툴 구독
시제품제작비	베타 테스터 모집 및 보상	500,000	1	초기 시장 검증 보상
합계		50,000,000	100	

3. 성장 전략 (Growth Strategy)

3-1. 창업 아이템의 비즈니스 모델

2. 실현 가능성 (Solution)

주요 수정사항 요약

- **사업화 로드맵 도입:** 아이템 기획부터 사업 확장까지의 전체 로드맵을 제시하여 계획의 체계성 강화
- **현재 준비 수준 구체화:** 본 사업 신청 전 완료된 기술 검증(PoC), 고객 인터뷰 등 구체적 성과를 제시하여 실행력 입증
- **협약기간(8개월) 중심 개발 계획:** 8개월 협약기간 내 달성 가능한 현실적 개발 목표와 최종 산출물을 명확히 정의
- **정부지원사업비 집행 계획 재수립:** 평가 기준에 맞춰 대표자 인건비를 제외하고, 1-2단계 구분을 통한 현실적 예산안 편성

2-1. 사업화 로드맵 및 현재 준비 수준

□ **사업화 전체 로드맵**

◦ **(1단계) 아이디어 구체화 및 기술 검증 (완료):** 아이템 기획, 시장조사, 핵심 기술(LLM 기반 개인화) PoC 완료 ◦ **(2단계) 제품 개발 및 시장 검증 (본 협약기간):** MVP 고도화, 베타 테스트, 정식 서비스(V1.0) 출시 및 초기 고객 확보 ◦ **(3단계) 사업 확장 및 고도화 (협약 이후):** 기능 확장, 전국 단위 영업망 구축, 데이터 기반 부가 사업 모델 개발

□ **현재 준비 수준 (사업 신청일 기준)** ◦ **(아이템 기획)** 타겟 고객(외식업 소상공인) 30명 대상 심층 인터뷰 완료, 핵심 문제(리뷰 관리 비효율성) 및 솔루션 요구사항 검증 완료 ◦ **(기술 개발)** LLM 기반 개인화 답글 생성 알고리즘 PoC(Proof of Concept) 완료

- 3개 가상 매장 데이터 활용, '브랜드 보이스' 학습 및 긍/부정 리뷰 문맥 파악 후 답글 자동 생성 기능 구현 (정확도 75% 수준) ◦ **(UI/UX 설계)** 핵심 기능(리뷰 대시보드, 답글 생성/게시) 중심의 와이어프레임 및 프로토타입(Figma) 설계 완료

2-2. 창업 아이템 개발 계획 (협약기간 8개월 내)

□ **최종 목표:** '브랜드 보이스' 학습 기반 AI 리뷰 관리 SaaS 플랫폼(V1.0) 출시 및 유료 고객 50개사 확보

□ **핵심 기술 구현 방안: '진정성 엔진(Authenticity Engine)' 고도화**

◦ **(개인화)** 소수샷 학습(Few-Shot Learning) 기술 적용, 3~5회 사용자 피드백만으로 답글 생성 정확도 90% 달성 목표 ◦ **(문맥화)** RAG(검색 증강 생성) 기술 적용, 업체별 DB(메뉴, 프로모션 등) 연동으로 사실 기반의 풍부한 내용 생성

□ **개발 로드맵 (8개월)** ◦ **(1~2개월)** MVP 고도화: UI/UX 디자인 반영, 네이버 플레이스 API 연동 및 로그인/결제 기본 기능 구현 ◦ **(3~4개월)** 클로즈 베타 테스트: 타겟 고객 20개사 대상 실증 테스트, 사용성 피드백 기반 서비스 개선 (1단계 목표) ◦ **(5~6개월)** 정식 버전(V1.0) 개발: 배달의민족 등 플랫폼 연동 확장, 리뷰 데이터 분석 대시보드 기능 개발 ◦ **(7~8개월)** V1.0 정식 서비스 출시 및 초기 고객 확보: 마케팅 활동 병행, 유료 전환 및 고객 지원 시스템 구축 (2단계 목표)

3) 성장전략_사업화 추진전략

다음의 프롬프트로 3. 성장전략_사업화 추진전략의 내용과 출력 형식을 수정한다.

프롬프트: 3. 성장전략_사업화 추진전략 수정

[역할]

당신은 예비창업패키지 심사위원 관점을 이해하는 사업계획서 작성 전문가임.
아래 [작성 TIP]과 [PRIE 내용]을 분석하여 선택 영역을 전문적으로 수정할 것.

[작성 TIP]

1. 비즈니스 모델 수립 핵심
   - 어느 시장에서, 누구에게, 어떤 가치를, 어떤 방법으로 전달하고, 어떻게 수익을 창출할 것인가 명확화
   - 수익성 필수 검증: ① 이윤 실현 가능성, ② 즉시 수익 실현 여부, ③ 지속 운영 가능

수준의 수익인지 확인
- 린 비즈니스 모델 캔버스 활용 권장(초기 스타트업에 최적화): 문제점 → 고객 세그먼트 →가치제안 → 솔루션 → 채널 → 수익원 → 비용구조 → 핵심지표 → 경쟁우위의 9가지 블록 구조화
- 경쟁우위는 단순 강점이 아닌 모방 불가능한 진입장벽 제시
- 비즈니스 모델 도식화: 창업아이템/타깃 고객/주는 것(가치)/받는 것(대가)/보유 자원 활용 전략 표현

2. 사업화 전략 수립 원칙
   - 목표 고객 확보, 가치제안 및 전달, 제품 생산 및 조달, 마케팅 및 홍보, 판매채널 확보, 판로개척, 수익창출, 유지 · 보수 및 AS 전략 수립
   - 아이템 시장 진출 시기/홍보 · 유통 계획/마케팅 전략을 객관적 근거와 함께 구체적으로 제시
   - 표/그래프/이미지 활용으로 평가위원 가독성 제고
   - 현실적 측면에서 성장 및 사업화 구현 전략 작성(뜬구름 잡는 희망 회로 지양)
3. 협약 기간 내 성과 목표 수립(단기 전략: 1~3년)
   (1) 매출 목표: 제품/서비스 출시 시점을 객관적으로 계획하고 근거자료 제시. 제조업은 생산 방식/능력/수량/자재 수급/원가/가격/타깃 고객 고려, 서비스업은 제공 범위/수익 실현 방법/확장 계획/단가/목표 고객 수/유지 · 보수 고려
   (2) 투자 목표: 소요 자금과 집행계획 수립 후 자금 조달 방안(정부지원금/자기자본/투자유치/융자) 계획. 예비창업 단계는 시드(Seed) 투자유치 고려(몇백~10억 미만). 투자유치 계약서/협약서 제시 권장, 없으면 구체적 전략 수립
   (3) 고용 목표: 4대 보험 가입 기준으로 채용 분야/시기/자격 요건/인원 제시. 핵심 직무/지속적 발생 직무/외주 대비 장점 종합 고려
   (4) 기타 사업화 성과: 거래처 확보/계약 건수/바이어 상담 횟수 등 정량적 측정 가능 사항 제시
4. 사업추진 일정(전체 사업단계) 작성
   - 추진 내용/추진 기간/세부 내용(최종결과물/성과물 기준) 작성
   - 창업아이템 시작부터 사업화까지 전체기간 구체화, 스타트업 설립 이후 단기적(1~2년) 전략 제시
   - 협약 기간 이후 사업화 단계와 고도화 방향, 유통/판로 확보, 홍보/마케팅 세부 실행 전략, 투자유치 전략 제시
   - 간트차트 또는 이미지화 표현 가능(대면 평가 PPT 활용)
5. 자금확보 전략
   - 4가지 자금 조달 방법: ① 자기자본 조달(구체적 작성 필수), ② 투자유치(IR전략 수립, 협약서/계약서 제시 권장), ③ 사업화 자금 융자(정책자금/기술보증기금 R&D융자 활용), ④ 타 정부지원사업 지원금 활용(상환 불필요, 적극 활용 권장)
   - 정부지원사업 활용: 창업아이템 사업화 로드맵 수립 후 단계별 정부지원금 활용 계획. 지원기관(중소벤처기업부, 창업진흥원, K-Startup, 창조경제혁신센터 등) 홈페이지 정기 확인
   - 창업기업 단계별 활용 로드맵: 예비-초기(생애최초청년/예비창업패키지), 창업 1~3년(창업성공/초기창업패키지), 창업 4~7년(창업도약패키지)

6. 중장기 사회적 가치 도입계획(ESG경영)
   - 환경(E): 에너지소비/폐기물처리/자원사용 등 환경적 영향 고려 및 대책 (예: 친환경 재료/패키지)
   - 사회(S): 근로환경/복지/다양성/공정한 노동 조건/지역사회 기여 등 윤리적이고 공정한 기업 문화
   - 지배구조(G): 의사결정의 민주성/투명성, 경영진의 윤리적 행동, 이사회 역할·책임
   - 예비창업기업은 실제 실현 가능하고 효과 달성 가능한 것부터 계획
7. 핵심 작성 원칙
   - 생존 필수요소(매출/투자/고용)를 통한 운영 자금 확보 전략 제시
   - 생산적/시장적/경영적 요소 종합 고려
   - 예비창업패키지는 스타트업 설립 후 생존을 위한 단기적(1~3년) 전략이 매우 중요
   - 최근 경쟁률 심화로 아이템 개발/사업화가 상당 부분 진행된 예비창업자의 선정 확률 높음

[PRIE 내용]

- P(문제식별): 월 매출 3천만~2억 원 규모의 음식점과 카페 소상공인은 리뷰 관리에 월 15시간을 투입하나 답글 미작성률이 40~60%이며, 형식적 답글로 인한 고객 감동 실패와 부정 리뷰 대응 미숙이 발생함
- R(근본원인): 소상공인은 리뷰 관리가 즉각적 매출과 직결되지 않는다고 인식하여 우선순위가 낮고, 업체별 브랜드 보이스를 학습하는 개인화 AI 기술이 시장에 부재하여 효과적 답글 작성이 불가능함
- I(해법구현): LLM 기반 개인화 AI가 업체 프로필을 학습하고 리뷰 맥락을 이해하여 답글 초안을 생성함. 고객은 30초 검토 후 발송하며, 수정 패턴 학습을 통해 3~5회 피드백 후 정확도 90%에 도달함
- E(예상효과): 리뷰 관리 시간이 월 2.5시간에서 0.5시간으로 감소하고 답글 작성률이 50%에서 95%로 증가함. 1년 차 목표는 음식점과 카페 1,500개 업체 확보로 연 3억원 매출 달성임

[출력형식]

□ 문장은 개조식으로 작성하고 말머리 기호 사용 (□ – 1수준, ○ – 2수준)
□ 문장의 마침은 반드시 명사 또는 명사형 어미로 종결
□ 주요 수정사항 요약 (3~5개)
□ 수정된 전체 텍스트
□ 추가 보완 제안
이제 위 기준으로 선택 영역을 재작성할 것.

그림 103 ▍ 3. 성장전략_사업화 추진전략 수정 전후

3. 성장 전략 (Growth Strategy)

3-1. 창업 아이템의 비즈니스 모델

수익 모델: 계층형 월간 구독 (SaaS)

- **베이직 (월 39,000원):** 월 100건 응답, 2개 플랫폼 연동.
- **프로 (월 69,000원):** 월 300건 응답, 4개 플랫폼 연동, 주간 리포트.
- **프리미엄 (별도 문의):** 무제한 응답, 전담 매니저 등.

3-2. 사업화 추진 전략

- **1단계: 검증 및 커뮤니티 구축 (1~6개월):** 특정 지역(마포구) 집중, 소상공인 온라인 커뮤니티 활용.
- **2단계: 확장 및 디지털 마케팅 (7~18개월):** 수도권 확장, 소셜 미디어 타겟 광고, 콘텐츠 마케팅.
- **3단계: 규모화 및 파트너십 (19개월 이후):** 전국 확장, POS 업체, 식자재 유통사 등과 채널 파트너십 구축.

3-3. 사업 추진 일정 및 자금 운용 계획

구분	1분기 (1~3개월)	2분기 (4~6개월)	3분기 (7~9개월)	4분기 (10~12개월)
제품 개발	MVP 개발	클로즈 베타 테스트	V1.0 정식 버전 개발	분석 대시보드 개발
마케팅/영업	베타 테스터 20명 확보	초기 사용자 확보	유료 고객 100명 확보	디지털 마케팅 캠페인
운영/인사	사업자 등록	개발자 채용	고객 지원 시스템 구축	파트너십 준비
자금 조달	정부 지원금 집행	매출 발생 시작	-	Seed 투자 유치 준비

위 기준으로 선택 영역을 재작성할 것.

4. 팀 구성 (Team)

3. 성장 전략 (Growth Strategy)

주요 수정사항 요약

- **린 캔버스 도입을 통한 비즈니스 모델 체계화:** 9가지 핵심 요소를 통해 사업 모델의 전체 구조와 수익성을 명확하게 제시
- **협약 기간 중심의 구체적 사업화 목표 설정:** 매출, 투자유치, 고용 측면에서 8개월 내 달성 가능한 정량적 목표를 제시하여 실현가능성 부각
- **고객 확보(GTM) 전략 구체화:** 초기 시장 진입(Beachhead)부터 확장까지 단계별 마케팅 및 판로 개척 방안을 구체적으로 서술
- **자금 조달 및 ESG 계획 추가:** 후속 투자 및 정책자금 활용 계획을 통해 사업의 지속가능성을 강조하고, ESG 도입으로 사회적 가치 제시

3-1. 창업 아이템의 비즈니스 모델 (린 캔버스)

문제 (Problem)	솔루션 (Solution)	핵심 가치 제안 (Unique Value Proposition)	경쟁 우위 (Unfair Advantage)	고객 세그먼트 (Customer Segments)
1. 리뷰 관리에 월 15시간 이상 투입 (시간 부족) 2. 템플릿 기반 응답으로 인한 고객 감동 실패 3. 부정적 리뷰 대응 미숙으로 인한 평판 하락	◦ '브랜드 보이스' 학습 AI 엔진 ◦ 30초 내 검토/발송 가능한 답글 초안 자동 생성 ◦ 긍/부정 리뷰 자동 분류 및 맞춤 대응	**"사장님은 요리에만 집중하세요. 까다로운 리뷰 관리는 AI가 사장님처럼 해드립니다."** 시간 절약, 고객 관계 개선, 온라인 평판 향상을 통한 매출 증대 기회 제공	◦ 외식업 리뷰 특화 데이터셋 및 AI 모델 ◦ 소상공인 커뮤니티 기반의 강력한 초기 사용자 네트워크 ◦ 대표자의 기술 전문성 + 산업 이해도 결합	**(초기 타겟)** 월 매출 3천만~2억 원 규모의 음식점 및 카페 소상공인
핵심 지표 (Key Metrics)	**채널 (Channels)**			
◦ 월간 활성 사용자 수 (MAU) ◦ 유료 전환율 (%) ◦ 고객 유지율 (Retention Rate)	◦ 소상공인 온라인 커뮤니티 (아프니까 사장이다 등) ◦ SNS 타겟 광고 (페이스북, 인스타그램) ◦ POS사, 식자재 유통사 등 B2B 채널 파트너십			
비용 구조 (Cost Structure)	**수익원 (Revenue Streams)**			
(고정비) 인건비, 사무실 임대료 **(변동비)** 클라우드 서버 비용, LLM API 사용료, 광고선전비	◦ **(주 수익원)** SaaS 월간/연간 구독료 - 베이직: 39,000원/월 - 프로: 69,000원/월 ◦ **(부가 수익원)** 리뷰 데이터 분석 리포트 판매 (B2B)			

4) 팀 구성_대표자 및 팀원 구성 계획

다음의 프롬프트로 4. 팀 구성_대표자 및 팀원 구성 계획 내용과 출력 형식을 수정한다.

프롬프트: 4. 팀 구성_대표자 및 팀원 구성 계획 수정

[역할]

당신은 예비창업패키지 심사위원 관점을 이해하는 사업계획서 작성 전문가임.
아래 [작성 TIP]과 [PRIE 내용]을 분석하여 선택 영역을 전문적으로 수정할 것.

[작성 TIP]

1. 개인정보 마스킹 필수사항
   - 공정한 평가를 위해 성명/성별/생년월일/출신학교/소재지 등 개인 유추 가능 정보는 삭제 또는 마스킹 처리 필수
   - 작성 가능 항목: 학력/전공/직장/직업/경력/주요 수행업무
   - 마스킹 미처리 시 평가 불이익 발생
2. 대표자 역량 작성 원칙
   - 창업아이템 개발 역량과 경영 역량을 구분하여 작성 권장
   - 창업아이템 개발 역량: 관련 분야 경력/학력/기술력/노하우를 창업아이템 개발과 사업화에 어떻게 활용할지 어필
   - 경영 역량: 경영 관련 경력/학력/노하우를 비즈니스 모델 실현과 회사 설립·운영에 어떻게 활용할지 어필
   - 유사 경험/관련 정부지원사업 수행·참여 이력/교육 이수 현황/수상 실적 등 작성 권장
3. 팀원 구성 계획 작성 원칙
   - 채용 완료 인력의 역량과 협약 기간 내 채용 예정 인력의 역량 수준 작성
   - 팀원 역량도 경력/학력/기술력/노하우를 바탕으로 창업아이템 개발과 사업화 활용 방안 어필
   - 협약 기간 내 팀원 채용은 협약 기간 내 고용 목표의 채용 인원과 채용 분야가 일치해야 함
   - 채용 계획 수립 시 고려사항: 창업아이템 개발·사업화의 핵심 직무인지, 지속적·정기적 발생 직무인지, 외주 의뢰 비용 대비 장점 있는지 종합 고려
4. 보유·보유 예정 장비·시설 작성
   - 창업아이템의 개발/시험/생산 또는 서비스 구현/비즈니스 모델 실현과 관련된 장비·시설 작성
   - 1인 창업팀의 경우 대표자 역량과 보유·보유 예정 장비·시설 중심으로 작성
5. 외부 협력 기관 현황 및 협업 방안
   - 창업아이템 개발·사업화 관련 대표자나 팀원 이외 협력·협력 예정인 외부 기업/기관/교수/전문가 작성
   - 외부 협력기관의 보유 역량과 세부 협력 사항 기재
   - 어떤 외부 협력기관과 언제, 어떻게 협력할 것인가에 대한 전략과 계획 수립

- 외부 협력 인프라나 Pool이 없는 경우: 각 사업화 단계에서 자체 실현 어려운 부분 도출 → 해결 위한 파트너/외부 기관/기업 등 인프라 구성 및 계획 수립
- 대표자와 창업팀 역량의 부족한 부분을 외부 협력으로 보완하는 전략 제시

6. 핵심 작성 초점
   - "누가, 보유역량"을 언제, 어떻게 활용하여 창업아이템의 사업화를 실현해 나아갈 것인가
   - 창업아이템의 기술성/시장성/사업성을 표현하는 논리구조로 평가위원 설득
7. 전체 사업계획서 작성 시 유의사항
   - 제출 분량 15페이지 내외로 제한, 모든 내용을 완벽하게 적용할 필요 없음
   - 분량이 많다고 좋은 것 아님
   - 중요한 것: 창업아이템의 사업화 전략과 비즈니스 모델의 방향성을 명확하게 표현하고, 평가위원을 설득할 수 있는 논리구조로 기술성/시장성/사업성 표현
   - 공고문과 사업계획서 양식은 매년 조금씩 변경되므로 해당 연도 기준에 맞추어 작성·신청 필수

[PRIE 내용]

- P(문제식별): 월 매출 3천만~2억 원 규모의 음식점과 카페 소상공인은 리뷰 관리에 월 15시간을 투입하나 답글 미작성률이 40~60%이며, 형식적 답글로 인한 고객 감동 실패와 부정 리뷰 대응 미숙이 발생함
- R(근본원인): 소상공인은 리뷰 관리가 즉각적 매출과 직결되지 않는다고 인식하여 우선순위가 낮고, 업체별 브랜드 보이스를 학습하는 개인화 AI 기술이 시장에 부재하여 효과적 답글 작성이 불가능함
- I(해법구현): LLM 기반 개인화 AI가 업체 프로필을 학습하고 리뷰 맥락을 이해하여 답글 초안을 생성함. 고객은 30초 검토 후 발송하며, 수정 패턴 학습을 통해 3~5회 피드백 후 정확도 90%에 도달함
- E(예상효과): 리뷰 관리 시간이 월 2.5시간에서 0.5시간으로 감소하고 답글 작성률이 50%에서 95%로 증가함. 1년 차 목표는 음식점과 카페 1,500개 업체 확보로 연 3억원 매출 달성임

[출력형식]

ㅁ 문장은 개조식으로 작성하고 말머리 기호 사용 (ㅁ – 1수준, ◦ – 2수준)
ㅁ 문장의 마침은 반드시 명사 또는 명사형 어미로 종결
ㅁ 주요 수정사항 요약 (3~5개)
ㅁ 수정된 전체 텍스트
ㅁ 추가 보완 제안
이제 위 기준으로 선택 영역을 재작성할 것.

그림 104 ▌ 4. 팀 구성_대표자 및 팀원 구성 계획 수정 전후

4. 팀 구성 (Team)

4-1. 대표자 및 팀 구성과 보유 역량

대표자 프로필 및 '문제-창업자 적합성 (Problem-Founder Fit)'

- **서사 (Narrative):** 5년 이상 경력의 AI/ML 소프트웨어 엔지니어이자, 소상공인 식당을 운영하는 가정에서 성장하여 외식업 현장에 대한 깊은 이해와 공감대 보유.
- **역량 (Capabilities):** 자연어 처리(NLP) 모델 개발 및 상용화 경험, 클라우드 기반 서비스 아키텍처 설계 능력, 신사업 프로젝트 리딩 경험.

팀 구성 및 충원 계획

- **초기 팀:** 대표자 1인 체제로 핵심 가치 구현.
- **핵심 인력 충원:** 사업 2분기 내 **제품 및 마케팅 리드** 1명 채용하여 시장 중심의 제품 개발 추진.

자문단 및 네트워크

20년 경력의 외식업 컨설턴트, B2B SaaS 스타트업 창업 경험이 있는 선배 기업가를 비공식 자문단으로 위촉하여 사업 전략 완성도 제고.

| 위 기준으로 선택 영역을 재작성할 것.

4. 팀 구성 (Team)

주요 수정사항 요약

- **대표자 역량 구체화:** 개발 역량과 경영 역량을 분리하여 창업 아이템 실현 가능성을 구체적으로 제시
- **'문제-창업자 적합성' 강화:** 대표자의 성장 배경과 기술 전문성을 연결하여 사업 추진의 진정성 및 당위성 부각
- **팀원 충원 계획 명확화:** 협약 기간 내 채용 목표와 연계하여 채용 분야, 시기, 핵심 역할을 명시, 실행력 입증
- **외부 협력 네트워크 구체화:** 부족한 역량을 보완하기 위한 자문단 및 외부 기관과의 협력 방안을 구체적으로 제시

4-1. 대표자 보유 역량

□ **'문제-창업자 적합성 (Problem-Founder Fit)'** ◦ 소상공인 식당을 운영하는 가정에서 성장, 외식업 현장의 고충(리뷰 관리, 고객 응대 등)을 직접 경험하며 문제의 본질에 깊이 공감 ◦ 기술 전문성과 산업 이해도를 결합하여, 실제 현장에서 작동하는 현실적인 솔루션 기획 및 개발 가능

□ **개발 역량 (Technical Skills)** ◦ **(AI/ML 전문성)** 5년 이상 경력의 AI/ML 엔지니어

- 자연어 처리(NLP) 모델 개발 및 상용화 프로젝트 다수 수행
- 본 아이템의 핵심 기술인 '진정성 엔진' 설계 및 PoC(완료) 직접 수행 ◦ **(SaaS 개발)** 클라우드(AWS) 기반 서비스 아키텍처 설계 및 구축 역량 보유
- 확장성과 안정성을 고려한 B2B SaaS 플랫폼 개발 총괄 가능

□ **경영 역량 (Business Skills)** ◦ **(프로젝트 리딩)** 5인 규모 신사업 TF팀 리딩 경험, 프로젝트 기획부터 출시, 운영까지 전 과정 관리 경험 보유 ◦ **(고객 검증)** 타겟 고객 30명 대상 심층 인터뷰 직접 수행, 고객의 Pain Point를 검증하고 사업 방향성에 반영하는 실행력 보유 ◦ **(네트워크)** 외식업 커뮤니티 및 B2B SaaS 분야 네트워크 보유, 초기 고객 확보 및 파트너십 구축에 활용

4-2. 팀 구성 및 충원 계획

□ **현재 팀 구성 (1인)** ◦ 대표자 1인 체제로 아이템 기획, 핵심 기술 PoC, 프로토타입 설계 등 초기 개발 단계 완료

□ **협약 기간 내 충원 계획 (핵심 인력 2명)** ◦ **(1) 프론트엔드 개발자 (협약 2개월 차 채용 예정)**

- **핵심 역할:** Figma 프로토타입 기반 웹 플랫폼 UI/UX 개발, 사용자 피드백 기반 신속한 서비스 개선 및 업데이트 담당
- **자격 요건:** React, TypeScript 기반 개발 경력 3년 이상, 반응형 웹 개발 경험자 ◦ **(2) 서비스 기획/마케터 (협약 5개월 차 채용 예정)**
- **핵심 역할:** 베타 테스트 기획 및 운영, 고객 성공 사례 발굴 및 콘텐츠 제작, 초기 시장 확보를 위한 디지털 마케팅 전략 수립 및 실행
- **자격 요건:** IT 서비스/플랫폼 기획 또는 마케팅 경력 2년 이상, 데이터 기반 의사결정 가능자

3. AI를 넘어, 합격하는 사업계획서로

이전까지의 작업을 통해 수정 사업계획서(부록 2 참조)가 작성되었다. 하지만 AI가 생성한 초안은 시작일 뿐임을 강조한다. AI가 작성한 초안을 받았다면, 다음 8단계 프로세스를 거쳐 검증하자. 특히, 이 과정은 대면 발표 자료를 준비하는 예비창업자에게는 필수사항이다. 각 단계별 체크리스트와 문구 수정 예시를 제시하였으니 이를 참고하여 독자의 사업계획서 작성에 참고하기 바란다.

Step 1: 감정 검증 - "이 글에 내 고민이 담겼는가?"

체크리스트

- [ ] 창업 동기에 개인적인 경험이나 에피소드가 있는가?
- [ ] 문제 정의에서 "화나는 지점" 또는 "안타까운 순간"이 드러나는가?
- [ ] 추상적 표현(혁신적, 최적화, 극대화)보다 구체적 감정(답답했다, 놀랐다, 확신했다)이 더 많은가?
- [ ] 읽는 사람이 "아, 이 사람 진짜 이 문제로 고민했구나" 느낄 수 있는가?

[AI 초안] "외식업 사장님들의 리뷰 관리 어려움을 해결하고자 본 사업을 기획하였습니다."

감정 검증 후

"친구가 운영하는 카페에서 악플 하나 때문에 3일 밤을 못 잤습니다.
'음식이 별로'라는 리뷰 하나가 그 친구의 3년 노력을 무너뜨리는 걸 보면서,
이건 단순한 '리뷰 관리' 문제가 아니라 '사장님의 멘탈 관리' 문제라는 걸 깨달았습니다."

Step 2: 숫자 검증 - "이 수치는 어디서 왔는가?"

체크리스트

- [ ] 모든 숫자에 출처가 있는가? (통계청, 협회 자료, 자체 조사 등)
- [ ] 소수점 이하 숫자가 과도하게 정밀하지 않은가?
- [ ] "약 ~명", "~% 수준" 같은 현실적 표현을 사용했는가?
- [ ] 매출 예측이 보수적으로 설정되었는가? (낙관적 시나리오의 70% 수준)

[AI 초안] "12개월 후 MAU 15,347명 달성 예상"

숫자 검증

"12개월 후 유료 고객 약 1,000명 목표 (베타테스트 전환율 87% 기준, 실제 운영 시 약 70% 예상하여 보수적으로 산정)"

Step 3: 전문성 검증 - "문외한도 이해하고, 전문가도 고개 끄덕이는가?"

체크리스트

- [ ] 전문용어를 사용했다면, 바로 다음 문장에 쉬운 설명이 있는가?
- [ ] 기술 설명이 "어떻게"보다 "왜 필요한지"에 초점을 맞췄는가?
- [ ] 업계 전문가가 읽어도 "이 사람 제대로 알고 있네" 할 만한 디테일이 있는가?
- [ ] 평가위원(비전문가)이 읽어도 3분 안에 이해할 수 있는가?

실전 적용:

[AI 초안] "자연어 처리(NLP) 기반 감정 분석 엔진을 활용하여..."

전문성 검증 후

"AI가 리뷰 문장의 감정을 분석합니다. 예를 들어 '맛은 괜찮은데 서비스가...'라는 리뷰는 '맛(긍정) + 서비스(부정)'으로 나눠서 분석해, 사장님께 '서비스 교육이 시급합니다'라고 알려줍니다. 이게 NLP(자연어 처리) 기술입니다."

Step 4: 차별성 검증 - "경쟁사 자료를 복붙한 것 아닌가?"

체크리스트

- [ ] 경쟁사 분석에서 우리만의 관점이 드러나는가?
- [ ] 경쟁사를 "공평하게" 평가하지 않았는가? (우리 타겟에 집중한 편향적 분석이 맞음)
- [ ] "우리가 왜 다른가"보다 "우리는 누구를 위한 것인가"가 명확한가?
- [ ] 차별점이 기능이 아닌 "고객 문제 해결 방식"으로 설명되는가?

[AI 초안] "경쟁사 A는 기능은 많으나 가격이 비싸고, B는 저렴하나 품질이 낮으며..."

차별성 검증 후

"네이버 스마트플레이스는 기능이 너무 많아서 60대 사장님들이 포기합니다. 우리 타겟은 바로 이분들입니다. 버튼 3개로 끝나는 이지리뷰가 필요한 분들이죠."

Step 5: 리스크 검증 - "최악의 시나리오를 말했는가?"

체크리스트

- [ ] 가장 두려운 위험 1가지를 솔직히 말했는가?
- [ ] 위험을 형식적으로 나열(기술적, 시장적, 재무적…)하지 않았는가?
- [ ] 대응 방안이 "철저히 준비하겠습니다"가 아닌 구체적 액션인가?
- [ ] "이것만은 반드시 피해야 한다"는 데드라인이 있는가?

[AI 초안] "기술적, 시장적, 재무적 위험이 존재하나 철저한 대응 방안을 마련했습니다."

리스크 검증 후

"가장 무서운 리스크: 네이버가 6개월 안에 똑같은 기능 출시한 경우 우리는 망합니다. 그래서 생존 조건은 '6개월 내 유료 고객 1만 명 확보'입니다. 이것만 달성하면 네이버가 나와도 우리 충성 고객이 지켜줄 겁니다."

Step 6: 일관성 검증 - "앞뒤가 맞는가?"

체크리스트

- [ ] 목표 고객이 사업 전반에서 일관되게 유지되는가?
- [ ] 문제 정의 → 솔루션 → 기능이 논리적으로 연결되는가?
- [ ] 시장 규모와 목표 매출이 현실적으로 정합한가?
- [ ] 마케팅 전략이 목표 고객의 특성과 일치하는가?

[불일치 사례]

- 목표 고객: "60대 자영업자"
- 마케팅 전략: "인스타그램 인플루언서 마케팅"

→ 60대는 인스타그램 사용률이 낮음

일관성 검증 후

- 목표 고객: "60대 자영업자"
- 마케팅 전략: "소상공인 커뮤니티 카페 및 유튜브 '사장님 채널' 협업"

Step 7: 증거 검증 - "말이 아닌 증거가 있는가?"

체크리스트

- [ ] 주장마다 근거(인터뷰, 설문, 테스트, 통계)가 있는가?
- [ ] 고객 목소리(후기, 인터뷰 내용)를 직접 인용했는가?
- [ ] 베타테스트나 프로토타입 결과가 구체적 숫자로 제시되었는가?
- [ ] "~할 것입니다"보다 "~했습니다"가 더 많은가?

실전 적용:

[AI 초안] "고객들은 이 기능을 매우 선호할 것으로 예상됩니다."

증거 검증 후

"베타테스트 참여자 87명 중 76명(87%)이 '유료로 전환하겠다'고 답했습니다. 한 참여자는 이렇게 말했습니다: '악플 스트레스가 70% 줄었어요. 이제 답글 달기가 무섭지 않아요.' – 서울 강남구 카페 대표"

Step 8: 진정성 검증 - "평가위원이 이 사람을 만나고 싶은가?"

체크리스트

- [ ] 불안이나 부족함을 솔직히 인정한 부분이 있는가?
- [ ] "왜 하필 내가 이 사업을 해야 하는가"가 드러나는가?
- [ ] 과도한 자신감("반드시 성공", "확신합니다")보다 근거 있는 확신인가?
- [ ] 이 글을 쓴 사람의 얼굴이 상상되는가?

실전 적용:

[AI 초안] "본 사업은 반드시 성공할 것이며, 성공적으로 수행할 것을 확약드립니다."

진정성 검증 후

"솔직히 말씀드리면 불안합니다. 개발 경험도 부족하고, 마케팅도 처음입니다. 하지만 6개월 동안 외식업 사장님 127명과 통화하면서 확신이 생겼습니다. 이 문제, 우리가 풀 수 있습니다. 이미 87명이 '이거 나오면 무조건 쓴다'고 했으니까요."

에필로그

저자가 여러분께 드리는 마지막 조언

10년간 수백 건의 사업계획서를 평가하면서, 합격한 사업계획서들에게는 공통점이 있었습니다. 그들은 완벽하지 않았습니다. 오타도 있었고, 수치도 틀렸고, 계획도 비현실적인 부분이 있었습니다. 하지만 그들에게는 진심이 있었습니다.

"왜 이 사업을 해야 하는가"에 대한 명확한 답이 있었고, "누구를 위한 것인가"에 대한 구체적 이미지가 있었고, "실패할 수도 있다"는 두려움을 인정하면서도 "해야 한다"는 확신이 있었습니다.

AI는 꽤 그럴듯한 문장을 만들어줍니다. 하지만 진심은 만들어주지 못합니다.
여러분의 진심을, AI의 도움을 받아 잘 표현하세요. 그것이 이 책의 목적이고, 제가 드리고 싶은 조언입니다.

합격을 빕니다.

부록 1

예비창업패키지 사업계획서 예시(초안)

1. 문제 인식(Problem Recognition)

1.1. 창업 아이템의 개발 동기

디지털 전환 시대에 소상공인의 사업 성패를 좌우하는 핵심 요소는 온라인 평판이며, 그 중심에는 고객 리뷰가 존재함. 현대 소비자는 제품이나 서비스를 선택하기 전 온라인 리뷰를 확인하는 것을 필수적인 구매 과정으로 인식하고 있음. 최신 조사에 따르면 온라인 쇼핑객의 93%가 리뷰가 구매 결정에 영향을 미친다고 응답했으며, 98%는 리뷰를 구매 결정 시 필수적인 정보 자원으로 간주함.[1] 이러한 경향은 특히 음식점 및 카페와 같은 외식업 분야에서 더욱 두드러지게 나타남. 소비자의 71%는 평균 별점 3점 이하의 사업체는 고려조차 하지 않으며[2], 부정적인 리뷰 단 하나만으로도 잠재 고객의 94%가 해당 사업체 방문을 포기하게 만들 수 있음.[3] 이는 리뷰 관리가 더 이상 선택적 마케팅 활동이 아닌, 사업의 생존과 직결된 필수 운영 활동임을 명백히 증명함.

하지만 이러한 중요성에도 불구하고, 월 매출 3천만 원에서 2억 원 규모의 음식점 및 카페를 운영하는 대다수 소상공인은 리뷰 관리에 심각한 어려움을 겪고 있음. 본 사업 아이템의 초기 기획 단계에서 파악한 바에 따르면, 이들은 리뷰 관리에 월평균 15시간 이상을 투입하면서도 전체 리뷰의 40~60%에 응답하지 못하는 실정임. 이는 단순히 시간이 부족해서 발생하는 문제를 넘어, 구조적인 한계에 기인함. 소상공인들은 주문 처리, 재고 관리, 직원 운영 등 즉각적인 매출과 연결되는 현장 업무에 집중할 수밖에 없어, 리뷰 관리는 후순위로 밀려나기 쉬움. 이러한 현실은 자영업자 온라인 커뮤니티 '아프니까 사장이다' 등에서 '별점 테러'나 악성 리뷰로 인한 극심한 정신적 스트레스 호소 사례들을 통해 확인할 수 있으며, 심지어 부적절한 사진이 포함된 리뷰로 인해 심리적 충격을 받는 경우까지 발생하고 있음.[4]

더욱이 시장은 리뷰 관리의 핵심 가치를 간과하고 있음. 문제는 단순히 리뷰에 '응답하는 것'을 넘어 '어떻게 응답하는가'에 있음. 통계에 따르면 소비자의 88%는 긍정적 리뷰와 부정적 리뷰 모두에 성실히 답변하는 사업체를 이용할 가능성이 높다고 응답한 반면, 리뷰에 전혀 응답하지 않는 사업체를 고려하겠다는 소비자는 47%에 불과함.[2] 또한, 부정적인 경험을 한 고객이라도 개인화된 진심 어린 답변을 받을 경우, 그 중 51%가 해당 업체를 재방문할 의향이 생기는 것으로 나타남.[7] 이는 리뷰 응답이 단순한 위기 대응을 넘어, 고객을 충성 고객으로 전환시킬 수 있는 강력한 기회임을 시사함. 그러나 대부분의 소상공인은 감정적 소모가 큰 부정 리뷰에 대해 어떻게 전문적이고 일관된 톤으로 대응해야 할지 모르며, 긍정 리뷰에는 형식적인 감사 인사로 그쳐 고객 감동의 기회를 놓치고 있음.

1.2. 창업 아이템의 목적 및 필요성

본 창업 아이템 '리플라이 AI'의 핵심 목적은 시간과 자원이 부족한 외식업 소상공인들이 온라인 리뷰 관리를 비효율적인 비용 소모 활동에서 벗어나, 고객 유지 및 브랜드 성장을 위한 자동화된 핵심 전략으로 전환할 수 있도록 지원하는 것임. 이를 통해 소상공인이 본업인 맛과 서비스의 질을 높이는 데 집중할 수 있는 환경을 제공하고자 함.

현재 시장의 솔루션들은 소상공인이 겪는 근본적인 문제를 해결하지 못하고 있음. 기존의 리뷰 관리 툴은 다음 세 가지 핵심적 한계를 동시에 노출함.

- **과도한 시간 소요:** 여러 플랫폼에 흩어진 리뷰를 통합 관리하더라도, 각 리뷰의 맥락을 파악하고 적절한 답변을 작성하는 데 드는 시간은 여전히 부담으로 남음.
- **심각한 감정 노동:** 특히 부정적이거나 악의적인 리뷰에 대응하는 과정에서 발생하는 감정적 소모는 소상공인의 업무 효율을 저하시키고 번아웃을 유발하는 주요 원인임.
- **개인성의 부재:** 기존의 템플릿 기반 자동 응답 기능은 모든 가게에 동일한 기계적 답변을 제공함으로써, 각 매장이 가진 고유의 개성과 '브랜드 보이스'를 전혀 반영하지 못함. 소비자는 이러한 형식적인 답변을 비진정성으로 인식하여 오히려 브랜드 신뢰도를 훼손하는 역효과를 낳을 수 있음.[8]

이러한 시장의 공백은 '규모에 맞는 진정성의 위기(Crisis of Authenticity at Scale)'로 정의할 수 있음. 소상공인의 가장 큰 경쟁력은 대형 프랜차이즈가 흉내 낼 수 없는 고유의 분위기와 주인의 철학이 담긴 '개인적인 접객'임. 온라인 리뷰에 대한 답변은 이러한 아날로그적 강점을 디지털 공간으로 확장하는 매우 중요한 소통 채널임. 고객은 리뷰 답변을 통해 가게의 목소리와 가치를 직접 경험함. 그러나 현재의 도구들은 이러한 '목소리의 확장'을 지원하지 못하고, 오히려 가게의 개성을 희석시키는 방향으로 작동함.

따라서 '리플라이 AI'는 단순한 답변 자동화 솔루션을 넘어, 각 가게의 고유한 브랜드 보이스를 학습하고 이를 완벽하게 재현하는 'AI 브랜드 매니저'를 제공하는 것을 목표로 함. 이는 소상공인이 시간과 감정을 소모하지 않으면서도, 모든 고객에게 마치 사장님이 직접 응대하는 듯한 개인화된 경험을 대규모로 제공할 수 있게 함. 이처럼 기술을 통해 '진정성'을 확장하는 것이야말로 현재 시장에 부재한 핵심적인 가치이며, '리플라이 AI'가 반드시 필요한 이유임.

2. 실현 가능성(Feasibility)

2.1. 창업 아이템의 기술성 및 차별성

'리플라이 AI'의 핵심 경쟁력은 단순한 자동 응답을 넘어, 각 매장의 고유한 '브랜드 보이스'를 학습하고 재현하는 초개인화 AI 기술에 있음. 이는 최신 거대 언어 모델(LLM) 기술을 활용한 하이브리드 아키텍처를 통해 구현됨.

1) 핵심 기술 아키텍처

• **검색 증강 생성(Retrieval-Augmented Generation, RAG) 기술 적용:** 각 고객사(매장)별로 독립된 비공개 지식 베이스를 구축함. 이 지식 베이스에는 메뉴 정보, 시그니처 메뉴 설명, 영업시간, 진행 중인 이벤트, 사장님의 서비스 철학 등 구체적이고 사실적인 데이터가 저장됨. 고객 리뷰에 "김치찌개가 정말 맛있었어요"와 같은 특정 내용이 포함될 경우, RAG 시스템은 지식 베이스에서 '김치찌개' 관련 정보를 검색하여 "저희 시그니처인 5년 숙성 묵은지로 끓여낸 김치찌개를 알아봐 주셔서 감사합니다"와 같이 매우 구체적이고 사실에 기반한 답변 초안을 생성함.[9] 이는 LLM의 정보 왜곡(Hallucination) 현상을 방지하고, 답변의 신뢰도와 진정성을 극대화하는 핵심 기술임.

• **브랜드 보이스 학습을 위한 LLM 미세조정(Fine-Tuning):** 기본 LLM 모델을 각 고객사가 기존에 작성했던 리뷰 답글, 소셜 미디어 게시물, 홈페이지 소개 글 등의 데이터셋으로 추가 학습(미세조정)시킴. 이 과정을 통해 모델은 해당 매장 특유의 말투, 자주 사용하는 단어, 문체, 문장 구조 등 '브랜드 보이스'를 학습하게 됨.[12] 예를 들어, 유쾌하고 친근한 톤을 유지하는 매장과 전문적이고 정중한 톤을 유지하는 매장에 대해 전혀 다른 스타일의 답변을 생성할 수 있음. 사용자가 생성된 초안을 수정하면, 이 피드백 데이터가 인간 피드백 기반 강화학습(RLHF)을 통해 지속적으로 모델을 개선시켜, 3~5회의 피드백만으로 90% 이상의 스타일 정확도를 달성하는 것을 목표로 함.

• **기술적 차별성:** 본 기술의 핵심 차별점은 '사실 기반 정보(RAG)'와 '감성적 개성(Fine-Tuning)'을 결합한 것에 있음. 현재 국내 소상공인 대상 리뷰 관리 솔루션들은 대부분 키워드 분석 및 사전 설정된 템플릿에 의존하는 수준에 머물러 있음. 반면, '리플라이 AI'는 각 매장을 위한 맞춤형 AI 에이전트를 생성하여, 마치 해당 매장의 운영 철학을 완벽히 이해하는 숙련된 매니저가 응답하는 것과 같은 수준의 개인화를 제공함. 이는 현재 시장에 존재하지 않는 명확한 기술적 우위(Technical Moat)를 형성함.[15]

2) 개발 로드맵

• **1단계(협약 후 1~4개월):** 핵심 플랫폼 개발. 네이버 플레이스, 배달의민족, 요기요 등 주요 플랫폼의 리뷰를 통합 수집하는 대시보드 구축. 소상공인이 매장 정보를 쉽게 업로드하여 RAG 지식 베이스를 생성할 수 있는 인터페이스 개발 완료

• **2단계(5~7개월):** 브랜드 보이스 미세조정 모듈 개발 및 통합. 선정된 50개의 파트너 매장을 대상으로 비공개 베타 테스트를 진행하여 초기 학습 데이터 확보 및 사용자 피드백 수렴

• **3단계(8개월 이후):** 정식 서비스 출시. 리뷰 데이터 기반의 감성 분석, 핵심 키워드 추출 등 매장 운영에 실질적인 도움을 줄 수 있는 고급 분석 대시보드 기능 추가 개발 및 고도화

2.2. 국내외 목표시장 분석

'리플라이 AI'는 명확하게 정의된 시장을 목표로 하며, 단계적인 시장 침투 전략을 통해 지속 가능한 성장을 추구함.

• **전체 시장(Total Addressable Market, TAM):** 온라인 평판 관리가 필요한 대한민국 모든 소상공인 시장. 2023년 기준 국내 소상공인 사업체 수는 약 596만 개에 달하며[17], 이들을 대상으로 한 B2B SaaS 시장은 2022년 1조 7,400억 원에서 2025년 2조 5,050억 원 규모로 연평균 14% 이상의 높은 성장률을 보일 것으로 전망됨.[18] 이는 소상공인의 디지털 솔루션 도입이 가속화되고 있음을 의미하며, 본 사업의 거시적 성장 잠재력이 매우 큼을 시사함.

• **유효 시장(Serviceable Addressable Market, SAM):** 사업 초기 단계에서는 온라인

리뷰가 매출에 가장 직접적인 영향을 미치는 외식업(음식점 및 카페) 소상공인 시장에 집중함. 통계청 및 관련 기관 자료에 따르면 2023년 기준 국내 음식점 및 주점업 사업체 수는 약 80만 4천 개이며 [20], 커피전문점 수는 2022년 기준 10만 개를 돌파함.[21] 이 중 대다수는 4인 이하를 고용하는 영세 사업장으로[22], 자동화 솔루션에 대한 수요가 매우 높음. 이들을 합산한 약 90만 개의 사업장이 본 서비스의 초기 유효 시장임.

• **수익 시장(Serviceable Obtainable Market, SOM)**: 사업 1차년도 목표 시장은 PRIE 초안에서 정의한 월 매출 3천만 원~2억 원 사이의, 기술 수용성이 높은 수도권 소재 음식점 및 카페로 한정함. 이 구간의 사업자들은 마케팅의 중요성을 인지하고 투자할 의향이 있으나, 전담 인력을 고용하기에는 부담을 느끼는 가장 이상적인 고객군임. 1차년도 목표로 유효 시장의 약 0.17%에 해당하는 **1,500개**의 유료 고객 확보를 목표로 설정함. 이는 매우 현실적이고 달성 가능한 초기 시장 점유율 목표임.

▎시장 규모 분석(TAM-SAM-SOM)

구분	정의	시장 규모 (사업체 수)	출처
TAM	대한민국 전체 소상공인	약 596만 개	중소벤처기업부, 2023[17]
SAM	대한민국 내 음식점 및 카페	약 90만 개	통계청, 2023/2022[20]
SOM (1차년도)	기술 수용성이 높은 수도권 F&B 소상공인 (초기 목표 고객)	1,500개	내부 목표

2.3. 경쟁사 분석

'리플라이 AI'의 경쟁 환경은 '기능 중심의 국내 솔루션'과 '고비용의 글로벌 솔루션'으로 양분되어 있으며, 이는 오히려 '초개인화'라는 가치를 중심으로 한 '미싱 미들(Missing Middle)' 시장 기회를 제공함.

• **국내 경쟁사(예: 딜리봇, 댓글몽)**: 이들 서비스는 여러 플랫폼의 리뷰를 한 곳에 모아주고, 간단한 템플릿 기반의 답변을 제공하여 '시간 절약'과 '업무 자동화'에 초점을 맞추고 있음.[23] 가격이 저렴하고 사용법이 간단하다는 장점이 있으나, AI 기술 수준이

감성 분석이나 사전 설정된 톤 조절에 머물러 있어 매장별 고유한 브랜드 보이스를 반영하는 데는 명백한 한계가 존재함. 이는 소상공인의 근본적인 니즈인 '진정성 있는 소통'을 해결해주지 못함.

• **글로벌 경쟁사(예: ReviewTrackers, Yotpo):** 이들 서비스는 다수의 지점을 운영하는 대형 프랜차이즈나 기업을 대상으로 한 강력한 평판 분석 및 데이터 관리 기능을 제공함.[25] 'Smart Response'와 같은 AI 기능을 제공하지만, 이 역시 일반적인 템플릿을 지능적으로 추천하는 수준이며, 개별 매장의 미묘한 톤앤매너까지 학습하지는 못함. 또한, 지점당 과금(Per-location) 방식의 고가 정책으로 인해 단일 매장을 운영하는 소상공인에게는 비용 부담이 매우 커 사실상 시장이 겹치지 않음.

• **경쟁 우위 전략:** '리플라이 AI'는 저렴한 자동화와 앙귀(昂貴)한 분석 기능 사이의 명확한 공백을 공략함. 경쟁 전략의 핵심은 가격이나 기능의 수가 아닌, '브랜드 보이스 재현'이라는 독보적인 기술적 가치에 있음. 소상공인은 자신의 가게를 단순한 사업체가 아닌, 자신의 철학과 개성이 담긴 공간으로 여김. '리플라이 AI'는 이러한 사장님의 '목소리'를 디지털 공간에서 가장 충실하게 대변해주는 유일한 솔루션으로 포지셔닝하여 강력한 경쟁 우위를 확보할 것임.

▎경쟁 환경 분석 매트릭스

구분	리플라이 AI (Reply AI)	딜리봇 (Dilibot)	ReviewTrackers (Global)
핵심 고객	브랜드 개성을 중시하는 소상공인	업무 효율을 중시하는 소상공인	다수 지점을 관리하는 기업
핵심 가치	**브랜드 보이스 기반 초개인화 소통**	리뷰 관리 자동화 및 시간 절약	데이터 기반 평판 분석 및 관리
AI 개인화 수준	**매우 높음(RAG + 미세조정)**	낮음(템플릿 및 어감 설정 수준)	중간(지능형 템플릿 추천)
가격 모델	월 구독형(소상공인 맞춤형)	월 구독형(저가 시장 공략)	지점당 과금(고가)
상대적 약점	초기 브랜드 인지도 부족	기술적 차별성 및 확장성 부족	소상공인 시장 접근성 및 가격 경쟁력 부재

3. 성장 전략(Growth Strategy)

3.1. 사업화 방안

'리플라이 AI'는 검증된 B2B SaaS 모델을 기반으로, 소상공인의 지불 능력과 가치 인식을 고려한 합리적인 가격 정책 및 효율적인 시장 진입 전략을 통해 안정적인 수익 구조를 구축함.

1) 수익 모델: 계층형 구독 요금제 (Tiered Subscription)

• **Basic Plan(월 19,900원):** 신규 창업자 및 리뷰 발생량이 적은 매장 대상. 월 50개 리뷰 처리, 1개 플랫폼 연동, 기본 AI 답글 생성 기능 제공.

• **Pro Plan(월 39,900원):** 핵심 타겟 고객층인 일반 음식점/카페 대상. 월 200개 리뷰 처리, 3개 주요 플랫폼(네이버, 배민, 요기요) 연동, **핵심 기능인 브랜드 보이스 AI,** 리뷰 분석 대시보드 제공.

• **Premium Plan(월 79,900원):** 리뷰 발생량이 많은 인기 매장 및 소규모 프랜차이즈 본사 대상. 무제한 리뷰 처리, 전 플랫폼 연동, 전담 성공 매니저 배정.

이 가격 정책은 딜리봇의 프리미엄 요금제(월 15,900원) 등 국내 경쟁사 대비 소폭 높게 책정되었으나[23], 독보적인 브랜드 보이스 개인화 기술이라는 월등한 가치를 제공함으로써 충분한 가격 경쟁력을 확보할 수 있음.

2) 시장 진입(Go-to-Market) 전략: 생태계 기반 침투 전략

초기 시장 진입의 핵심은 소상공인이 이미 신뢰하고 매일 사용하는 기존 플랫폼 생태계에 자연스럽게 통합되는 것임. 이를 통해 막대한 마케팅 비용 없이 높은 효율로 초기 고객을 확보함.

• **POS 시스템 연동 파트너십(가장 핵심적인 채널):** POS 시스템은 소상공인 매장 운영의 '심장'과 같음. 주요 POS 솔루션 제공업체와 기술적 연동(API) 및 사업 제휴를 추진함.[28] POS사 대시보드 내에 '리플라이 AI'를 앱(Add-on) 형태로 탑재하고, POS사를 통해 가입하는 고객에 대해 수익을 공유(Revenue Share)하는 모델을 적용함. 이는 POS사를 단순한 협력사가 아닌, 우리의 강력한 영업 채널로 전환시키는 전략임.

• **배달앱 플랫폼과의 협력:** 배달앱은 리뷰가 생성되는 핵심 소스임. 배달의민족이

중소벤처기업부와 협력하여 진행하는 '스타 소상공인' 육성 프로그램과 같은 상생 프로그램에 참여하여, 선정된 우수 소상공인에게 '리플라이 AI'를 추천 솔루션으로 제공하는 방안을 추진함.[30] 이를 통해 높은 신뢰도를 바탕으로 타겟 고객에게 직접 접근할 수 있음.

• **정부 지원 사업 연계:** 중소벤처기업부 및 소상공인시장진흥공단에서 주관하는 '소상공인 디지털 전환 지원 사업'에 공급 기업으로 등록함.[31] 정부 사업의 일환으로 솔루션을 도입하는 소상공인은 도입 비용의 일부를 지원받을 수 있어, 가격 저항을 낮추고 초기 도입을 촉진하는 효과적인 채널이 될 것임.

3.2. 마케팅 및 판매 전략

초기에는 파트너십을 통한 채널 전략에 집중하고, 이후 브랜드 인지도를 높이기 위한 직접 마케팅을 병행함.

1) 디지털 마케팅

• **콘텐츠 마케팅:** '악성 리뷰에 현명하게 대처하는 5가지 방법', '리뷰 답글 하나로 단골 고객 만드는 비법' 등 소상공인에게 실질적인 도움이 되는 정보성 콘텐츠를 블로그, 유튜브, 카드뉴스 형태로 제작함. 이를 '아프니까 사장이다'와 같은 자영업자 커뮤니티 및 관련 소셜 미디어 채널에 배포하여 잠재 고객의 유입을 유도함.

• **성과 기반 광고:** 페이스북, 인스타그램 등 소상공인들이 자주 사용하는 플랫폼에 '리뷰 관리에 쓰는 시간 90% 절약', '우리 가게만의 말투로 AI가 답글' 등 핵심 가치를 소구하는 타겟 광고를 집행하여 무료 체험 가입을 유도함.

2) 파트너십 마케팅

제휴를 맺은 POS사 및 배달앱과 공동으로 '디지털 시대의 고객 관리와 매출 증대 전략'을 주제로 온라인 세미나(웨비나)를 개최하여 솔루션을 자연스럽게 소개함.

전국외식업중앙회 등 관련 협단체 회원들을 대상으로 제휴 할인 혜택을 제공하여 초기 고객 기반을 확대함.

3) 판매 프로세스

• **제품 주도 성장**(Product-Led Growth, PLG): 복잡한 영업 과정 없이 누구나 홈페이

지를 통해 쉽게 가입하고 14일간 모든 기능을 무료로 체험할 수 있도록 함. 소상공인들이 브랜드 보이스 AI의 강력한 효과를 직접 경험하게 함으로써 자연스러운 유료 전환을 유도하는 것이 핵심. 영업팀은 무료 체험 사용자 중 전환 가능성이 높은 고객을 대상으로 한 컨설팅 및 대규모 파트너십 계약에 집중함.

3.3. 3개년 재무 계획

안정적인 고객 증가와 높은 고객 유지율을 바탕으로 2차년도 내 손익분기점(BEP) 달성 및 3차년도부터 본격적인 수익 창출을 목표로 함.

1) 주요 재무 가정

- **계정당 평균 수익(ARPA):** Pro Plan을 중심으로 한 고객 포트폴리오를 가정하여 월 35,000원으로 설정.
- **고객 획득 비용(CAC):** 초기 직접 마케팅 단계에서는 1인당 약 150,000원으로 설정하고, 파트너십 채널이 안정화되는 2차년도부터는 80,000원 수준으로 감소할 것으로 예상함. 이는 일반적인 B2B SaaS CAC 벤치마크 대비 보수적으로 산정한 수치임.[34]
- **고객 이탈률(Churn Rate):** 연간 15%로 가정하며, 지속적인 제품 개선 및 고객 성공 활동을 통해 10% 이하로 낮추는 것을 목표로 함.
- **고객 수 성장:** 1차년도 1,500개, 2차년도 4,500개, 3차년도 10,000개 고객 확보를 목표로 함.

▍3개년 추정 손익계산서(요약)

항목 (단위: 백만원)	1차년도 (Year 1)	2차년도 (Year 2)	3차년도 (Year 3)
매출	315	1,275	3,400
가정: 연말 누적 고객 수	1,500	4,500	10,000
가정: 월 평균 ARPA (천원)	35	35	35
매출원가 (서버비, API 사용료 등)	45	130	300

매출총이익	**270**	**1,145**	**3,100**
판매관리비			
인건비	300	500	800
마케팅비 (CAC 기반)	225	360	640
기타 운영비	50	100	150
영업이익	**(305)**	**185**	**1,510**

4. 팀 구성(Team Composition)

4.1. 대표자 및 팀원의 보유 역량

'리플라이 AI'의 성공은 기술 전문성, 산업 이해도, 그리고 사업 실행력의 조화에 달려있음. 본 팀은 이 세 가지 핵심 요소를 모두 갖춘 최적의 조합으로 구성됨.

1) 대표(CEO): 김창업(가상 인물)

• **핵심 역량:** 10년 이상의 프랜차이즈 F&B 브랜드 매니저 경력. 다수의 직영점 및 가맹점 오픈, 운영 관리, 로컬 스토어 마케팅 전략 수립 및 실행 경험 보유. 소상공인이 현장에서 겪는 리뷰 관리의 어려움, 인력 문제, 마케팅의 한계 등을 누구보다 깊이 이해하고 있으며, 이들의 'Pain Point'를 정확히 파악하고 있음.

• **주요 역할:** 사업 방향성 및 비전 설정, 제품 기획 총괄, POS 및 배달앱 등 핵심 파트너십 구축, 투자 유치 등 사업 전반을 리드함.

2) 기술이사(CTO): 이기술(가상 인물)

• **핵심 역량:** KAIST 전산학 박사 (전공: 자연어 처리). 국내 대표 IT 기업 AI 연구소에서 5년간 선임연구원으로 재직하며 챗봇 엔진 및 텍스트 생성 모델 개발 프로젝트를 다수 리드한 경험 보유. LLM 미세조정(Fine-Tuning) 및 RAG 아키텍처 설계에 대한 높은 기술적 전문성과 실제 상용 서비스 개발 경험을 겸비함.

• **주요 역할:** '리플라이 AI'의 핵심 기술 아키텍처 설계, AI 모델 개발 및 지속적인 성능 고도화, 전체 제품 개발 로드맵 관리 및 실행

3) 사업개발/마케팅 담당: 박영업(가상 인물)

• **핵심 역량:** 국내 시장 점유율 상위 POS 솔루션 기업에서 7년간 사업개발 및 제휴 마케팅 팀장으로 재직. 소상공인 대상 SaaS 제품의 시장 진입 전략(GTM) 수립 및 실행 경험이 풍부하며, POS 대리점 및 관련 업계에 폭넓은 네트워크를 보유하고 있음.

• **주요 역할:** 시장 진입 전략 실행, POS사/배달앱 등 핵심 채널 파트너십 계약 체결 및 관리, 초기 고객 확보를 위한 디지털 마케팅 캠페인 기획 및 운영.

4.2. 협력 네트워크

초기 기업의 한계를 극복하고 빠른 성장을 도모하기 위해 외부 전문가 및 파트너와의 강력한 협력 체계를 구축함.

1) 자문 그룹

국내 유니콘 B2B SaaS 스타트업 C레벨 임원 및 유명 F&B 컨설턴트 등 3인으로 구성된 자문단을 확보함. 이들로부터 월 1회 정기적인 자문을 통해 사업 전략, 제품 개발, 조직 운영 등에서 발생할 수 있는 시행착오를 최소화하고 성장의 가속도를 높일 계획임.

2) 초기 파트너십 확보

• **기술 검증 및 초기 고객 확보:** 수도권 소재의 유력 POS 대리점 2곳 및 외식업 전문 컨설팅 기업 1곳과 '리플라이 AI'의 MVP 베타 테스트 참여 및 초기 고객사 유치 협력에 대한 업무협약(MOU) 또는 협력의향서(LOI)를 확보함. 이는 제품의 시장성을 초기에 검증하고, 안정적인 초기 매출 기반을 마련하는 데 결정적인 역할을 할 것임.

5. 사업 추진 일정 및 자금 운용 계획

5.1. 사업 추진 일정

협약 기간인 8개월 동안 제품 개발과 사업 기반 구축을 동시에 추진하여, 기간 내에 유의미한 성과를 창출하는 것을 목표로 함.

기간	주요 개발 활동	주요 사업 활동	달성 목표
1~2개월차	요구사항 상세 분석, UI/UX 프로토타입 설계, 리뷰 통합 수집 모듈 개발 착수	목표 고객(소상공인) 50명 대상 심층 인터뷰, 핵심 파트너십 대상 POS사 및 배달앱 리스트업 및 초기 접촉	MVP 상세 기획서 및 UI/UX 디자인 완료
3~4개월차	RAG 기반 AI 답글 생성 엔진 핵심 기능 개발, 관리자 대시보드 프론트엔드 개발	베타 테스트 참여 희망 업체 50곳 모집(파트너사 채널 활용), 법인 설립 및 사업자 등록	MVP Alpha 버전 개발 완료, 베타 테스트 그룹 확보
5~6개월차	브랜드 보이스 미세조정 모듈 개발, 확보된 베타 그룹 대상 비공개 베타 테스트(CBT) 진행 및 피드백 수렴	마케팅용 블로그 및 SNS 채널 개설, 콘텐츠 제작, 사전 가입 이벤트 페이지 오픈 및 홍보	Closed Beta 테스트 완료 및 개선사항 도출
7~8개월차	CBT 피드백 기반 서비스 안정화 및 고도화, 빌링/결제 시스템 연동	**정식 서비스 런칭**, POS사 제휴 채널을 통한 공동 마케팅 캠페인 개시, 언론 보도자료 배포	**정식 서비스 출시 및 유료 고객 100개사 확보**

5.2. 정부지원금 활용 계획

정부지원금은 아이디어의 신속한 사업화를 위한 핵심 동력으로, 인재 확보와 초기 제품 개발 및 시장 진입에 집중적으로 투입할 계획임.

- **총 사업비:** 70,000천 원(정부지원금 50,000천 원 + 대표자 자기부담금 20,000천 원)

▎세부 집행 계획:

항목	세부 내역	금액(천원)	자금 활용의 타당성 및 기대효과
인건비	대표, CTO, 마케팅 담당자 3인의 8개월간 인건비	40,000	사업 초기 핵심 인력들이 생계 걱정 없이 사업에 완전히 몰입할 수

			있는 환경을 조성하여, 계획된 사업 추진 일정 준수의 기반을 마련함.
시제품 제작비	클라우드 서버(AWS/GCP) 비용, LLM API(OpenAI 등) 사용료, 도메인 및 보안 인증서 구입	15,000	안정적인 서비스 운영을 위한 필수 인프라 구축 비용. 특히 LLM API 사용료는 AI 모델의 성능 테스트 및 초기 고객 데이터 기반 미세조정에 필수적임.
마케팅비	온라인 광고 집행(타겟 광고), 홍보 콘텐츠 제작(카드뉴스, 블로그), 초기 파트너사 대상 공동 프로모션 비용	10,000	정식 서비스 런칭 전후로 초기 시장 인지도를 확보하고, 유료 전환을 촉진하기 위한 필수적인 마케팅 활동 자금.
기타 사업비	사무용품, 비즈니스 미팅 비용, 회계 기장 수수료 등	5,000	원활한 사업 운영을 위한 최소한의 경비.
합계		**70,000**	

참고자료

1. 고객 리뷰 마케팅 효과 – 93% 소비자 구매 결정에 영향주는 후기 ..., 10월 19, 2025에 액세스, https://growthmk.com/insight/how-to-product-reviews-build/
2. 31 Local SEO Statistics You Need for 2025 – BrightLocal, 10월 19, 2025에 액세스, https://www.brightlocal.com/resources/local-seo-statistics/
3. 40 Essential Online Review Statistics for Local Marketers – BrightLocal, 10월 19, 2025에 액세스, https://www.brightlocal.com/resources/online-reviews-statistics/
4. 떡볶이에 머리카락 발견됐는데 '별 5개' 준 고객…사장님은 울었다 ..., 10월 19, 2025에 액세스, https://www.mk.co.kr/news/society/10848308
5. '하의 실종' 남성의 리뷰 사진...충격받은 가게 사장 '아연실색' [지금이뉴스] / YTN – YouTube, 10월 19, 2025에 액세스, https://www.youtube.com/watch?v=IHj3ISR-j9k
6. "사장이 불친절해요" 손님 리뷰에 "다 이유가 있어요"?! / KNN – YouTube, 10월 19, 2025에 액세스, https://www.youtube.com/watch?v=iIJucewHdHA
7. 2023년에 알아야 할 온라인 리뷰 통계 – Ecommerce-Platforms.com, 10월 19, 2025에 액세스, https://ecommerce-platforms.com/ko/articles/online-review-statistics
8. What Matters in Online Reviews? – BrightLocal, 10월 19, 2025에 액세스, https://www.bright local.com/learn/what-matters-in-online-reviews/
9. What is Retrieval-Augmented Generation (RAG)? A Practical Guide – K2view, 10월 19, 2025에 액세스, https://www.k2view.com/what-is-retrieval-augmented-generation
10. Retrieval Augmented Generation (RAG) for LLMs – Prompt Engineering Guide, 10월 19, 2025에 액세스, https://www.promptingguide.ai/research/rag
11. RAG: Driving Personalized Content in the Digital Age | by Pradum Shukla – Medium, 10월 19, 2025에 액세스, https://medium.com/accredian/rag-driving-personalized-content-in-the-digital-age-a21ebeaf14a3
12. How to Train Generative AI to Speak in Your Brand Voice – Fishtank, 10월 19, 2025에 액세스, https://www.getfishtank.com/insights/how-to-train-generative-ai-to-speak-in-your-brand-voice
13. Fine-Tuning LLMs for Branded Tone & SEO: The Complete Strategic Guide – Hashmeta.ai, 10월 19, 2025에 액세스, https://www.hashmeta.ai/blog/fine-tuning-llms-for-branded-tone-seo-the-complete-strategic-guide
14. GPT 3.5 Fine Tuning for Brand Tone of Voice – MLQ.ai, 10월 19, 2025에 액세스, https://blog.mlq.ai/brand-voice-gpt-3-5-turbo-fine-tuning/

15. A Survey of Personalized Large Language Models: Progress and Future Directions – arXiv, 10월 19, 2025에 액세스, https://arxiv.org/abs/2502.11528
16. Unlocking Persona–Based Personalization in Large Language Models | by Mehnoor Aijaz | Athina AI | Medium, 10월 19, 2025에 액세스, https://medium.com/athina–ai/unlocking–persona–based–personalization–in–large–language–models–45a9a95d6c58
17. 2023년 소상공인실태조사 잠정결과 발표(상세화면) – 보도자료, 10월 19, 2025에 액세스, https://www.mss.go.kr/site/smba/ex/bbs/View.do?cbIdx=86&bcIdx=1057002&parentSeq=1057002
18. [SaaS대전환]<상> 미래 SW 경쟁력인데 …전세계서 0.5% 비중 – 디지털데일리, 10월 19, 2025에 액세스, https://m.ddaily.co.kr/page/view/2024052622323917502
19. SaaS 등으로 디지털 영토 넓혀야 – 한국무역협회, 10월 19, 2025에 액세스, https://www.kita.net/board/totalTradeNews/totalTradeNewsDetail.do?no=82973&siteId=1
20. 외식산업 현황 – 더외식 – 식품산업통계정보 FIS, 10월 19, 2025에 액세스, https://www.atfis.or.kr/fip/front/M000000268/stats/service.do
21. 전국 카페 10만개 '첫 돌파'…커피 브랜드, 치킨보다 많아 – 오늘의 뉴스 – 더외식, 10월 19, 2025에 액세스, https://www.atfis.or.kr/fip/front/M000000039/news/view.do;jsessionid=F61E3B74E0DD0E063FCB610B965D446A?contentId=AKR20240629019300030
22. 커피전문점 현황 및 트렌드 분석 – 경기도시장상권진흥원, 10월 19, 2025에 액세스, https://gmr.or.kr/download/RESEARCH_ATTACH?storageNo=8611
23. 딜리봇 AI 리뷰 관리 | 배달 리뷰 자동 답변 서비스, 10월 19, 2025에 액세스, https://review.dilibot.com/
24. 댓글몽, 국내 첫 'AI 댓글 관리 서비스' 1만개 고객사 돌파 – 스타트업엔 ..., 10월 19, 2025에 액세스, https://www.startupn.kr/news/articleView.html?idxno=53111
25. ReviewTrackers – Apps on Google Play, 10월 19, 2025에 액세스, https://play.google.com/store/apps/details?id=com.reviewtrackers&hl=en_US
26. AI Review Response Generator: A Workflow Guide – Yotpo, 10월 19, 2025에 액세스, https://www.yotpo.com/blog/ai–review–response–generator/
27. Top 10 ReviewTrackers Alternatives – Reviewflowz, 10월 19, 2025에 액세스, https://www.reviewflowz.com/blog/top–10–reviewtrackers–alternatives
28. POS 통합 솔루션 – Card&Beyond, 10월 19, 2025에 액세스, https://cardandbeyond.com/kr/digital–marketings/pos–integration/
29. 소매 운영을 더 쉽게 만드는 15가지 POS 통합 솔루션 – Shopify 대한민국, 10월 19, 2025에 액세스, https://www.shopify.com/kr/blog/pos–integrations
30. 배달의민족, '스타 소상공인' 육성 나서 – 플래텀, 10월 19, 2025에 액세스, https://platum.kr/archives/260548
31. 소상공인24 메인, 10월 19, 2025에 액세스, https://www.sbiz24.kr/
32. 소상공인의 디지털 전환 활성화 – 중소벤처기업부, 10월 19, 2025에 액세스, https://mss.go.kr/cmm/fms/FileDown.do?atchFileId=FILE_000000001007201&fileSn=1
33. [금융뉴스] 모르면 손해! 2025년 소상공인 지원 대책은?(2025.1.7.) – YouTube, 10월 19,

2025에 액세스, https://www.youtube.com/watch?v=MJuwIsrsk6g
34. 얼마를 주고 고객을 데려오고 있는지 궁금하다면? CAC를 확인해 보세요! - 스텝페이, 10월 19, 2025에 액세스, https://steppay.kr/blog/stepwiki-cac
35. CAC(Customer Acquisition Cost)이란 무엇인가? | Relate Startup Wiki, 10월 19, 2025에 액세스, https://www.relate.kr/docs/wiki/cac
36. 고객 획득 비용(CAC)을 절약 하는 방법 - 300cbt | 삼백씨비티, 10월 19, 2025에 액세스, https://300cbt.com/blogs/ecommerce-marketing/how-to-calculate-and-reduce-customer-acquisition-cost-cac

부록 2

예비창업패키지 지원사업 사업계획서(수정본)

1. 문제 인식(Problem)

1-1. 창업 아이템의 배경 및 필요성

□ 외부 환경: 과밀 경쟁 심화 및 온라인 평판의 절대적 영향력 증대

- ○ (시장) 대한민국 외식업, 생존을 위한 무한 경쟁 상태 돌입
  - • 전국 약 79.4만 개 사업체 존재, 과밀 경쟁으로 인한 낮은 영업이익률 고착화(출처: 통계청, 2023)
  - • 전체 사업체의 82%가 4인 이하 영세 업체로, 최소 인력으로 운영되는 구조적 한계 봉착(출처: 중소벤처기업부, 2023)
- ○ (고객) 소비 결정의 핵심 변수로 부상한 '온라인 리뷰'
  - • 소비자 73.4%가 플랫폼 이용 시 리뷰를 방문 결정의 핵심 정보로 활용(출처: 한국소비자원, 2024)
  - • 온라인 평판 관리가 선택적 마케팅을 넘어 매장 생존과 직결되는 필수 경영 활동으로 자리매김

□ 내부 문제: 소상공인 리뷰 관리의 정량적 한계 및 근본 원인

- ○ (Pain Point 1) 시간 투입의 극심한 비효율성 발생
  - • 월 평균15시간을 리뷰 관리에 투입하고 있으나, 전체 리뷰의40~60%는 미응답 상태로 방치
  - • 과도한 노동 시간(주 70시간 이상)으로 인한 물리적 한계로, 리뷰 관리의 우선순위가 낮아짐
- ○ (Pain Point 2) 고객 응대의 전문성 및 진정성 부재
  - • 시간 부족으로 인한 형식적, 반복적 답변으로 고객 감동 유도 실패
  - • 부정적 리뷰에 대한 감정적, 비전문적 대응으로 온라인 평판 악화 및 잠재 고객 이탈 가속화
- ○ (Root Cause) 낮은 ROI 인식과 개인화 AI 솔루션의 부재
  - • 리뷰 관리가 즉각적 매출과 직결되지 않는다는 인식으로 인해 후순위 업무로 취급
  - • 기존 솔루션은 매장별 특성과'브랜드 보이스'를 반영하지 못하는 템플릿 기반으로, 효과적 답글 작성에 명확한 한계 존재

1-2. 창업 아이템의 목표 시장 분석

□ 시장 규모 추정(TAM – SAM – SOM)

○ TAM(전체 시장): 약 6,630억 원

• 국내 전체 음식점 및 주점업 사업체(약79.4만 개) 대상 연간 시장 가치

○ SAM(유효 시장): 약 2,500억 원

• 온라인 플랫폼을 활발히 사용하며 리뷰 관리 니즈가 있는 독립 소상공인 (약 30만 개) 대상 시장

○ SOM(초기 수익 시장): 약 12.4억 원

• 사업 초기2년간 서울 핵심 상권 내 타겟 고객(1,500개) 확보 시 연간 목표 매출

(산출 근거: 1,500개* 69,000원/월* 12개월, Pro Tier 기준)

□ 목표 시장 분석(STP: Segmentation & Targeting)

○ 시장 세분화(Segmentation)

• 매출 규모: 월 3천만 원 미만/ 3천만~2억 원/ 2억 원 이상

• 업종: 한식, 중식, 일식, 양식, 카페/디저트, 주점 등

• 온라인 활동성: 플랫폼 리뷰 수 월50개 미만/ 50~200개/ 200개 이상

○ 핵심 타겟 고객 선정(Targeting)

• 월 매출 3천만~ 2억 원 규모의 음식점 및 카페 소상공인

• (선정 사유) 해당 구간의 사업자는 매장 운영 안정화 단계에 진입하여 온라인 평판 관리의 중요성을 인지하고 있으며, 솔루션 도입을 위한 최소한의 지불 의사(WTP)를 보유한 가장 매력적인 시장임. 문제(Pain Point)를 가장 심각하게 느끼는 집단.

○ 타겟 고객 페르소나

• 성명: 김민준(38세, 남)

• 업종: 서울 마포구 연남동 파스타 가게 "민준's 키친" 4년차 운영

• 특징: 월 매출4천만 원, 네이버/배달앱 리뷰 월 100여 건 발생

• 고충(Pains): 주 70시간 이상 근무로 리뷰 관리 시간 절대 부족. 부정적 리뷰 대응에 극심한 스트레스를 느끼며, 마케팅 대행사 비용(월 50만 원 이

상)은 부담.

- 요구(Needs): 합리적 비용의 자동화된 리뷰 관리 솔루션. 가게의 개성과 진심을 담아 전문적으로 온라인 평판을 관리해 줄 도구의 필요성 절감.

2. 실현 가능성(Solution)

2-1. 사업화 로드맵 및 현재 준비 수준

□ 사업화 전체 로드맵

- ○ (1단계) 아이디어 구체화 및 기술 검증(완료): 아이템 기획, 시장조사, 핵심 기술(LLM 기반 개인화) PoC 완료
- ○ (2단계) 제품 개발 및 시장 검증(본 협약기간): MVP 고도화, 베타 테스트, 정식 서비스(V1.0) 출시 및 초기 고객 확보
- ○ (3단계) 사업 확장 및 고도화(협약 이후): 기능 확장, 전국 단위 영업망 구축, 데이터 기반 부가 사업 모델 개발

□ 현재 준비 수준(사업 신청일 기준)

- ○ (아이템 기획) 타겟 고객(외식업 소상공인) 30명 대상 심층 인터뷰 완료, 핵심 문제(리뷰 관리 비효율성) 및 솔루션 요구사항 검증 완료
- ○ (기술 개발) LLM 기반 개인화 답글 생성 알고리즘PoC(Proof of Concept) 완료
  - 3개 가상 매장 데이터 활용, '브랜드 보이스' 학습 및 긍/부정 리뷰 문맥 파악 후 답글 자동 생성 기능 구현(정확도 75% 수준)
- ○ (UI/UX 설계) 핵심 기능(리뷰 대시보드, 답글 생성/게시) 중심의 와이어프레임 및 프로토타입(Figma) 설계 완료

2-2. 창업 아이템 개발 계획(협약기간 8개월 내)

□ 최종 목표:'브랜드 보이스' 학습 기반AI 리뷰 관리 SaaS 플랫폼(V1.0) 출시 및 유료 고객 50개사 확보

□ 핵심 기술 구현 방안: '진정성 엔진(Authenticity Engine)' 고도화

○ (개인화) 소수샷 학습(Few-Shot Learning) 기술 적용, 3~5회 사용자 피드백 만으로 답글 생성 정확도 90% 달성 목표

○ (문맥화) RAG(검색 증강 생성) 기술 적용, 업체별 DB(메뉴, 프로모션 등) 연동으로 사실 기반의 풍부한 내용 생성

□ 개발 로드맵(8개월)

○ (1~2개월) MVP 고도화: UI/UX 디자인 반영, 네이버 플레이스 API 연동 및 로그인/결제 기본 기능 구현

○ (3~4개월) 클로즈 베타 테스트: 타겟 고객20개사 대상 실증 테스트, 사용성 피드백 기반 서비스 개선(1단계 목표)

○ (5~6개월) 정식 버전(V1.0) 개발: 배달의민족 등 플랫폼 연동 확장, 리뷰 데이터 분석 대시보드 기능 개발

○ (7~8개월) V1.0 정식 서비스 출시 및 초기 고객 확보: 마케팅 활동 병행, 유료 전환 및 고객 지원 시스템 구축(2단계 목표)

2-3. 창업 아이템의 차별성 및 경쟁력 확보 전략

□ 경쟁사 대비 핵심 차별성: 'AI 기반 초개인화' 와 '압도적 비용 효율성'

○ 기존 솔루션의 한계(템플릿 기반, 고비용)를 AI 기술로 극복, 소상공인에게 최적화된 가치 제공

구분	리플라이AI	통합 관리 플랫폼	마케팅 대행사	업주 직접 관리
응답의 진정성/개인화	최상(AI 개인화)	하(템플릿 기반)	상(인력 기반)	중(일관성 부족)
비용 효율성	최상(월 3.9만 원~)	상(기능 묶음 판매)	하(월 수십~수백만 원)	중(기회비용 발생)
업주 시간 절약	최상(자동화)	중(다기능으로 복잡)	최상(완전 위임)	하(직접 시간 투입)
비즈니스 인텔리전스	상(데이터 분석 제공)	중(기본 통계 제공)	하(보고서 형태)	없음

□ 기술적 진입장벽 구축

○ (데이터) 서비스 운영을 통해 축적되는' 리뷰-응답' 데이터셋은 후발주자가 모방하기 어려운 핵심 자산 형성

○ (알고리즘) 특정 도메인(외식업 리뷰)에 최적화된 AI 모델 고도화를 통해 기술적 격차 지속 확대

2-4. 정부지원사업비 집행 계획

□ 총 신청 사업비: 50,000,000원(정부지원금100%)

□ 1단계(4개월) 집행 계획: 20,000,000원

○ (외주용역비) 11,000,000원: 백엔드/인프라 구축(600만), UI/UX 디자인(500만)

○ (인건비) 6,000,000원: 프론트엔드 개발자(계약직1명, 3개월) 채용

○ (지급수수료) 1,000,000원: 클라우드 서버 및LLM API 사용료

○ (사업화자산취득비) 2,000,000원: 개발용 고성능PC 구매

□ 2단계(4개월) 집행 계획: 30,000,000원

○ (인건비) 12,000,000원: 프론트엔드 개발자(4개월) 및 마케터(계약직1명, 2개월) 채용

○ (광고선전비) 10,000,000원: 타겟 고객 대상 온라인 광고 및 콘텐츠 마케팅 집행

○ (외주용역비) 5,000,000원: 플랫폼 연동 확장 개발

○ (지급수수료) 3,000,000원: 서비스 확장으로 인한 서버/API 비용 증가분

3. 성장 전략(Growth Strategy)

3-1. 창업 아이템의 비즈니스 모델(린 캔버스)

<table>
<tr><th>문제(Problem)</th><th>솔루션(Solution)</th><th>핵심 가치 제안(Unique Value Proposition)</th><th>경쟁 우위(Unfair Advantage)</th><th>고객 세그먼트(Customer Segments)</th></tr>
<tr><td rowspan="3">○ 리뷰 관리에 월15시간 이상 투입(시간 부족)
○ 템플릿 기반 응답으로 인한 고객 감동 실패
○ 부정적 리뷰 대응 미숙으로 인한 평판 하락</td><td>○ ‘브랜드 보이스’ 학습AI 엔진
○ 30초 내 검토/발송 가능한 답글 초안 자동 생성
○ 긍/부정 리뷰 자동 분류 및 맞춤 대응</td><td rowspan="3">“사장님은 요리에만 집중하세요. 까다로운 리뷰 관리는 AI가 사장님처럼 해드립니다.” 시간 절약, 고객 관계 개선, 온라인 평판 향상을 통한 매출 증대 기회 제공</td><td>○ 외식업 리뷰 특화 데이터셋 및AI 모델
○ 소상공인 커뮤니티 기반의 강력한 초기 사용자 네트워크
○ 대표자의 기술 전문성+ 산업 이해도 결합</td><td>(초기 타겟) 월 매출3천만~2억 원 규모의 음식점 및 카페 소상공인</td></tr>
<tr><td>핵심 지표(Key Metrics)</td><td>채널(Channels)</td><td></td></tr>
<tr><td>○ 월간 활성 사용자 수(MAU)
○ 유료 전환율(%)
○ 고객 유지율(Retention Rate)</td><td>○ 소상공인 온라인 커뮤니티(아프니까 사장이다 등)
○ SNS 타겟 광고(페이스북, 인스타그램)
○ POS사, 식자재 유통사 등 B2B 채널 파트너십</td><td></td></tr>
<tr><td colspan="2">비용 구조(Cost Structure)</td><td colspan="3">수익원(Revenue Streams)</td></tr>
<tr><td colspan="2">(고정비)인건비, 사무실 임대료 (변동비)클라우드 서버 비용, LLM API 사용료, 광고선전비</td><td colspan="3">○ (주 수익원)SaaS 월간/연간 구독료– 베이직: 39,000원/월– 프로: 69,000원/월
○ (부가 수익원)리뷰 데이터 분석 리포트 판매(B2B)</td></tr>
</table>

3-2. 사업화 추진 전략

□ (1단계: 시장 진입 및 검증) Beachhead 전략(협약기간1~8개월)
- ○ (목표) 서울 핵심 상권(마포/강남) 내 50개 유료 고객 확보 및 PMF(제품-시장 적합성) 검증
- ○ (고객 확보) 소상공인 온라인 커뮤니티 중심의 '얼리 어답터' 그룹 모집, 베타 테스트 후기 기반 바이럴 마케팅 전개
- ○ (가치 전달) 초기 고객 대상 1:1 맞춤 컨설팅 제공, 성공 사례(Case Study) 10건 이상 확보하여 잠재 고객 신뢰 구축

□ (2단계: 시장 확장) 수도권 중심 확장 전략(9~18개월)
- ○ (목표) 수도권 중심 500개 유료 고객 확보, 시장점유율 확대
- ○ (판로 개척) POS 시스템 제공업체, 식자재 유통사와 채널 파트너십 체결, 제휴사를 통한 공동 영업 및 프로모션 진행
- ○ (마케팅) 확보된 성공 사례 기반 콘텐츠 마케팅(블로그, SNS) 강화, PR 활동을 통한 인지도 제고

□ (3단계: 규모화) 전국 단위 스케일업 전략(19개월 이후)
- ○ (목표) 전국 1,500개 고객 확보 및 신규 서비스 출시
- ○ (사업 확장) 축적된 리뷰 데이터를 활용한 '외식업 트렌드 분석 리포트' B2B 데이터 상품 출시
- ○ (고도화) 파트너십 전국 단위 확대 및API 연동을 통한 서비스 생태계 구축

3-3. 협약기간 내 사업화 목표(단기 성과)

□ 매출 목표: 월 구독 매출 345만 원 달성(협약 종료 시점)
- ○ (산출 근거) 유료 고객 50개사 확보 X 평균 구독료 69,000원/월(Pro Tier 기준)
- ○ 협약기간 내 매출 발생을 통해 지속적인 운영 가능성 입증

□ 투자유치 목표: Seed 투자 2억 원 유치 준비 완료
- ○ (활동) 협약 기간 내 PMF 검증 데이터 및 성장 지표 확보

○ (전략) 확보된 데이터를 기반으로 엔젤투자자, 초기 투자 전문 VC(Micro VC) 대상 IR 활동 준비 완료 및 투자유치 절차 착수

□ 고용 목표: 핵심 인력 2명 채용

○ (분야) 프론트엔드 개발자 1명, 서비스 기획/마케터 1명

○ (시기) 개발 계획에 맞춰 협약 2개월, 5개월 차에 각 1명 채용 완료

3-4. 자금 조달 및 중장기 계획

□ 자금 조달 계획

○ (초기) 정부지원금(본 사업) 100% 활용하여 MVP 고도화 및 시장 검증

○ (중기) Seed 투자유치(2억 원)를 통해 마케팅 확장 및 팀 성장 가속화

○ (장기) TIPS 등 후속 R&D 정부지원사업 연계, 시리즈A 투자유치 추진

□ 중장기 사회적 가치 창출 계획(ESG)

○ (Social) 소상공인의 과도한 감정노동 경감 및 디지털 격차 해소에 기여, 일과 삶의 균형 개선 지원

○ (Governance) 고객 데이터의 투명하고 윤리적인 관리 정책 수립, 개인정보보호 및 정보보안 체계 구축

4. 팀 구성(Team)

4-1. 대표자 보유 역량

□ '문제 – 창업자 적합성(Problem – Founder Fit)'

○ 소상공인 식당을 운영하는 가정에서 성장, 외식업 현장의 고충(리뷰 관리, 고객 응대 등)을 직접 경험하며 문제의 본질에 깊이 공감

○ 기술 전문성과 산업 이해도를 결합하여, 실제 현장에서 작동하는 현실적인 솔루션 기획 및 개발 가능

□ 개발 역량(Technical Skills)

○ (AI/ML 전문성) 5년 이상 경력의AI/ML 엔지니어

• 자연어 처리(NLP) 모델 개발 및 상용화 프로젝트 다수 수행

• 본 아이템의 핵심 기술인 '진정성 엔진' 설계 및 PoC(완료) 직접 수행

○ (SaaS 개발) 클라우드(AWS) 기반 서비스 아키텍처 설계 및 구축 역량 보유

• 확장성과 안정성을 고려한B2B SaaS 플랫폼 개발 총괄 가능

□ 경영 역량(Business Skills)

○ (프로젝트 리딩) 5인 규모 신사업 TF팀 리딩 경험, 프로젝트 기획부터 출시, 운영까지 전 과정 관리 경험 보유

○ (고객 검증) 타겟 고객 30명 대상 심층 인터뷰 직접 수행, 고객의 Pain Point를 검증하고 사업 방향성에 반영하는 실행력 보유

○ (네트워크) 외식업 커뮤니티 및 B2B SaaS 분야 네트워크 보유, 초기 고객 확보 및 파트너십 구축에 활용

4-2. 팀 구성 및 충원 계획

□ 현재 팀 구성(1인)

○ 대표자 1인 체제로 아이템 기획, 핵심 기술 PoC, 프로토타입 설계 등 초기 개발 단계 완료

□ 협약 기간 내 충원 계획(핵심 인력2명)

○ 프론트엔드 개발자(협약 2개월 차 채용 예정)

• 핵심 역할: Figma 프로토타입 기반 웹 플랫폼 UI/UX 개발, 사용자 피드백 기반 신속한 서비스 개선 및 업데이트 담당

• 자격 요건: React, TypeScript 기반 개발 경력 3년 이상, 반응형 웹 개발 경험자

○ 서비스 기획/마케터(협약 5개월 차 채용 예정)

• 핵심 역할: 베타 테스트 기획 및 운영, 고객 성공 사례 발굴 및 콘텐츠 제작, 초기 시장 확보를 위한 디지털 마케팅 전략 수립 및 실행

- 자격 요건: IT 서비스/플랫폼 기획 또는 마케팅 경력2년 이상, 데이터 기반 의사결정 가능자

4-3. 외부 협력 및 자문 네트워크

□ 자문단(Advisory Board)

○ (외식업 분야) 20년 경력 외식업 컨설턴트

- 소상공인 시장 특성 및 최신 트렌드 자문, 초기 고객 확보 전략 검증

○ (B2B SaaS 분야) 시리즈A 투자 유치 성공 경험 보유 창업가

- SaaS 비즈니스 모델, 가격 정책, 성장 전략(Scaling) 분야 멘토링

□ 외부 협력 기관(예정)

○ (기술 협력) 국내 AI 연구기관과의 산학 협력 추진

- 최신LLM 모델 동향 공유 및 자연어 처리 기술 고도화를 위한 공동 연구 모색

○ (사업 협력) 서울신용보증재단 등 소상공인 지원 기관

- 기관의 소상공인 네트워크를 활용한 서비스 홍보 및 공동 설명회 개최 협의

참고문헌

중소벤처기업부, 2025년도 예비창업패키지 예비창업자 모집 공고. 제2023－128호

중소벤처기업부, 2025년도 예비창업패키지 사업계획서 양식

중소벤처기업부, 2025년 창업 사업화 지원 표준사업계획서 작성 가이드

창업진흥원, 2025년 예비창업패키지 예비창업자 모집 공고 주요 질의응답

조남재(2014), "기술기획과 로드매핑," 시그마프레스.

Alexander Osterwalder, Yves Pigneur(2011), Business Model Generation(비즈니스모델의 탄생), 타임비즈

김석관(2008), "Chesbrough의 개방형 혁신 이론", 개방형 혁신의 산업별 특성과 시사점, 과학기술정책연구원, 2, SEP · OCT 2008.

홍일성 · 신승준 · 이민규(2018), "중소기업 개방형 R&D 혁신을 위한 TRIZ 및 포트폴리오기반 핵심기술 도출 방법," 한국혁신학회지, 13(4), 65－97

홍일성 · 신승준 · 이민규(2019), "중소기업의 차세대 R&D를 위한 제품로드맵 템플릿 개발," 산업경영시스템학회지, 42(1), 115－128.

올리버 가스만, 캐롤린 프라켄버거, 마켈라 식(2016), 비즈니스 모델 네비게이터, ㈜아이큐브플랫폼연구소

가와카미 마사나오(2022), 비즈니스 수익 구조를 만들어내는 9셀, 한국경제신문

K－Startup 창업지원포털(https://www.k－startup.go.kr/)

스타트업 비즈니스 개발(4): 시장규모, 어떻게 추정해야 할까?, 백상훈, 버티컬 플랫폼(Vertical Platform, https://verticalplatform.kr/archives/4855)

스타트업 투자유치 단계별 알아보기, 시리즈ABC란?, 스타트업 개발 전문 핑퐁(https://blog.naver.com/omnmala/221602359694)

스타트업 투자 유치 단계 (시드, 시리즈 A, B, C...), 변계사 Sam의 테크 스타트업!(https://better－together.tistory.com/282)

소상공인마케팅은 STP 전략만 알아도 된다, ㈜황소장 빠른마케팅(https://blog.naver.com/cristal59/222895088936)

에릭 리스(2012), 린 스타트업, 이창수 · 송우일 공역, 인사이트

ESG 경영의 '핵심' 정확하게 짚어드립니다!, 중소기업경영연구소(https://blog.naver.com/gschz2/223260005520)

ESG 뜻, 경영 사례, 왜 중요한지 찾아봤어요, 길씨(https://blog.naver.com/rudgns_2/223234935204)

저자 약력

홍일성

〈약력〉

현) 소형가전 연구개발 및 기술사업화/㈜명성 연구소장
현) 국립부경대학교 기술경영전문대학원 겸임교수
현) 대구가톨릭대학교 창업경영학과 겸임교수
현) (사)대구경북창업포럼 이사
현) (협)영남기술경영정책컨설팅그룹 이사
현) 대구창조경제혁신센터 창업 멘토
현) 부산창조경제혁신센터 창업 멘토
현) 창업진흥원 평가위원
현) 범부처 연구개발사업 평가위원
현) 사업계획서 작성, 기술창업, R&BD기획 강사

〈학력〉

부경대학교 기술경영전문대학원 박사 졸업
경일대학교 메카트로닉스공학과 석사 졸업

박세훈

〈약력〉

현) (협)영남기술경영정책컨설팅그룹 사무국장
현) 국립부경대학교 기술혁신경영연구소 연구교수
현) 경상국립대학교 아름다운마을연구소 연구교수
현) (사)이노베이션 포럼 운영위원
현) ISO/TC279 기술위원
전) ㈜테크그래피 대표이사
전) 한국품질재단 ISO 9001/14001 심사원
전) 부산창조경제혁신센터 전담PD

〈학력〉

부경대학교 기술경영전문대학원 박사 졸업
경성대학교 기후변화특성화대학원 석사 졸업
부산대학교 토목공학과 학사 졸업

제2판
초보 창업자도 쉽게 작성하는 예비창업패키지 사업계획서: 생성형 AI 활용해 작성하기

초판발행 2024년 1월 15일
제2판발행 2026년 1월 15일

지은이 홍일성 · 박세훈
펴낸이 안종만 · 안상준

편 집 조영은
기획/마케팅 최동인
표지디자인 이영경
제 작 고철민 · 김원표

펴낸곳 (주) 박영사
서울특별시 금천구 가산디지털2로 53, 210호(가산동, 한라시그마밸리)
등록 1959. 3. 11. 제300-1959-1호(倫)
전 화 02)733-6771
f a x 02)736-4818
e-mail pys@pybook.co.kr
homepage www.pybook.co.kr
ISBN 979-11-303-9731-3 93320

정 가 19,000원